LA POLITIQUE DANS LA PEAU

John Parisella

LA POLITIQUE DANS LA PEAU

MES ANNÉES AVEC ROBERT BOURASSA, CLAUDE RYAN, DANIEL JOHNSON ET JEAN CHAREST

LES ÉDITIONS **LA PRESSE**

Catalogage avant publication de Bibliothèque et Archives
nationales du Québec et Bibliothèque et Archives Canada

Parisella, John, E.
La politique dans la peau : mes années avec Robert Bourassa,
Claude Ryan, Daniel Johnson et Jean Charest
ISBN 978-2-89705-243-0

1. Parisella, John E. 2. Parti libéral du Québec. 3. Hommes politiques -
Québec (Province)-Biographies. I. Titre.

FC2925. 1. P372A3 2015   971. 4'04092   C2015-940551-3

GV1059. 53. C3L52 2015   796. 7'509714   C2015-941196-3

Présidente : Caroline Jamet
Directeur de l'édition : Jean-François Bouchard
Directrice de la commercialisation : Sandrine Donkers
Responsable, gestion de la production : Carla Menza
Communications : Marie-Pierre Hamel

Éditeur délégué : Yves Bellefleur
Conception graphique : Célia Provencher-Galarneau
Montage : Studio 4 et 5
Révision linguistique : Michèle Jean
Correction d'épreuves : Marie Auclair
Photographie de la couverture : Ivanoh Demers
Traitement photo de la couverture : Katya Konioukhova

L'éditeur bénéficie du soutien de la Société de développement des entreprises culturelles du Québec (SODEC) pour son programme d'édition et
pour ses activités de promotion.

L'éditeur remercie le gouvernement du Québec de l'aide financière accordée
à l'édition de cet ouvrage par l'entremise du Programme de crédit d'impôt
pour l'édition de livres, administré par la SODEC.

Nous remercions le Conseil des arts du Canada de l'aide accordée à notre
programme de publication.

Financé par le gouvernement du Canada
Funded by the Government of Canada

LES ÉDITIONS **LA PRESSE**
Les Éditions La Presse
7, rue Saint-Jacques
Montréal (Québec)
H2Y 1K9

À mes parents, Irene Spearman et Camille Parisella,
et à mes deux filles, Tania et Lyssa

Table des matières

Avant-propos 11

PREMIÈRE PARTIE – L'ENGAGEMENT

Chapitre 1 – Mes racines 18
Chapitre 2 – L'éveil 26
Chapitre 3 – Le début d'une longue aventure 44

DEUXIÈME PARTIE – L'ACTION

Chapitre 4 – Le premier défi: le référendum de 1980 70
Chapitre 5 – Le vrai défi: l'élection de 1981 90
Chapitre 6 – Le retour de Robert Bourassa 112
Chapitre 7 – Atteindre le pouvoir (1986) 135
Chapitre 8 – Exercer le pouvoir (1988-1989) 160
Chapitre 9 – Une année difficile (1990) 189
Chapitre 10 – Un combat sur deux fronts 224
Chapitre 11 – L'héritage et la succession 257

TROISIÈME PARTIE – L'APRÈS

Chapitre 12 – Poursuivre l'engagement 290
Chapitre 13 – Le tandem Bourassa-Ryan 325
Chapitre 14 – Regard sur l'avenir 343

Le mot de la fin: Pourquoi pas? 364
Notes 372
Index des noms 381
Remerciements 388

Novembre 1989. Nos derniers préparatifs terminés, Robert Bourassa et moi empruntons l'escalier en colimaçon adjacent à son bureau pour nous rendre au deuxième étage de l'édifice J du gouvernement du Québec. Cet escalier mène directement à la salle des délibérations du Conseil des ministres.

Les ministres sont déjà arrivés. L'atmosphère est bon enfant. Les ministres sont heureux. Il y a à peine deux mois, l'élection du 25 septembre a reporté le Parti libéral du Québec (PLQ) au pouvoir. Robert Bourassa commence son quatrième mandat comme premier ministre.

L'architecture de forme ovale de la salle est particulière. Il fait sombre. L'éclairage est mauvais, il n'y a aucune fenêtre. On n'y trouve aucun micro. L'acoustique est épouvantable. Avec ses murs incurvés, on pourrait même se croire à l'intérieur d'un vaisseau spatial !

Assis à l'arrière de la salle, devant ce groupe d'hommes et de femmes qui dirigeront le Québec pour les cinq prochaines années, je réalise à quel point je suis privilégié de les accompagner. Directement devant moi se trouve M. Bourassa, avec qui j'affronterai bientôt de grands défis professionnels, mais surtout avec qui, en raison de sa maladie, je vivrai une profonde relation personnelle. Ce seront des années marquantes pour moi.

Ce n'est pas la première fois que j'assiste à une séance du Conseil des ministres. Mais, en ce jour d'automne 1989, j'y suis à titre de chef de cabinet de Robert Bourassa. Je ne peux m'empêcher d'avoir une pensée pour mes parents : pour ma mère, Irene Spearman, fille d'une immigrante irlandaise, et pour mon père, Camille Parisella, lui-même un immigrant italien. Moi, le fils d'un immigrant, moi, le *p'tit gars* de l'est de Montréal, moi, le *p'tit gars* de Rosemont, je vais vivre à plein régime, à fond de train, ces cinq prochaines années au cœur du pouvoir québécois.

———————

Ce livre n'est ni un récit autobiographique ni un récit historique. C'est le témoignage personnel de mon parcours en politique en tant que citoyen du Québec et en tant que personne engagée dans la société civile québécoise. Il y sera question de mes racines, de mon engagement sur le plan politique, des leçons que mon aventure politique m'a données et qui pourraient servir de références pour l'avenir du Québec et du Canada.

On dit souvent que nous sommes le produit de notre environnement. À cet égard, je peux dire que j'ai été favorisé. Mes parents, ma famille et mes amis ont été des éléments essentiels de mon développement. Le fait d'être issu d'une famille unie et traditionnelle, pour l'époque, et qui m'a donné de la discipline, de l'amour et du confort a été un facteur déterminant de mon parcours.

J'ai apprécié ma vie dans un milieu de la classe ouvrière, le quartier Rosemont, à Montréal. Ce quartier était majoritairement francophone, modeste sur le plan économique et comptait beaucoup sur la vie communautaire. Mes amis de jeunesse, dès la petite école, sont restés des amis une grande partie de ma vie. J'ai gardé contact avec certains au fil des ans, car ce sont des amis fidèles, loyaux et toujours ouverts au partage.

Dans ce livre, je ferai un survol des influences ayant façonné mes choix tout au cours de ma vie, que ce soit ma formation générale, ma carrière ou mes engagements sur le plan politique. Cela me permettra de livrer un témoignage très personnel sur le Québec en tant que société d'accueil. Une société qui a accueilli mon père, un immigrant de l'Italie originaire de la région qui entoure Rome (la province de Latina) et qui est arrivé ici, adolescent, avec l'équivalent de 20 dollars en poche. Il a dû apprendre un métier, le français et ensuite l'anglais. Il a fondé une famille et, pendant toute cette période, jamais il ne s'est senti comme un étranger au Québec. Il a réussi à s'intégrer dans le milieu francophone de Rosemont tout en gardant son identité. Intégré, donc, mais pas assimilé.

Ces dernières années, le débat au Québec a beaucoup porté sur la diversité et la façon dont nous accueillons et accommodons les gens qui viennent d'autres pays ou qui ne sont pas de souche québécoise. Dans mon cas et celui de ma famille, je peux affirmer que je n'ai jamais senti que nous étions différents ou à part des autres. Au contraire, nous sentions que nous faisions partie intégrante de la société et de la communauté dans laquelle nous vivions. Même si nous étions une des rares familles non francophones, nous nous sentions chez nous dans Rosemont.

J'ai vécu toute ma vie tant dans un milieu francophone qu'anglophone, que ce soit auprès de ma famille, durant mes années scolaires ou au cours de ma vie professionnelle. Ce facteur est dominant dans ma vie : il m'a amené à favoriser le rapprochement, le dialogue et la compréhension mutuelle entre les deux grandes communautés linguistiques du Québec – celle de la majorité et celle de la minorité. Cela a grandement influencé mon comportement tout au long de mon parcours.

Je pensais à l'origine vous raconter mon histoire en tant que fils d'immigrant, mais j'ai vite constaté que cela n'est pas la seule caractéristique de mon parcours au Québec. Certes, je fais partie de la diversité du Québec, mais mon histoire en est une d'intégration, d'engagements et d'actions pour l'évolution de la société québécoise. J'ai toujours résisté aux qualificatifs à mon sujet. Oui, je suis fils d'immigrant et fier de mes origines transmises par mon père et ma mère, mais je préfère m'identifier à la société dans laquelle je vis, et je choisis d'être Québécois et Canadien.

Je me suis engagé à faire de la politique à une étape cruciale de l'histoire du Québec et du Canada alors qu'il était question de l'avenir du français, de la place de la communauté anglophone dans ce Québec émergeant de la Révolution tranquille et de la relation du Québec avec le reste du Canada. J'ai milité au sein du Parti libéral du Québec, où j'ai servi cinq chefs dont trois sont devenus premiers ministres. J'ai aussi participé activement à cinq campagnes électorales québécoises (1981, 1985, 1989, 1994 et 2008) et joué un rôle stratégique lors de trois référendums (1980, 1992 et 1995). Lorsque j'ai fait le saut en politique, trois critères ont guidé mon geste : agir avec conviction, m'engager activement dans la poursuite de ces convictions et travailler à faire une différence dans la vie collective de mes concitoyens par mes actions.

Dès le départ, j'étais un idéaliste. J'étais avant tout un optimiste. Et je le suis encore.

PREMIÈRE PARTIE

L'engagement

CHAPITRE 1

MES RACINES

DÈS MON PLUS JEUNE ÂGE, MES PARENTS ONT SOUHAITÉ QUE je sois actif dans mon milieu avec mes amis, à l'école et, plus tard, professionnellement. Ils ont fait l'impossible pour que je puisse avoir la chance d'étudier et ils souhaitaient que je sois le premier de la famille Parisella à aller au-delà de l'école secondaire et à fréquenter l'université. Cette atmosphère familiale m'a permis de prendre l'habitude, à un très jeune âge, de lire, de satisfaire ma curiosité et d'apprendre beaucoup de choses qui n'étaient peut-être pas accessibles sur les bancs d'école à cette période. Aussi, le travail étant pour mes parents une valeur fondamentale, ils me répétaient constamment qu'il fallait « travailler fort ». Je leur suis reconnaissant de m'avoir toujours encouragé à me dépasser.

Mon père, Camille, est arrivé au Canada en 1922 à l'âge de 16 ans en compagnie de sa sœur Bianca pour s'établir à Montréal en passant par Ellis Island, à New York. Il s'est d'abord installé dans le quartier Hochelaga, dans l'est de la ville. À l'époque, il ne parlait ni le français, ni l'anglais. Il était le quatrième membre de sa famille à émigrer au Canada. C'était un homme affable, à la personnalité effacée, mais très authentique. Il jugeait les gens qu'il rencontrait pour la première fois à la fermeté de leur poignée de main. Il n'avait pas fréquenté l'école très longtemps. Malgré cette scolarité minimale, il a quand même réussi à apprendre un métier, celui de cordonnier, et est ensuite devenu propriétaire d'une cordonnerie à Rosemont, la Cordonnerie St-Marc, jusqu'à sa retraite en 1976. Pour mon père, qui travaillait avec de la cire et de la teinture à chaussures à longueur de journée et qui devait se laver les mains avec de la laine d'acier chaque soir avant le souper, c'était d'autant plus important que son fils gagne sa vie en chemise blanche et en cravate. Cette cordonnerie de quartier, qui existe encore aujourd'hui rue Beaubien à Rosemont, a profondément marqué ma jeunesse. Mes amis étaient nos voisins, leurs parents, des clients de la cordonnerie, et nous étions proches les uns des autres à tous égards.

Ma mère, Irene Spearman, d'origine irlandaise et née à Montréal, était une femme au caractère très coloré. Passionnée de politique, elle suivait l'actualité à la radio – et plus tard à la télé – et ne se gênait pas pour commenter! C'était une femme, pour employer une de ses expressions favorites, qui n'avait pas «froid aux yeux». D'ailleurs, lors d'une tentative de vol à main armée à la cordonnerie familiale, elle avait eu l'audace de saisir l'arme du voleur qui, pris par surprise, s'était enfui. Elle était alors âgée de 65 ans.

Ma grand-mère venait de Belfast, en Irlande du Nord, et mes grands-parents maternels étaient unilingues anglophones. Son époux, mon grand-père maternel, était quant à lui un Irlandais catholique né dans le quartier montréalais de Griffintown. Ma grand-mère s'est convertie au catholicisme non pas à l'insistance de son mari, mais à celle de sa propre fille – ma mère –, qui fréquentait l'école catholique. Contrairement à ses parents, ma mère a appris le français, qu'elle parlait sans accent (si ce n'est l'accent québécois!) et son bilinguisme fut un élément culturel central de notre vie familiale. Dès mon très jeune âge, elle me parlait tant en anglais qu'en français. À tel point que j'ignore laquelle des deux langues j'ai apprise en premier et laquelle est ma vraie langue maternelle!

Ma parenté immédiate était donc d'origine autre que québécoise ou canadienne de souche. Dès mon jeune âge, j'ai été conscient de cette différence culturelle. Nos habitudes et nos discussions familiales avaient un aspect beaucoup plus multiculturel. Cette diversité me distinguait de la plupart de mes amis, des francophones de souche qui parlaient une seule langue à la maison. Nous, nous parlions minimalement deux langues. Mon père, à l'occasion, parlait aussi un dialecte italien avec certains de ses employés unilingues à la cordonnerie. J'entendais donc parler italien. Cela dit, mon père m'a toujours parlé soit en français, soit en anglais, deux langues qu'il maîtrisait au moment de ma naissance, en 1946. Comme je n'ai pas connu mes grands-parents italiens, je n'ai jamais appris la langue maternelle de mon père.

Mes deux sœurs, Muriel et Linda, sont également bilingues. L'une étant de 7 ans mon aînée et l'autre de 15 ans ma cadette, nous ne partagions pas les mêmes amis, quoique nous étions (et sommes encore aujourd'hui) très proches. Muriel et son époux, Raymond Cornellier, que je considère comme un frère, sont de véritables entrepreneurs. Ils sont devenus propriétaires de la Pâtisserie St-Marc, dans Rosemont, et ils ont ensuite ouvert un restaurant à deux pas de là. Deux commerces qu'ils exploitaient simultanément avec leurs enfants, Johanne et Bobby. Linda, quant à elle, travaille dans le domaine bancaire international. Elle a choisi, tout comme Muriel, de rester dans son quartier de naissance. Notre proximité familiale fait que je conserve encore aujourd'hui des liens étroits avec Rosemont.

Mes deux sœurs ont eu un parcours bien différent du mien, ayant fréquenté les écoles francophones du quartier, tandis que je suis allé à l'école anglaise. Mes parents ont pris cette décision car mon père, qui était mal à l'aise avec l'omniprésence de la religion dans notre communauté, souhaitait que j'aie une éducation me permettant de faire un choix de carrière qui en serait éloigné. Il faut savoir que durant les années 1950, beaucoup de jeunes Québécois francophones fréquentaient le collège classique et étaient bien souvent tentés par la prêtrise. Pour mon père, cela était une hérésie. Ma mère, pour le rassurer, lui a donc dit que cela n'arriverait pas et elle a tranché : « On va l'envoyer à l'école anglaise. »

Cette décision a été déterminante dans ma jeunesse : elle m'a ouvert aux autres langues et cultures. Dans les écoles anglaises, les élèves venaient de différentes communautés culturelles. Il y avait des Ukrainiens, des Polonais, des Italiens et, dans certains cas, des étudiants venus des Antilles. Donc, tôt dans ma vie, j'ai été en contact avec cette diversité. Le bilinguisme était un élément important parce que même si certains de mes amis fréquentaient l'école anglophone, ils parlaient aussi le français. Le fait d'avoir vécu en français et en anglais (à la maison, à l'école et avec mes amis) durant ma jeunesse a marqué ma personnalité de façon profonde et durable.

Mes amis de Rosemont ont été importants. J'en avais deux en particulier, François Galaise et Michel Bédard. Ils faisaient partie de deux familles vraiment exceptionnelles. Les Galaise étaient une famille de la classe ouvrière, unie et accueillante. C'était ma deuxième famille. Chez eux, j'ai appris à jouer aux cartes, j'ai été initié aux chansonniers québécois tels Félix Leclerc et Claude Léveillée, au ténor Yoland Guérard ou encore à des téléromans populaires comme *Le Survenant* et *La famille Plouffe*. Chez nous, à l'époque, nous écoutions plutôt Frank Sinatra, Judy Garland et suivions de près les débuts d'Elvis Presley à l'émission *The Ed Sullivan Show*. Les Bédard formaient une famille très pieuse, dont certains membres étaient dans les ordres. Ils étaient neuf enfants. C'est dire le bouillonnement familial dont j'ai été témoin lors des fêtes religieuses, que ce soit à Noël, à Pâques ou lors de nos premières communions. À 7 heures du soir en semaine, même pendant les vacances, les enfants de la famille Bédard quittaient le terrain de jeu ou le parc où nous jouions à la balle et rentraient à la maison pour réciter le chapelet en famille pendant l'émission du même nom diffusée à la radio. Une habitude qui aurait été impensable chez nous !

Ce que j'ai pu vivre avec mes amis de Rosemont, c'est l'émergence d'un phénomène identitaire : l'importance de la langue française pour eux, le sentiment que le Québec était peut-être une « nation » unique et différente et, dans certains cas, les signes avant-coureurs du courant indépendantiste. Nous entendions de plus en plus souvent les jeunes de Rosemont qui, devenus adolescents, faisaient part de leur attachement à leur identité canadienne-française. Certains parlaient du « pays » du Québec. Il n'était pas encore question de l' « indépendance ».

Alors que les héros de jeunesse de mes amis francophones étaient les Maurice Richard et Jean Béliveau, j'étais plutôt un grand admirateur de Gordie Howe et de Bobby Hull, sans doute une influence de mon éducation en anglais. Puis vint la fameuse « émeute du Forum », le 17 mars 1955, à la suite de la suspension du « Rocket » par la Ligue nationale de hockey à la veille des séries éliminatoires. Ce fut en quelque sorte mon premier contact avec l'expression du nationalisme québécois. C'était avant la Révolution tranquille. À cette époque, les gens ne s'identifiaient pas comme « Québécois », mais comme « Canadiens français ». Les choses commençaient à changer.

Même si les anglophones ne se sentaient pas menacés – il n'y avait pas de débat linguistique au début des années 1960 –, nous percevions que le Québec était en train de se transformer. Les hommes politiques en vue – Jean Lesage, René Lévesque, Paul Gérin-Lajoie et Daniel Johnson (père) – défilaient sur nos écrans de télévision et affichaient leur attachement à l'identité francophone québécoise. J'étais aux premières loges de l'émergence du mouvement nationaliste, pour ne pas dire indépendantiste. La circonscription de Gouin (le secteur ouest de Rosemont, où je demeurais) a élu en 1970 le premier candidat déclaré gagnant du Parti Québécois (PQ), Guy Joron.

Au-delà de cet environnement familial et communautaire, mon éducation m'a donné l'occasion de découvrir un autre horizon, car aller à l'école anglaise dans les années 1950 et 1960 me faisait voir un autre aspect de la vie à Montréal. À l'époque, l'expression « les deux solitudes » n'était pas encore à la mode, mais j'ai été à même de constater à quel point c'était le cas dans les faits, puisque j'ai grandi les pieds dans chacune des communautés !

Du côté anglophone, nos références étaient beaucoup axées sur des phénomènes hors Québec. Les médias anglophones nous faisaient découvrir la vie anglo-américaine. À l'école, nos discussions sur l'actualité portaient beaucoup sur des évènements internationaux. Par exemple, la victoire de John Fitzgerald Kennedy (JFK) à la présidence américaine fut le sujet de nombreuses discussions – le premier catholique à la Maison-Blanche ! Je me souviens qu'en 1962, on parlait tellement de la crise des missiles à Cuba qu'on croyait que cela impliquait des troupes canadiennes, ce qui n'était pas le cas. Bref, ma vie à l'école contrastait avec les champs d'intérêt dans mon quartier francophone.

À l'école, nous lisions le *White Fang* de Jack London, nous apprenions les poèmes de William Wordsworth et nous mémorisions des extraits de William Shakespeare. Les grandes figures de l'histoire étaient Winston Churchill et Franklin D. Roosevelt. Nous parlions de certains politiciens canadiens – John Diefenbaker et Lester B. Pearson –, mais rarement de ceux du Québec. J'ai découvert Jean Lesage et René Lévesque par le truchement de la télévision de Radio-Canada et les journaux francophones *La Presse* et *Montréal-Matin*, que mes parents achetaient à la tabagie. Nous apprenions – nuance importante – l'histoire du Canada plus que celle du Québec. On nous parlait des relents de l'Holocauste en Europe durant la Seconde Guerre mondiale et de la lutte contre le racisme et pour les droits civiques des Noirs aux États-Unis (le nom de Martin Luther King émergeait).

De 1963 à 1967, j'ai poursuivi mes études de premier cycle universitaire au Collège Loyola (aujourd'hui l'Université Concordia), un établissement d'enseignement montréalais dirigé par des jésuites et affilié à l'époque à l'Université de Montréal. J'ai choisi de me spécialiser en sciences politiques. Un choix largement motivé par ma passion pour l'histoire et mon intérêt marqué pour l'actualité. C'est au cours de ces années que j'ai progressivement ressenti l'effervescence des débats politiques au Québec et au Canada. En 1968, au deuxième cycle de mes études, j'ai fréquenté l'Université McGill et j'ai approfondi mes connaissances sur les courants de l'histoire et de la politique au Québec et au Canada. Il n'y avait aucun doute que les débats concernant l'avenir du Québec allaient graduellement conditionner ma réflexion et mes choix.

À l'université, j'étais un idéaliste. Je militais au sein de l'Association des étudiants en sciences politiques. Je croyais sincèrement que ma génération, celle des baby-boomers, allait changer le monde. Nous luttions contre le racisme, l'injustice et les inégalités. Nous laisserions un monde meilleur, plus juste et plus humain. Je croyais fermement qu'un individu pouvait faire la différence et que la politique était centrale dans les évènements de l'histoire. En faisant mes études universitaires (premier et deuxième cycles), je réalisais aussi le rêve que caressaient mes parents pour leur seul fils : être le premier Parisella de la génération d'après la Première Guerre mondiale à obtenir un diplôme de l'université.

Chapitre 2

L'ÉVEIL

Optimisme, changements, bouleversements, contestations : voilà des mots qui caractérisent les années 1960, une
décennie qui marquera et influencera les 50 années suivantes.
Ce fut pour moi une période de découvertes et de sensibilisation.

Étudiant à l'école secondaire anglophone Cardinal-Newman
de 1959 à 1963, sur le Plateau Mont-Royal, je m'éveille et
m'intéresse à l'actualité politique des États-Unis. Un professeur irlandais et catholique, John Boyle, ne cesse de nous parler d'un jeune sénateur, candidat charismatique et télégénique
à la présidence américaine. Il est au centre de nos discussions
portant sur l'actualité dans le cadre de notre cours d'histoire.
Son nom : John F. Kennedy, de l'État du Massachusetts. Et
oui, comme mon prof, il est irlandais et catholique !

À cette époque, j'avoue que la politique américaine ne faisait pas partie de mes champs d'intérêt. Je connaissais le nom du vice-président américain Richard Nixon, adversaire de Kennedy et favori pour succéder au président sortant Dwight D. Eisenhower, mais je n'avais pas l'engouement de mon professeur pour JFK et je n'étais pas encore curieux d'en savoir davantage sur ce jeune sénateur. Malgré tout, l'élection de JFK, en novembre 1960, fut ma première sensibilisation à la politique américaine.

Dans mon quartier ouvrier de Rosemont, j'entendais parler à l'occasion de certains hommes politiques – le maire de Montréal Jean Drapeau, le nouveau premier ministre Jean Lesage et ce « monsieur de la télé » devenu politicien, René Lévesque. Mais, au-delà des noms qu'on entendait et des visages qu'on voyait à la télévision de Radio-Canada, la politique ne figurait pas parmi mes préoccupations. Je préférais le hockey, le football américain ou canadien et le baseball, sport national des Américains. Mais cela était sur le point de changer.

En 1962, la crise des missiles à Cuba capte l'attention du monde entier. En octobre, les Américains découvrent que l'Union soviétique (le régime communiste et ennemi juré des États-Unis durant la guerre froide) avait installé des missiles nucléaires à Cuba, à seulement 145 kilomètres de la Floride. Pendant deux semaines, à la suite d'un ultimatum du président Kennedy et d'un blocus naval, le risque d'un affrontement entre les deux superpuissances était devenu réel. Était-ce le début d'une troisième guerre mondiale, une guerre qui pourrait détruire le monde? La tension était palpable. Mes parents en parlaient aux repas. Les Soviétiques ont reculé et les États-Unis ont finalement gagné leur pari. Alors âgé de 16 ans, cet épisode m'a fait comprendre l'importance du jeu politique. Dès lors, mon intérêt pour l'histoire, les actualités et la politique s'est accru. Le sport perdait subitement de l'importance à mes yeux.

En 11ᵉ année du secondaire, ma participation à un concours d'art oratoire ayant pour thème le centenaire du Canada, concours que j'ai gagné, a fait grandir mon intérêt pour la politique. À la fin de mes études secondaires, je savais que ce domaine serait mon premier choix à l'université (les cégeps n'existaient pas à cette époque). En novembre 1963, alors inscrit au Collège Loyola en sciences politiques, un autre évènement, tragique celui-là, transformerait ma vie, mettrait résolument la politique au centre de mes préoccupations et déterminerait mes choix de carrière.

Rares sont les adolescents ou les jeunes adultes de l'époque qui n'ont pas en mémoire la date tragique du vendredi 22 novembre 1963. En route vers mes cours, j'entends à la radio des extraits des propos du président Kennedy à propos du programme spatial américain. Le président se trouvait dans la région de Dallas-Forth Worth, au Texas, pour une tournée politique un an avant les présidentielles de 1964. Sa popularité était à son apogée à la suite de la crise des missiles.

Quelques heures plus tard, sur le campus de Loyola, des amis m'informent que le président Kennedy a été la cible d'un assassin et que ses chances de survie sont minces. Trente minutes plus tard, le président succombait à ses blessures. C'était soudain, brutal et inattendu. À la télévision, plusieurs journalistes pleuraient son décès comme si un membre de leur famille venait de mourir.

À l'instar de la plupart des gens ayant alors accès à un téléviseur, je suis resté rivé au petit écran pendant toute la fin de semaine qui a suivi l'assassinat. Kennedy le politicien était devenu Kennedy le superhéros. Cette tragédie, suivie dans le monde entier, fut un élément déclencheur de ma passion pour la politique. J'étais profondément inspiré par JFK. Inspiré par son style et son engagement.

Comme étudiant, mon intérêt pour la politique américaine s'est intensifié avec la mort de Kennedy. Je dévorais les textes à son sujet, sa jeunesse, ses états de service durant la Seconde Guerre mondiale, son entrée en politique. De plus, bien des questions étaient soulevées. Avait-il été victime d'un complot ? Pourquoi l'assassiner ? Que ferait son successeur, le vice-président Lyndon B. Johnson ? Est-ce que le rêve qu'incarnait Kennedy allait prendre fin avec sa mort ? Toutes ces interrogations dominaient l'actualité.

Les causes défendues par le président Kennedy – la lutte pour les droits civiques, le Peace Corps (corps des volontaires de la paix) destiné à la jeunesse américaine pour favoriser la paix et l'amitié avec les pays du tiers monde, l'exploration de l'espace, la guerre froide et l'affrontement avec les Soviétiques durant la crise des missiles ainsi que la guerre au Vietnam – sont devenues mes sujets de lecture quotidienne. Le fait que le frère du président, Robert F. Kennedy, ait décidé de briguer les suffrages pour devenir sénateur de l'État de New York quelques mois plus tard (en septembre 1964) n'a fait qu'accentuer mon intérêt pour la politique américaine et l'héritage de John F. Kennedy.

Bobby Kennedy était le digne successeur de son frère et on lui prêtait toutes les ambitions possibles, incluant sa candidature aux élections présidentielles. Le successeur de JFK, Lyndon Baines Johnson, a poursuivi le travail du regretté président de façon remarquable, mais plusieurs pensaient que le retour d'un Kennedy à la Maison-Blanche n'était qu'une question de temps.

Martin Luther King était déjà bien connu aux États-Unis comme le leader de la lutte des Noirs pour les droits civiques et contre le racisme en raison de ses gestes de désobéissance civile, qui lui furent inspirés par le leader politique et dirigeant spirituel de l'Inde Mohandas (Mahatma) Gandhi. Le révérend King a capté l'attention et l'imagination dite progressiste de l'époque par sa fameuse marche sur Washington, en août 1963, et son discours inspirant – *I have a dream* («J'ai un rêve»). J'aurais tellement aimé être Américain et participer moi aussi à la croisade de Martin Luther King! Son idéalisme m'animait. Je croyais profondément en sa cause.

Après la mort de JFK, le président Johnson a utilisé ses remarquables talents de persuasion pour obtenir l'appui nécessaire (qui avait échappé à Kennedy) pour légiférer, en 1965, en faveur des droits civiques des Noirs. Je me rappelle que lors de la cérémonie suivant l'adoption de la législation, Johnson avait remis des stylos symbolisant la signature de l'entente au nouveau sénateur de New York, Robert F. Kennedy, et au révérend King. C'était un geste symbolique du président Johnson pour perpétuer le souvenir de JFK. J'étais emballé par l'idéalisme et l'engagement de Kennedy et King, ainsi que par ce geste du président Johnson. Je me disais que la politique était noble et qu'elle pouvait nous permettre de transformer le monde.

Robert F. Kennedy et Martin Luther King sont deux personnages qui ont dominé la scène politique à compter de novembre 1963, et ce, jusqu'en 1968. Leurs discours et leurs destins ont fortement influencé mes valeurs et mes convictions politiques naissantes – la justice sociale, l'égalité entre les citoyens, l'égalité des chances, la lutte pour les démunis, le respect de la diversité et des différences ainsi que l'engagement civique. Par leurs paroles et leurs interventions sur les grands enjeux, ils ont inspiré toute une génération, et cela, au-delà des frontières de leur pays. Chacun à sa façon a lutté pour un monde meilleur. Kennedy, fils d'un riche industriel, s'est battu contre la pauvreté et le racisme. Le jeune King, avec son prix Nobel, reçu en 1967, a démontré que la modération et la non-violence pouvaient engendrer des changements de comportement et d'attitude de la part de ceux qui résistaient aux réformes.

Le 4 avril 1968, Martin Luther King était à son tour assassiné. Le discours de Bobby Kennedy, ce soir-là à Indianapolis, fut pour moi un des plus touchants et des plus rassembleurs de l'histoire des États-Unis. Je le fais entendre encore aujourd'hui à mes étudiants en guise de modèle lorsque j'enseigne les sciences politiques à l'université[1]. Et voilà que deux mois plus tard, le 5 juin 1968, il était lui aussi assassiné à Los Angeles à la suite de sa victoire lors de la primaire de la Californie. Cet autre décès tragique m'a amené à me demander si c'était la fin d'un rêve. Trois de mes héros politiques assassinés en cinq ans. Pourquoi ? Fallait-il abandonner le rêve ? Mon découragement fut toutefois de courte durée.

Ce que je retiens de cette période, c'est à quel point l'engagement politique pour une cause est noble. Malgré les tragédies, il y a eu du changement et celui-ci a transformé l'Amérique. En effet, JFK, Robert F. Kennedy et Martin Luther King ont fait une véritable différence dans la vie de leurs concitoyens.

Il ne faut pas en conclure pour autant que ce qui se passait au Québec ne m'intéressait pas. Si la politique américaine a été l'élément déclencheur de mon propre engouement pour la politique, cela m'a aussi fait réaliser qu'il y avait des défis chez nous, au Québec et au Canada. J'étudiais les sciences politiques et nos cours n'avaient pas de frontières.

La montée du nationalisme au Québec s'est manifestée durant les années 1960. La prise de conscience du caractère francophone du Québec et la lutte constante pour la pérennité de la langue française commençaient à dominer le discours politique de l'époque.

Durant cette décennie, plusieurs colonies du tiers-monde ont choisi la voie de la décolonisation et sont devenues de nouvelles nations. Celles-ci se sont formées de diverses façons, que ce soit à la suite de guerres de «libération» ou par des moyens moins violents. C'était aussi une époque où le consensus sur la véritable portée du nationalisme comme idéologie faisait l'objet de discussions et de débats. Pour certains, les nationalismes – comme le fascisme – qui avaient caractérisé les conflits lors de la Seconde Guerre mondiale faisaient peur et devaient être évités. D'autres, plus positifs, les voyaient comme l'affirmation d'un peuple ou un outil de développement et de progrès social. Cependant, j'ai découvert à travers mon parcours que le nationalisme québécois serait beaucoup plus complexe, innovateur, souvent progressiste et, somme toute, unique.

Étudiant en sciences politiques à Loyola et ensuite à la maîtrise à McGill, les sujets ne manquaient pas pour nos travaux. Le Québec était en quelque sorte un laboratoire d'idées, de réformes, de débats et de remises en question. Les politiciens sur la scène fédérale ont eux aussi forcément reconnu que le Québec était en voie de se transformer et que cela se ferait sentir au-delà de ses frontières.

Dès le début des années 1960, Montréal était en effervescence. La réélection du maire Jean Drapeau en 1960 (après sa défaite de 1957) était le signe d'une ville plus vibrante, plus audacieuse et plus confiante. C'était le début des grands projets tels le métro, l'Exposition universelle de 1967, la franchise des Expos dans le baseball majeur et l'obtention des Jeux olympiques de 1976. À l'aube du centenaire du Canada (1867-1967), Montréal était aussi le théâtre de manifestations politiques.

Ce fut également la période de la Révolution tranquille dirigée par le premier ministre libéral Jean Lesage (1960-1966) et son « équipe du tonnerre ». Devenu en quelque sorte « notre Kennedy », il a, notamment avec son slogan *Maîtres chez nous*, réformé le système d'éducation, mis en place le régime d'assurance hospitalisation (à ne pas confondre avec l'assurance maladie), créé la Caisse de dépôt et placement du Québec afin de gérer le nouveau Régime des rentes du Québec, la Société générale de financement (aujourd'hui Investissement Québec) et autorisé Hydro-Québec à acquérir de gré à gré les distributeurs privés d'électricité.

Durant l'ère Lesage, la politique s'est transformée. En 1962, nous avons vécu à la télévision un débat des chefs à l'américaine (le premier débat télédiffusé au Québec) entre

Jean Lesage et le chef de l'Union nationale, Daniel Johnson. Cette élection était devenue une forme de référendum sur la nationalisation de l'électricité. Lesage a remporté l'élection et continué ses ambitieuses réformes. Le Québec a alors poursuivi à grande vitesse sa voie vers sa modernisation.

Le nationalisme s'exprimait de différentes façons. Pour les libéraux au pouvoir à Québec, c'était gouverner pour être « maîtres chez nous ». Il fallait mettre la pression sur le système fédéral en proposant des réformes constitutionnelles afin de se doter d'outils pour favoriser le progrès économique du Québec. Pour les libéraux, tout cela pouvait se réaliser à l'intérieur du cadre fédéral canadien. Pour l'Union nationale, c'était par l'entremise d'un nationalisme plus conservateur et axé sur les régions. Mais on ne voulait pas retourner en arrière. Le chef de l'Union nationale, Daniel Johnson, avait publié un livre intitulé *Égalité ou indépendance* dans lequel le statu quo canadien était remis en question. La lecture de ce livre m'a convaincu qu'un débat majeur sur l'avenir du Québec était sur le point d'émerger.

L'entrée en scène d'un tribun exceptionnel en la personne de Pierre Bourgault et la création de sa formation politique, le Rassemblement pour l'indépendance nationale (RIN), ont réussi à provoquer un débat sur l'avenir constitutionnel du Québec, débat qui dure encore à ce jour. Bourgault et le RIN voulaient faire du Québec un pays indépendant, un État souverain. Ils voulaient que le Québec se sépare du Canada. Mais ce débat pour l'indépendance du Québec ne se limitait pas à la seule classe politique.

Il y avait aussi un groupe plus marginal, plus radical et plus à gauche, mais aussi prêt à utiliser des moyens violents pour faire du Québec un pays indépendant : le Front de libération du Québec (FLQ). Ce dernier a commis des actes de terrorisme qui ont pris de l'ampleur et atteint leur sommet, en 1970, lors de la crise d'Octobre. L'inspiration de ce mouvement venait de l'auteur Pierre Vallières et de son livre intitulé *Nègres blancs d'Amérique*.

En 1963, le Parti libéral du Canada (PLC), sous la direction de Lester B. Pearson, forme un gouvernement minoritaire avec une forte représentation québécoise. Déjà, deux visions distinctes du Québec et une transformation de la relation Québec-Canada émergeaient – ceux qui croyaient en un Canada uni et ceux qui voulaient faire du Québec un pays indépendant. Il y avait des variantes dans l'articulation des deux visions exprimées : le fédéralisme renouvelé, l'autonomie provinciale, la souveraineté-association et l'indépendance tout court. Le statu quo n'avait pas d'adhérents marquants. Le premier ministre Pearson était conscient que ce débat n'en était qu'à ses débuts.

Pearson a voulu répondre à cette remise en question du Canada. D'abord, il y a le débat sur le nouveau drapeau canadien associé à nos valeurs et à nos racines et, ensuite, une enquête royale sur le bilinguisme et le biculturalisme (la commission Laurendeau-Dunton). Cette nouvelle démarche du gouvernement m'interpelle alors et je suis séduit par le style et l'approche de Pearson, sans toutefois m'y engager. Le reste du Canada n'était pas indifférent à la remise en question du fédéralisme canadien. En raison de sa grande civilité et de son ouverture envers le Québec, Lester B. Pearson reste à ce jour le premier ministre du Canada qui a le plus influencé ma pensée.

Sachant que la montée du nationalisme québécois pouvait mettre en danger l'avenir du Canada, Pearson eut alors la bonne idée de recruter des Québécois d'envergure qui avaient connu les batailles passées contre le régime autocratique et ultraconservateur de Maurice Duplessis. De plus, ces nouvelles recrues avaient une vision progressiste du rôle du Québec au sein du Canada. Ce fut l'arrivée, au début de 1965, des «trois colombes», Jean Marchand, Gérard Pelletier et Pierre E. Trudeau. Autant la Révolution tranquille avec «l'équipe du tonnerre» de Jean Lesage avait transformé le Québec, autant le trio Marchand-Pelletier-Trudeau changerait la donne au Parlement fédéral.

Un évènement dominant de la scène canadienne a lieu à l'été 1967, lors de la visite du président français Charles de Gaulle au Québec. Celui-ci et le premier ministre québécois Daniel Johnson (élu en 1966) se rendent de Québec à Montréal par le Chemin du Roy et sont acclamés par une foule enthousiaste tout le long du parcours. Lors de son discours sur le balcon de l'hôtel de ville de Montréal, le président de Gaulle lance son fameux «Vive le Québec libre!», qui allait résonner à travers le monde. Les indépendantistes se réjouissent et les fédéralistes sont en furie. Quant à moi, j'ai trouvé insultante cette déclaration. Comment de Gaulle pouvait-il souhaiter briser le Canada, pays qui avait contribué à libérer la France pendant la Seconde Guerre mondiale? Le gouvernement fédéral annula le voyage du président prévu à Ottawa. La classe politique québécoise ne sera plus la même.

Après l'euphorie de l'Expo 67, le débat politique au pays commence à se polariser davantage. Pearson annonce son départ de la scène politique. Le ministre Pierre E. Trudeau devient chef du PLC, premier ministre le 20 avril 1968 et déclenche des élections le 25 juin suivant. Le 14 octobre 1967, René Lévesque quitte le PLQ, publie son livre *Option Québec* en janvier 1968 et forme le Mouvement souveraineté-association (MSA) le 19 novembre suivant. En 1968, deux autres partis indépendantistes, le RIN et le Ralliement national, se joignent au MSA pour former le PQ. Cette formation politique allait prendre de l'envergure et René Lévesque deviendrait le politicien québécois de l'heure.

Si la politique américaine demeurait mon sujet de prédilection, les relations entre le Québec et le reste du Canada allaient dorénavant être au centre de mes préoccupations. Trois évènements allaient intensifier mon intérêt pour la politique active au Québec : l'accession de Trudeau au poste de premier ministre du Canada, la montée du PQ sous René Lévesque et la crise linguistique à Saint-Léonard.

À la veille du scrutin du 25 juin 1968, Pierre E. Trudeau est présent dans l'estrade d'honneur lors de la fête de la Saint-Jean, à Montréal. Une émeute éclate. Trudeau affronte les manifestants et fait un geste de la main en direction des autorités, les sommant de le laisser tranquille. La télévision transmet les images de la confrontation *from coast to coast*. J'ai vu cette scène à la télé : l'audace et le leadership de Trudeau m'ont impressionné. Après cinq ans de règne minoritaire du gouvernement Pearson, Trudeau remporte une éclatante majorité à travers le pays. On savait que ce n'était qu'une question de temps avant que les visions de Trudeau et de Lévesque s'affrontent sur l'avenir du Québec au sein du Canada. Trudeau était de loin le politicien canadien le plus séduisant. Il laissait aussi planer l'espoir que des Québécois joueraient un rôle de premier plan sur la scène canadienne. Il allait faire contrepoids à la vision indépendantiste.

J'ai voté pour Trudeau en 1968. Si j'avais été un militant ou un délégué au congrès de direction du PLC, en avril 1968, mon premier choix aurait été Eric Kierans, ex-ministre du gouvernement Lesage. Politicien progressiste, je croyais qu'il possédait les atouts nécessaires pour expliquer le Québec de la Révolution tranquille au reste du Canada. Mais je dois avouer que la «trudeaumanie» de 1968 m'a graduellement séduit. Trudeau était un politicien d'envergure, un homme de convictions et le premier ministre le plus charismatique de notre histoire. Pour plusieurs, dont j'étais, il était au Canada ce qu'avaient été les frères Kennedy aux États-Unis.

Pour ceux qui se préoccupaient de la montée du séparatisme et de la popularité de la souveraineté auprès des jeunes, Trudeau représentait un contrepoids de taille et donnait l'espoir que le Québec s'affirmerait au sein d'un Canada uni. Après un départ prometteur (il avait réussi à légiférer pour faire du Canada un pays ayant deux langues officielles), Trudeau a choisi de prendre les nationalistes québécois de front, y compris les fédéralistes les plus nationalistes. Aujourd'hui encore, je suis partagé quant au bilan de ses années au pouvoir et à la façon dont il a abordé la question du Québec. Une forte proportion de Québécois contestent sa vision du Canada.

Trudeau fut un redoutable adversaire de l'indépendance du Québec, mais ses affrontements avec les gouvernements dirigés par le fédéraliste Robert Bourassa, de 1970 à 1976, et le souverainiste René Lévesque, de 1976 à 1984, resteront des moments déterminants dans les relations Québec-Canada.

Personnellement, je reconnais que le talent et la contribution de Trudeau furent immenses et importants. Mais sa vision et sa façon de négocier dans un climat de confrontation avec le Québec ne m'ont jamais incité à m'engager comme membre de sa formation politique, le PLC, et à faire de la politique active. Je croyais qu'il y avait une troisième voie entre sa vision et celle des indépendantistes, une vision plus conciliante, plus rassembleuse et plus consensuelle. À titre d'observateur, je restais donc sur la touche.

La démarche de René Lévesque vers la souveraineté a sans doute donné une légitimité au mouvement indépendantiste. Le reste du Canada a aussi pris bonne note de sa présence, car on voyait en lui un politicien sérieux et modéré malgré la nature de son option politique. Je partageais ce point de vue.

À sa façon, le PQ a transformé la façon de faire de la politique : fini les programmes électoraux rédigés par une garde rapprochée du chef dans une chambre d'hôtel à la veille des congrès et les caisses occultes des partis politiques. Maintenant, avec le PQ, c'était le contact direct avec l'électeur, la démocratie au sein des instances du parti et, surtout, l'engagement des jeunes. C'était une transformation. Mis à part le projet d'indépendance, le PQ était séduisant pour le jeune idéaliste que j'étais[2].

Plusieurs de mes amis de cette époque se sentaient interpellés par René Lévesque et l'option souverainiste. Certains de mes professeurs, comme les réputés Michael Oliver et Michael Stein de l'Université McGill, parlaient du PQ comme du véritable héritier de la Révolution tranquille. La légitimité, l'énergie et le dynamisme associés à cette nouvelle formation politique donnaient de toute évidence l'impression que le mouvement souverainiste était une force d'avenir. Je le croyais aussi.

Toutefois, l'expression « le Québec aux Québécois » ne me séduisait pas. Malgré mon affinité avec la vision social-démocrate du PQ quant au rôle du gouvernement dans la société, le nationalisme autour de la langue et de la culture me rendait mal à l'aise. Bref, je ne me sentais pas inclus. De plus, je n'étais pas un souverainiste dans l'âme. Je croyais au Québec, mais mon pays, c'était le Canada. Et j'étais persuadé que le Québec y avait sa place.

En 1968, un affrontement survenu à Saint-Léonard – aujourd'hui un arrondissement de Montréal – sur l'accès à l'école anglaise a confirmé certaines de mes réserves relativement à la montée du nationalisme au Québec. Un regroupement de parents francophones, sous l'égide du Mouvement pour l'intégration scolaire (MIS), s'était formé en opposition au libre choix des parents d'inscrire leurs enfants à l'école anglaise au Québec. Il faut savoir qu'à l'époque, le système scolaire québécois était basé sur la confessionnalité catholique ou protestante (article 93 de l'Acte de l'Amérique du Nord britannique – AANB). Au fil des années, le système scolaire catholique a eu un secteur français et un secteur anglais, tandis que le système protestant était uniquement anglais. Tous les nouveaux arrivants avaient les mêmes choix que la société d'accueil, c'est-à-dire le libre choix d'envoyer leurs enfants à l'école française ou anglaise.

Trois visions se sont affrontées lors de cette crise. Tout d'abord, le MIS, sous la direction de l'indépendantiste Raymond Lemieux, voulait limiter l'accès aux écoles anglaises (protestantes et catholiques). Pour sa part, *l'establishment* anglophone et les syndicats associés aux écoles anglophones voyaient le MIS comme une menace sérieuse au libre choix et, ultimement, à la pérennité du secteur d'éducation anglophone. Certains alarmistes au sein de cette communauté ont même interprété cette mouvance comme une étape vers la disparition de cette dernière, ce qui, à mon point de vue, était excessif. Enfin, l'Association des parents de Saint-Léonard fut formée pour représenter les italophones dont les enfants étaient inscrits dans les écoles anglaises et qui souhaitaient une éducation bilingue.

Cette association, sous la direction d'un parent du nom de Robert Beale, voulait régler un problème propre aux écoles de Saint-Léonard et éviter un affrontement sur de grandes questions comme l'avenir du français au Québec et le principe du libre choix en éducation. Le MIS voulait, lui, interdire à court terme l'accès à l'école anglaise aux enfants des nouveaux arrivants et, à long terme, instaurer un système unilingue français au Québec. La très grande majorité des parents de ces enfants préféraient le système anglais. Un nombre important de Québécois francophones envoyaient aussi leurs enfants à l'école anglaise.

Cette crise a duré quelques semaines et des affrontements dans la rue ont forcé les autorités politiques à demander l'intervention des policiers. Les images ont fait le tour du pays. Le lien entre la question nationale et le débat linguistique était manifeste. Bref, pour ce mouvement, il fallait faire l'indépendance pour assurer la pérennité du français et mettre en place des restrictions linguistiques pour faire du Québec un État français.

Pour moi, on était loin de la social-démocratie et du caractère démocratique du PQ, on était plutôt dans l'expression d'une vision ethnocentrique. Graduellement, la crise à Saint-Léonard a transformé le débat linguistique en favorisant l'approche législative pour régler les conflits. De la Loi pour promouvoir la langue française au Québec (la loi 63) – qui affirmait le libre choix à l'école française ou anglaise (1969) –, à la Loi sur la langue officielle (la loi 22) – qui décrétait le français comme la seule langue officielle du Québec (1974) et qui éliminait l'accès automatique à l'école anglophone pour les enfants d'immigrants et les Québécois francophones –, à la Charte de la langue française (la loi 101) – qui a élargi les dispositions pour imposer le français dans d'autres secteurs de la société –, il y a eu une révolution sur le plan linguistique. La crise à Saint-Léonard fut un moment historique et un tournant pour le Québec. En tant que fils d'immigrant, elle m'a atteint au point où j'en ai fait le sujet de mon mémoire de maîtrise universitaire[3].

Trudeau était au pouvoir, Lévesque était en progression et l'Union nationale, élue en 1966, était en déclin. Le premier ministre Daniel Johnson mourut subitement en septembre 1968 et Jean-Jacques Bertrand ne réussit pas à s'imposer comme son successeur. Les tensions linguistiques et la question nationale dominaient la scène politique, tant au Québec qu'à Ottawa.

Je ressentais graduellement un appel pour m'engager plus directement. Certains leaders américains m'avaient inspiré par leur engagement et leurs convictions. Des enjeux faisaient maintenant surface chez nous. Au départ, j'étais un observateur, mais, à la fin des années 1960, cela devenait de plus en plus clair : un jour, j'allais m'engager. J'étais toutefois un « orphelin » en politique, n'ayant aucune affiliation avec un parti politique. Le mot « militant » n'avait aucune signification pour moi. J'estimais Trudeau et je respectais Lévesque malgré mon opposition à son option. Lesage et Pearson, deux leaders qui m'impressionnaient et qui m'inspiraient à leur manière, quittaient la scène politique. Une nouvelle génération de politiciens allait dominer la scène pour les prochaines années.

Les débats politiques au Québec étaient passionnants et je savais qu'un jour je ferais de la politique. Je sentais le besoin de m'engager. Deux questions restaient. Quand ? Et comment ?

Chapitre 3

LE DÉBUT
D'UNE LONGUE AVENTURE

Autant les années 1960 furent pour moi une période de sensibilisation et de découvertes, autant les années 1970 furent une décennie de réflexion et de prises de position sur les grands enjeux. Si la politique américaine m'avait éveillé à la politique en soi et à son importance pour faire avancer la société, les enjeux au Québec m'attiraient et m'interpellaient dorénavant plus personnellement.

Vers la fin des années 1960, la question nationale commençait à devenir un enjeu incontournable non seulement au Québec, mais dans l'ensemble du pays. Je m'attendais que l'arrivée de Pierre E. Trudeau à la tête du pays et celle de René Lévesque à titre de chef du PQ entraînent un affrontement au cours des années à venir. Entre-temps, le PLQ, dirigé par le jeune économiste de 36 ans Robert Bourassa, formait le gouvernement en avril 1970. Le nouveau premier ministre, un fédéraliste convaincu, prônait une vision économique séduisante ayant pour projet de développer la baie James et son potentiel hydroélectrique. De plus, il proposait une troisième voie, soit un fédéralisme renouvelé, pour répondre aux préoccupations du Québec concernant son développement. Une troisième voie que je trouvais intéressante. Fait à noter, son opposition officielle était désormais l'Union nationale.

La question linguistique, non résolue lors de la crise de Saint-Léonard par l'adoption de la loi 63 de l'Union nationale sur le statut du français, était un enjeu qui mobilisait encore la société québécoise. Bourassa était conscient qu'il héritait d'un dossier chaud et polarisateur. Tôt ou tard, il lui faudrait agir, car le statu quo tirait à sa fin. D'autres enjeux – la question nationale et le rôle de l'État dans la vie des citoyens – alimentaient aussi mon intérêt et mes réflexions. L'activité politique était au centre de tous les débats et cela rejoignait davantage ma pensée. Mon attrait pour la politique se faisait donc de plus en plus sentir. Graduellement, mes champs d'intérêt et mes choix se précisaient. Des évènements allaient devenir déterminants.

LE CHOIX DE L'ENSEIGNEMENT

À la fin des années 1960, au moment où je me sens prêt à amorcer ma vie professionnelle, ma vie personnelle prend un nouveau tournant: à 23 ans, Micheline Dubois, aussi originaire de Rosemont, et moi décidons de nous marier.

Nous nous fréquentions depuis le début de mes années au Collège Loyola. Notre relation avait commencé quelques années auparavant quand, pour la première fois, je l'avais rencontrée à la cordonnerie de mon père au milieu des années 1960. Micheline et moi sommes devenus les parents de Tania (née en 1973) et Lyssa (née en 1977), aujourd'hui deux femmes vives et épanouies. Micheline et mes deux filles m'ont soutenu et encouragé dans mes choix politiques. Je leur serai toujours reconnaissant de leur soutien.

J'ai commencé ma carrière comme enseignant à l'âge de 23 ans, lors de la rentrée scolaire 1969-1970 à la Commission des écoles catholiques de Montréal (CECM) dans le secteur anglophone catholique. C'était en quelque sorte un retour à mes racines, car j'étais un produit de ce système scolaire – ces écoles ont accueilli plusieurs enfants d'immigrants italiens. J'étais loin d'être le seul[4].

Comme enseignant, on m'a, dans un premier temps, assigné à l'école secondaire anglophone Pius Ninth, située à Montréal-Nord. J'y enseignais en première et deuxième secondaire. La plupart de mes élèves étaient d'origine italienne. Plus tard, j'ai été transféré à la polyvalente William-Hingston, dans Parc-Extension, où j'enseignais en quatrième et cinquième secondaire. Mes élèves venaient des communautés grecque, portugaise, italienne, sud-asiatique et haïtienne du quartier Villeray. Il y avait des élèves de souches francophone et anglophone, mais ils étaient minoritaires. Bref, j'enseignais dans un milieu multiethnique et multiculturel.

L'enseignement m'a attiré dès mon jeune âge. J'aimais mes professeurs et je souhaitais un jour embrasser la même carrière qu'eux. Je croyais sincèrement qu'être enseignant me permettrait de faire une différence dans la vie d'un jeune en le préparant pour des études postsecondaires ou le marché du travail.

L'enseignement m'a donné la chance de travailler auprès des jeunes, mais aussi de poursuivre des études durant mes temps libres (le soir et l'été) pour mon développement professionnel. J'ai enseigné l'histoire et l'économie – deux matières essentielles pour bien connaître l'actualité et les enjeux qui surgissaient dans la société. Le nationalisme, le fédéralisme, le débat linguistique, les différends entre Québec et Ottawa ainsi que les querelles entre les politiciens des deux ordres de gouvernement étaient l'objet de discussions avec mes élèves et dans mes propres études en sciences politiques. Sur le plan personnel, cette ambiance de travail me permettait aussi d'approfondir mes réflexions.

Je souhaitais surtout motiver mes élèves et multiplier leurs centres d'intérêt. J'encourageais les débats sur des questions d'actualité et je les invitais à aller plus en profondeur que les manchettes des journaux. Je voulais surtout piquer leur curiosité et les inspirer. Je souhaitais aller au-delà du programme scolaire prescrit par le ministère de l'Éducation[5].

Les années 1970 m'ont fourni beaucoup de matière, notamment la crise d'Octobre, les conflits de travail entre le gouvernement et le front commun des syndicats du secteur public, le débat linguistique et l'affrontement sur l'avenir du Québec avec l'arrivée au pouvoir du PQ, en 1976. Mon parcours professionnel et mon futur engagement politique suivaient des chemins parallèles.

Rien ne laissait présager qu'un évènement majeur, dont les conséquences dépassent les frontières du Québec, allait se produire en 1970, à une rue de l'école Pius Ninth où j'enseignais :

c'était le rendez-vous avec la crise d'Octobre et la prise en otage d'un diplomate par le FLQ. C'était l'affrontement entre l'ordre public et un groupe dit révolutionnaire. Cela était maintenant à nos portes.

LA CRISE D'OCTOBRE 1970

Le 5 octobre 1970, en avant-midi, une cellule du FLQ enlève le diplomate britannique James Cross à son domicile montréalais. J'étais en classe ce matin-là et j'ai appris la nouvelle quand les autorités ont décidé d'évacuer notre école, qui avait fait l'objet d'alertes à la bombe dans le passé. Les reportages qu'on pouvait entendre à la radio étaient alarmants. En tant que professeur dans une école anglophone, je ressentais la tension de mes collègues. Quelques jours plus tard, une autre cellule du FLQ frappait et enlevait le ministre québécois du Travail, Pierre Laporte. Ces deux enlèvements − un diplomate et un élu de l'Assemblée nationale − constituaient du jamais-vu au pays. Le Québec et le Canada étaient soudainement en crise. Ces enlèvements eurent des conséquences immédiates sur le plan international.

Le 16 octobre, le gouvernement Bourassa, invoquant la Loi sur les mesures de guerre, demande au gouvernement fédéral de Pierre E. Trudeau d'envoyer les Forces armées au Québec. Cette loi, un vestige de la Seconde Guerre mondiale, eut pour effet immédiat de suspendre les libertés civiles. Mais c'est la présence des soldats en tenue de combat dans les rues de Montréal et sur certaines autoroutes du Québec qui a renforcé un sentiment de crise sans précédent.

Les ravisseurs exigeaient de négocier avec le gouvernement du Québec pour libérer de présumés «prisonniers politiques». Ceux-ci étaient associés à de nombreux délits commis par le FLQ – des bombes placées dans des boîtes aux lettres, des endroits publics et chez des entreprises, des vols à main armée, etc. Les autorités ont refusé toute négociation. Le 17 octobre au soir, on retrouvait le corps de Pierre Laporte, assassiné par ses ravisseurs. J'ai appris la nouvelle en sortant du cinéma Loews au centre-ville de Montréal. J'étais sous le choc. Je me suis immédiatement demandé si le diplomate James Cross avait subi le même sort.

L'ensemble de la classe politique condamna spontanément l'action du FLQ. Le chef du PQ, René Lévesque, répudia rapidement cet acte et, tout en faisant valoir l'importance d'un Québec souverain, répéta que cet objectif serait atteint uniquement par la voie démocratique. Il fallait à tout prix, disait-il, éliminer la violence du paysage politique et de nos choix de société. Son intervention a permis la survie du mouvement indépendantiste. Par sa modération, Lévesque est resté une figure politique crédible et pertinente dans l'immédiat.

Cette crise, qui avait débuté le 5 octobre, s'est terminée le 28 décembre. Sa fin s'est déroulée en deux temps: d'abord le 3 décembre, lors de la libération du diplomate James Cross d'un duplex situé près de l'école où j'enseignais; puis le 28 décembre, avec l'arrestation des dirigeants de la cellule soupçonnée d'avoir enlevé Pierre Laporte. Cette crise a eu de nombreuses conséquences et elle fait encore aujourd'hui l'objet de débats parmi ceux qui l'ont vécue.

La libération du diplomate James Cross fut toute une expérience pour notre communauté étudiante. C'était un froid matin d'hiver très ensoleillé. Lors de mon premier cours de la journée, vers 9 h 15, je me dirige vers les fenêtres de ma classe et c'est alors que je vois des rangées de soldats dans la rue Gariépy, juste en face de mon école, l'établissement secondaire Pius Ninth dans Montréal-Nord. Au même moment, le directeur nous demande de quitter nos classes. J'ai subitement compris que quelque chose de grave se passait dans le secteur. Je n'ai pas hésité à suivre les directives et à diriger mes élèves vers la sortie de l'école.

La présence de soldats, d'hélicoptères et de représentants des médias a créé tout un émoi dans notre milieu scolaire. Nos élèves ont pu voir de près les conséquences d'une crise qui avait alimenté nos médias nationaux et la presse internationale pendant plusieurs semaines. Les discussions dans les classes ont démontré par la suite que nos débats politiques ne seraient plus jamais les mêmes. Pour certains, ce fut traumatisant; pour d'autres, ce fut une expérience de vie inoubliable, parfois déstabilisante.

Les fédéralistes ont en général appuyé les mesures des autorités. D'autres, tout en condamnant la violence, les ont trouvées excessives. Certains, comme le journaliste Claude Ryan, René Lévesque et des dirigeants syndicaux auraient souhaité qu'on utilise la voie de la négociation pour libérer les otages. En effet, suspendre les droits civils des citoyens semblait démesuré et de nombreuses personnes innocentes furent d'ailleurs incarcérées. Mais, devant l'ampleur de la crise, les autorités prétendaient ne pas avoir de solutions plus modérées. Le seul recours à la police était considéré comme inadéquat.

Par ailleurs, le conflit entre les tenants d'un Canada uni et ceux d'un Québec indépendant sera transformé de façon déterminante. La polarisation faisait désormais partie de la réalité de la vie politique québécoise. Elle était devenue incontournable et elle a par la suite façonné le débat politique. Personnellement, je savais que je ne pourrais plus rester un simple spectateur. J'avais maintenant un parti pris pour un Canada uni et il fallait combattre l'option indépendantiste. Le climat social et politique du Québec allait être envahi par le débat sur l'indépendance. Il fallait que j'y prenne part, sans encore avoir déterminé de quelle façon.

LES CONFLITS DE TRAVAIL

Les années 1970 furent aussi une période de grandes turbulences et de militantisme dans les relations entre les principaux syndicats du secteur public (Fédération des travailleurs du Québec – FTQ, Confédération des syndicats nationaux – CSN, Centrale de l'enseignement du Québec – CEQ) et le gouvernement du Québec. Ce climat conflictuel s'est aussi fait sentir dans le domaine municipal, particulièrement à Montréal. En 1969, les forces policières de la Ville ont débrayé, ce qui a amené l'armée à patrouiller dans les rues de Montréal. C'était un présage que le climat social de la décennie à venir serait perturbé. Les turbulences se sont terminées avec le dénouement de la crise d'Octobre.

En 1972, les trois grands syndicats ont fait front commun et ont eu recours à des grèves sporadiques et parfois générales pour infléchir les décisions du gouvernement. Les trois leaders, Louis Laberge, Marcel Pepin et Yvon Charbonneau, ont défié des directives des tribunaux et ont été emprisonnés. Des lois forçant le retour au travail, assorties de sanctions sévères, furent adoptées pour restaurer la paix sociale. Un scénario semblable se répéta en 1975.

Pour certains leaders syndicaux, leur lutte pour les travailleurs et celle pour l'indépendance politique du Québec étaient un seul et même combat. En 1975, j'étais agent syndical au sein du Syndicat des professeurs anglophones catholiques et j'étais engagé dans la grève du Front commun en tant que représentant des professeurs de mon école. Même si j'exerçais une fonction temporaire et à temps partiel, j'étais au centre du conflit portant sur les conditions de travail et les salaires. On qualifiait le gouvernement Bourassa d'intransigeant. Il a eu recours à des lois spéciales, comme ce fut le cas en 1972.

Mon engagement dans ce conflit de travail fut en fait un évènement marginal quant à mes convictions politiques. Je n'étais pas un syndicaliste dans l'âme et je voyais ce rôle comme temporaire. Mais je dois avouer que vivre un tel conflit m'a fait voir l'importance de la solidarité des travailleurs. À titre d'exemple, à l'automne de 1975, j'ai ouvertement défié une directive des autorités de mon école demandant aux professeurs de cesser leur grève du zèle, ce qui m'a valu une réprimande à mon dossier. En guise de contestation, mon syndicat a riposté par une journée complète de débrayage. Cela m'a permis de constater à quel point le fait de travailler en équipe, de partager et d'atteindre des objectifs communs pouvait être une force déterminante. J'ai aussi compris la dimension humaine associée à un conflit de travail. Bref, j'ai mieux apprécié la solidarité dont font preuve les syndicats dans notre vie collective.

Toutefois, étant affecté au secteur anglophone catholique, je ne voyais pas l'affrontement avec le gouvernement Bourassa comme un autre aspect de la lutte pour l'indépendance du Québec ou un choix de société. Pour moi, l'enjeu se limitait aux questions reliées aux relations de travail. Le conflit m'a surtout préparé à établir le lien entre une prise de conscience et l'action.

MA RENCONTRE AVEC RENÉ LÉVESQUE

J'étais professeur d'histoire nationale (cours obligatoire) et d'économie (cours optionnel) au secondaire. J'estimais que mon rôle allait plus loin que le programme déterminé par le ministère de l'Éducation. Certes, ma responsabilité était de m'assurer que les élèves étaient bien préparés pour l'examen provincial de la fin d'année, mais je voulais également que mes cours soient une expérience pertinente en lien avec l'actualité.

Pour cette raison, j'utilisais des méthodes d'enseignement qui incluaient des exposés, des débats et des jeux de rôles. Dans mon cours d'histoire nationale, par exemple, je tenais à ce que mes étudiants issus du milieu allophone ou anglophone soient conscients de la dynamique propre au Québec. Je voulais les sensibiliser à la logique historique qui caractérisait la vision du Québec au sein du Canada et celle d'un Québec indépendant.

Je voulais innover, provoquer et parfois choquer. J'ai donc invité le chef du PQ, René Lévesque, à venir à mon école et à prendre la parole devant l'ensemble des élèves de 4e secondaire. L'école William-Hingston était située dans la circonscription de Laurier, celle qu'il représentait lorsqu'il était membre du PLQ[6]. Je voyais la symbolique : il revenait dans son ancienne circonscription, qui l'avait rejeté en 1970 en tant que chef du PQ, qui formait maintenant l'opposition officielle. De plus, il pouvait un jour devenir premier ministre du Québec.

Nous étions en février 1976 lorsque René Lévesque se présenta à l'école, au 415 de la rue Saint-Roch, accompagné de son adjoint Claude Mallette. Simple et sympathique, Lévesque semblait très à l'aise lorsque je l'ai accueilli. J'ai eu l'occasion de converser alors avec lui sur la vie politique en général. J'en ai profité pour lui demander si, en tant que social-démocrate, il n'avait pas envisagé le Nouveau Parti démocratique (NPD) comme famille politique. Il m'a répondu par la négative, puisque le NPD n'avait pas de racines au Québec. Lévesque se doutait bien, par ailleurs, que l'auditoire ne serait pas favorable à son parti et encore moins à son option, mais cela ne semblait pas le préoccuper. Pas de doute dans mon esprit : il était une véritable bête politique. Il aimait les défis !

Le gouvernement Bourassa avait adopté la loi 22 deux ans plus tôt, en 1974, qui décrétait le français comme seule langue officielle au Québec et imposait des restrictions aux francophones et aux allophones quant à l'accès à l'école anglaise. Cela n'était pas populaire dans mon milieu auprès des étudiants et des professeurs, mais le PQ de René Lévesque promettait d'aller plus loin. Donc, je ne m'attendais pas à un accueil très chaleureux.

Il monta sur la scène devant plus de 450 élèves et se préparait à allumer une cigarette quand un élève, à l'arrière de l'auditorium, lui lança en anglais : « *No smoking!* » Lévesque haussa les épaules à sa manière habituelle et alluma sa cigarette. La salle était conquise, car plusieurs étudiants auraient bien aimé faire la même chose!

Lors de la période de questions, un élève fit remarquer que le PQ était nationaliste et socialiste comme le parti d'Adolf Hitler, en Allemagne. Là, Lévesque a haussé le ton et nous a donné, en trois minutes, un formidable cours d'histoire. En tant que correspondant de guerre pour l'armée américaine pendant le conflit de 1939-1945, il avait été à même de constater les horreurs du régime nazi. Il nous a donc fait savoir de façon très directe que cela n'avait rien à voir avec le nationalisme québécois. La salle applaudit de nouveau. À la fin de la séance, les élèves se sont mis en ligne pour obtenir un autographe. Lévesque, par son charme et sa performance, avait impressionné son auditoire.

Quelle performance et quelle présence! Lévesque quitta l'auditorium et passa une heure à discuter avec les professeurs dans leurs locaux et accepta que l'on prenne des photos. Si son option souverainiste n'avait pas été au cœur de son activité politique, je crois que la grande majorité de nos professeurs auraient voté pour lui et son parti.

Ce fut mon premier contact direct avec une célébrité politique. Il nous avait séduits par son charisme, son authenticité et sa capacité intellectuelle. On pouvait être contre lui, contre son parti et son option, mais il fallait respecter l'homme. Il a assurément eu un impact sur nos élèves et nos professeurs. Et, je l'avoue, sur moi aussi! D'ailleurs, plus tard dans ma carrière, j'ai été appelé à collaborer avec plusieurs personnalités reliées au PQ, notamment Louis Bernard, ancien conseiller de M. Lévesque lui-même et ex-secrétaire général de la fonction publique québécoise, et André Boisclair, ancien chef du PQ.

Je crois que mes affinités avec des personnalités associées au PQ ne sont pas étrangères à ma rencontre avec le père fondateur du PQ, à mes années en tant que professeur d'histoire au cours desquelles je n'ai jamais dénigré l'option souverainiste.

MON FLIRT AVEC LE PQ

En 1970, j'ai voté pour le PLQ. Je voyais en Robert Bourassa et son parti une approche pragmatique et redoutable sur le plan intellectuel pour alimenter le débat entre fédéralistes et indépendantistes. J'étais curieux d'en savoir plus sur la troisième voie, celle se situant entre Trudeau et Lévesque. L'Union nationale était sur le point de disparaître.

En 1973, j'ai encore choisi l'équipe Bourassa à la suite de la crise d'Octobre. Je trouvais que le PQ avait une approche trop radicale pour former un gouvernement. Son option de l'indépendance me déplaisait.

De 1973 à 1976, le climat social et politique au Québec s'est transformé et détérioré. Le gouvernement Bourassa, malgré notamment d'importantes réformes comme l'assurance maladie, la Charte des droits de la personne et le Conseil du statut de la femme, souffrait d'une forme d'usure du pouvoir. Le dossier linguistique et la loi 22, qui établissait le français comme seule langue officielle au Québec, lui ont aliéné la clientèle anglophone et allophone, qui s'est sentie trahie.

Se sont ajoutés à cela les interminables conflits de travail qui perturbaient la paix sociale au Québec. De simple observateur, lors de la grève du Front commun en 1972, je suis devenu agent syndical lors du conflit de 1975. La grogne était aussi palpable dans plusieurs autres dossiers : la situation économique, la crise linguistique au fédéral dans le secteur de l'aviation civile avec l'Association des Gens de l'Air et les différends entre les deux gouvernements fédéralistes de Bourassa et Trudeau.

En 1976, Bourassa déclencha des élections, prétextant, sans avoir de preuves tangibles, que le gouvernement Trudeau se préparait à rapatrier la Constitution canadienne de la Grande-Bretagne sans le consentement du Québec. Je trouvais un peu étrange qu'un gouvernement québécois fédéraliste demande un mandat pour bloquer le gouvernement fédéral. Le PQ ne demandait pas mieux.

Entre-temps, l'Union nationale, avec son nouveau leader, Rodrigue Biron, profita du mécontentement des anglophones en promettant l'élimination de la loi 22. Une telle promesse séduisit une partie de la communauté anglophone opposée à cette loi.

Le PQ, de son côté, semblait avoir le vent dans les voiles en recrutant des candidats de prestige, donnant ainsi de la crédibilité à un éventuel gouvernement péquiste. Avec une équipe renouvelée, un discours plus conciliant et progressiste ainsi qu'un visage sérieux et modéré, le PQ pouvait être élu. Toutefois, avec seulement six sièges à l'Assemblée nationale au moment du déclenchement des élections, il semblait peu probable qu'il forme le prochain gouvernement. Le PQ représentait donc l'option idéale pour un vote de protestation. Dès le début de la campagne, nous sentions que le gouvernement Bourassa était sur la défensive. La campagne a possiblement été déclenchée dans le but de limiter les dégâts.

Le PQ fut assez astucieux dans sa stratégie électorale : il promettait « un bon gouvernement » avant tout et un référendum au cours de son mandat. C'était la formule de l'étapisme du candidat vedette et ancien fonctionnaire sous le gouvernement Bourassa, Claude Morin : si vous êtes insatisfaits du gouvernement Bourassa, vous pouvez changer pour le PQ, dont la priorité sera d'être un bon gouvernement. Mais ce n'était pas un vote pour l'indépendance, nous assurait-on. L'influent directeur du journal *Le Devoir*, Claude Ryan, donna son aval à la stratégie du PQ, ce qui eut pour effet de légitimer le parti et son plan de match.

Certes, la personnalité et la popularité de René Lévesque n'étaient pas des facteurs anodins. Sa modération pouvait rassurer les éléments de l'électorat qui voulaient avant tout un changement de gouvernement ou enregistrer un vote de protestation, mais pas un pays indépendant.

Quant au premier ministre sortant, Robert Bourassa, son député anglophone de Sainte-Anne, George Springate, l'avait décrit comme l'homme le plus « détesté » au Québec. Avec les clientèles anglophone et allophone généralement acquises, une telle brèche dans la base électorale du PLQ n'était pas de bon augure, mais pas au point de perdre les élections. Du moins, le pensais-je.

L'appui de Ryan, que j'estimais pour son franc-parler et sa rigueur intellectuelle, a eu un impact sur ma réflexion. Je faisais partie de l'électorat insatisfait, je souhaitais du changement, mais je voulais que mon vote en soit un de protestation avant tout. Certes, l'option de l'Union nationale était un vote davantage en accord avec le fédéraliste que j'étais, mais pas son approche de gouvernance. Pour plusieurs, la présence de

Trudeau et du *French Power* à Ottawa représentait une forme de police d'assurance. Je n'avais pas caché mon admiration pour René Lévesque depuis ma rencontre avec lui, en février 1976. De plus, les chances que le PQ forme un gouvernement majoritaire étaient minces en début de campagne. Certains seront surpris d'apprendre que j'ai donc voté pour le PQ.

La campagne électorale, au cours de laquelle le gouvernement Bourassa fut sur la défensive avec des fissures dans sa coalition et un chef devenu fort impopulaire, a fait mentir toutes les prévisions du début. Le PQ remporta une majorité à l'Assemblée nationale le 15 novembre 1976. Nous étions loin d'un vote de protestation. Cela m'a préoccupé: la question de l'indépendance serait inévitable à moyen ou à long terme. Je n'avais pas voté pour ça!

LE PQ AU POUVOIR

Dans le milieu scolaire anglophone, la victoire du PQ fut un choc. On s'attendait au pire: le gouvernement légiférerait contre les anglophones et préparerait l'indépendance du Québec. C'était une question de temps avant que les écoles de langue anglaise ne disparaissent, plusieurs parlaient de quitter le Québec et les médias anglophones étaient en mode référendaire. De 1977 à 1980, il y eut un important exode des anglophones du Québec.

Cela contrastait avec les médias francophones, qui voyaient en ce nouveau gouvernement Lévesque une nouvelle «équipe du tonnerre» qui pourrait assurer un bon gouvernement. On aurait dit une nouvelle Révolution tranquille. La question du référendum viendrait plus tard et se ferait par la voie démocratique.

René Lévesque et son gouvernement sont vite devenus actifs en proposant des réformes dans plusieurs secteurs. Les ministres étaient sur toutes les tribunes et les annonces visaient plusieurs secteurs à la fois. Pour n'en nommer que quelques-unes, mentionnons la nouvelle loi sur la consultation publique, la protection du territoire agricole, la réforme du système électoral (qui n'a jamais vu le jour), la réforme du financement des partis politiques, l'assurance automobile, la nationalisation de l'amiante et la création de la compagnie aérienne Quebecair. Il y eut aussi un conflit avec le gouvernement fédéral au sujet de la taxe de vente. Et, dans un geste solennel, le gouvernement proposa, sous la responsabilité du ministre Camille Laurin, la Charte de la langue française (le projet de loi n° 101, mieux connu sous le nom de « loi 101 »). Plusieurs de ces réformes se déroulaient sous nos yeux, à la télévision, car des caméras avaient été installées à l'Assemblée nationale. Comme le premier ministre et ses ministres faisaient bonne figure devant les caméras, le gouvernement péquiste en a bien profité.

Sans aucun doute, ce gouvernement a rapidement trouvé la faveur de l'électorat. Lévesque était de loin le politicien le plus populaire au Québec. Il semblait que l'électorat québécois avait le meilleur des deux mondes : le populaire René Lévesque à Québec et la police d'assurance que représentait Pierre E. Trudeau à Ottawa. Une bataille épique se dessinait pour conquérir le cœur des Québécois.

La loi 101 fut toutefois la pièce maîtresse de ce gouvernement et aussi l'élément le plus polarisant. Elle contenait plusieurs dispositions pour raffermir la position du français. Le PQ allait beaucoup plus loin que la loi 22 de Bourassa.

Trois dispositions démontrent la portée réelle et l'étendue de cette loi : des restrictions accrues concernant l'accès à l'école anglaise, une atteinte directe aux dispositions de la Constitution canadienne (article 133 de l'AANB) concernant l'utilisation de l'anglais devant les tribunaux du Québec et à l'Assemblée nationale, et l'interdiction de l'anglais et autres langues que le français dans l'affichage commercial extérieur (à partir de 1981). Pour les anglophones et les allophones, c'était le pire des cauchemars. Durant les cinq années suivantes, plus de 130 000 anglophones ont quitté le Québec[7].

Même si cela ne m'a pas incité moi-même à partir, plusieurs confrères professeurs et amis ont pris cette décision radicale. Il fallait aussi s'attendre à des contestations de la loi 101 devant les tribunaux dès qu'elle serait adoptée. Ce fut le cas. Le directeur du journal *Le Devoir*, Claude Ryan, trouvait lui aussi que ce projet de Charte de la langue française était excessif et il s'est opposé avec véhémence à la démarche du PQ.

Est-ce que je regrettais d'avoir voté pour le PQ ? En partie, oui. Mon vote pour ce parti en 1976 en était un de protestation. J'avais des affinités avec l'approche progressiste et interventionniste du PQ. Je respectais René Lévesque. Et certaines de ses recrues, comme Pierre Marc Johnson, qui est devenu plus tard un ami, furent très impressionnantes. Le Québec avait besoin de renouveau, le parti de l'Union nationale était marginal et le PQ représentait ce vent de changement. Toutefois, j'étais mal à l'aise devant l'expression de son nationalisme, que je qualifiais d'«ethnique», et son option. La loi 101 dans sa forme originale confirmait mes inquiétudes et mon désagrément.

VOICI CLAUDE RYAN

À la suite de la victoire du PQ, en 1976, le premier ministre Bourassa démissionna et fut remplacé par un chef intérimaire, le vétéran parlementaire Gérard D. Levesque. Le PLQ était en désarroi et prévoyait une course à la direction. Mais il semble que l'expérience et la fermeté de Gérard D. Levesque ont changé la situation assez rapidement. Trois facteurs ont vite transformé la situation au PLQ et cela a attiré mon attention.

L'adoption de la Loi sur la consultation populaire consacrait le PLQ comme l'entité qui dirigerait la coalition ou le camp du NON lors du prochain référendum sur la souveraineté. Cela a eu pour effet de mobiliser les forces fédéralistes pour un Canada uni vers l'opposition officielle. Même la formation de Pierre E. Trudeau devrait travailler sous la direction du PLQ.

La loi 101 a aussi eu pour effet de ramener au bercail les communautés anglophones et allophones qui avaient boudé le PLQ lors de l'élection du 15 novembre 1976. Pour celles-ci, le référendum sur la souveraineté représentait une plus grande menace que la loi linguistique, même si le PQ était tenu pour trop radical à cet égard. Tout cela servait de toile de fond au congrès des membres du PLQ sous le thème *Le Québec des libertés*.

Avec le référendum sur la souveraineté, la course à la direction du PLQ a pris toute son importance pour moi. Il fallait être prêt à affronter la ferveur souverainiste. Et le futur chef serait responsable du comité du NON lors du référendum à venir. C'est lors d'une réunion d'information du comité pro-fédéraliste Québec-Canada que j'ai rencontré deux militants et organisateurs libéraux de ma circonscription de Gouin, Gilles Boucher et Yvan Marcotte. Les deux m'ont invité à prendre part à des rencontres en prévision du référendum[8].

Le gouvernement péquiste n'avait pas encore fixé la date pour la tenue de cette importante consultation. C'était mon premier contact avec une formation politique. Boucher et Marcotte, qui étaient devenus des amis, ne m'ont jamais incité à adhérer au PLQ. Ils préféraient que j'en devienne membre seulement lorsque j'en ressentirais le véritable désir. Ma curiosité m'a cependant amené à assister à plusieurs rencontres des libéraux provinciaux en prévision du référendum.

Durant l'année 1977, certains noms circulaient dans les médias concernant la succession de Robert Bourassa. Le candidat le plus sérieux était l'ancien ministre des Finances Raymond Garneau. Ce dernier, qui, à 35 ans, devint le plus jeune ministre des Finances de l'histoire du Québec, s'était illustré en 1973 lors d'un débat télévisé avec l'éminent économiste et nouveau militant du PQ, Jacques Parizeau. Garneau s'est avéré un talentueux adversaire et un grand défenseur du fédéralisme canadien. De toute évidence, il était aimable, intelligent et télégénique. Mais il représentait le gouvernement que les électeurs avaient rejeté à peine un an plus tôt.

Il n'empêche que le PQ était populaire dans les sondages et que le PLQ avait un grand besoin de renouveau. Garneau est-il la solution ? se demandaient les militants. Personnellement, j'avais des réserves quant à sa candidature à cause, justement, de ce besoin de renouveau. Des libéraux de longue date croyaient plutôt à un changement venant de l'extérieur. C'est à ce moment que le nom de l'influent Claude Ryan a fait surface.

Je trouvais audacieuse – peut-être trop – la possibilité que Claude Ryan devienne chef du parti. Il s'était opposé à la méthode forte du gouvernement Bourassa lors de la crise d'Octobre. Il avait ensuite désapprouvé la Charte de Victoria, une réforme de la Constitution canadienne que le gouvernement Bourassa avait négociée avec ses partenaires canadiens. Son opposition était aussi celle de certains autres ministres de Robert Bourassa, dont le ministre de la Santé et des Services sociaux Claude Castonguay. Devant l'opposition de certains nationalistes influents, Bourassa avait finalement dit non à Victoria, au grand dam du premier ministre Trudeau. L'impasse autour du renouvellement du fédéralisme restait entière. Pouvait-il vraiment rallier un parti avec lequel il avait eu de si grandes divergences ?

De plus, l'appui tacite de Ryan au PQ lors des élections de 1976 ne provoquait pas un grand engouement pour sa candidature auprès des influents militants libéraux de longue date. On apprit aussi que Ryan avait repoussé les premières avances de certains libéraux, mais il décida toutefois de participer au congrès libéral de novembre 1977 à titre de conférencier.

Le manque d'enthousiasme pour des candidatures associées au précédent gouvernement de Bourassa détonnait dans certains milieux libéraux. Si le PLQ voulait gagner un référendum sur la souveraineté et les prochaines élections, il lui fallait un solide coup de barre, un renouveau important venant possiblement de l'extérieur du parti.

La performance de Ryan lors du congrès de novembre 1977 et les réactions positives des militants eurent pour effet de renforcer la possibilité qu'il soit candidat à la direction. On appréciait de lui sa crédibilité auprès des nationalistes qui ne partageaient pas l'idée d'indépendance du Québec. À la suite de nouvelles pressions de la part de libéraux, Claude Ryan change de cap et annonce, le 10 janvier 1978, sa candidature à la direction du PLQ. Ayant eu la journée précédente la primeur de la nouvelle de mes amis Boucher et Marcotte (qui l'avaient eux-mêmes obtenue lors d'une réunion de proches organisateurs de Ryan), j'ai enfin décidé de devenir membre en règle du PLQ. En ayant ma carte de membre, le mot « militant » prenait tout son sens. J'étais devenu pour la première fois militant d'une formation politique, et cela, grâce à Claude Ryan. À cause de lui, en raison de son entrée sur la scène politique, je ressentais maintenant le désir de m'engager de façon concrète.

Pourquoi m'engager avec le PLQ et appuyer Claude Ryan en 1978 ? Son arrivée offrait la possibilité d'un nouveau départ. J'ai réalisé que malgré mes affinités avec beaucoup d'aspects progressistes du gouvernement péquiste et mon respect pour le premier ministre Lévesque, j'étais mal à l'aise avec l'option d'indépendance et l'axe nationaliste plus ethnique. Tout en reconnaissant le rôle important du nationalisme dans l'affirmation du Québec depuis les années 1960, je souhaitais un Québec plus ouvert à la diversité culturelle et plus engagé à prendre sa place dans l'ensemble canadien. Pour moi, Claude Ryan représentait cette vision en raison de son opposition à la loi 101 et son engagement envers un Canada uni. Autant mon vote de 1976 en avait été un de protestation, autant celui de la prochaine campagne électorale en serait un pour l'espoir et le renouveau – un vote plus en symbiose avec mes racines et mes valeurs.

Ma première rencontre avec Claude Ryan eut lieu lors d'une assemblée de l'association libérale de Gouin, dans le sous-sol de l'église Saint-Marc, à la fin de janvier 1978. Ryan faisait le tour des circonscriptions pour recueillir des appuis à sa candidature. Loin d'être le personnage austère que je croyais, il était d'une grande convivialité et très sympathique. Je me suis senti immédiatement à l'aise avec lui. J'ai alors eu l'occasion de lui poser des questions sur sa prise de position en faveur du PQ deux ans plus tôt et sur sa décision, maintenant, de se présenter à la tête du PLQ. J'aurais cru que cela allait le contrarier, mais pas du tout! Il m'a expliqué qu'il était tout simplement contre l'indépendance du Québec et que le PLQ représentait la seule voie pour s'y opposer. Malgré son éditorial de 1976 favorable au PQ, il m'a affirmé qu'il partageait les valeurs associées au PLQ au cours de l'histoire du Québec. Je ne regrettais pas mon choix.

Trois mois plus tard, j'assistais à mon premier congrès à la direction d'un parti à titre de délégué. Le 14 avril 1978, Ryan gagnait sans surprise la course contre son seul rival, Raymond Garneau. Le PLQ s'était engagé sur la voie du renouveau et j'avais décidé d'accompagner ce parti.

Ce sera le début d'une longue aventure qui commencera par la préparation en vue du référendum de 1980 sur l'avenir du Québec et qui se poursuivra au-delà du deuxième référendum sur l'indépendance du Québec, en 1995.

DEUXIÈME PARTIE

L'action

Chapitre 4

LE PREMIER DÉFI : LE RÉFÉRENDUM DE 1980

Devenir membre du PLQ était pour moi un pas important vers mon engagement plus profond dans l'activité politique. J'étais conscient qu'une course à la direction pouvait m'engager davantage dans l'action, mais je voulais aussi, en tant que membre, approfondir ma position sur le plan des idées et mieux comprendre les valeurs associées au parti. Je voulais jouer un rôle important dans cette nouvelle aventure.

J'ai voté libéral à mes cinq premières occasions comme citoyen-électeur : de 1965 à 1973 (le droit de vote était passé de 21 à 18 ans en 1965), j'avais voté deux fois pour le PLC et trois fois pour le PLQ. À l'exception de mon vote pour le PQ, en 1976, j'appuyais en grande partie la pensée politique plus progressiste, fédéraliste et interventionniste du PLQ. C'était aussi l'époque où les programmes des principaux partis politiques québécois (PLQ et PQ) souhaitaient un rôle accru de l'État.

Me joindre au PLQ comme militant actif et m'associer à un candidat à la direction m'imposaient toutefois une responsabilité qui allait au-delà de celle de simple détenteur d'une carte de membre et de délégué à un congrès pour élire un nouveau chef. Aussitôt devenu membre en règle, en janvier 1978, j'ai voulu en savoir davantage sur l'histoire de ce parti, ses réussites, ses échecs, ses valeurs et ses objectifs. J'ai constaté que ses origines et son engagement étaient orientés vers la modernisation de la société, le rôle catalyseur de l'État pour promouvoir des réformes, un pragmatisme qui conjuguait la réalisation des idées avec l'atteinte du pouvoir et la neutralité de l'État envers les questions religieuses. C'était un parti dont les racines remontaient au Parti canadien (début du 19e siècle), au Parti patriote des années 1820 et 1830, à l'alliance Lafontaine-Baldwin dans les années 1840 et au Parti rouge (milieu du 19e siècle). Ce dernier s'était opposé au projet de Confédération, mais, devenu le PLQ, il s'était consacré à faire du Québec un participant actif à la Confédération. Un de ses premiers ministres, Honoré Mercier, fut un champion de l'autonomie provinciale.

La modernisation du Québec, le droit de vote des femmes, la création d'Hydro-Québec comme société d'État, le programme politique ambitieux et progressiste élaboré sous le chef Georges-Émile Lapalme (1952-1958), la mise en vigueur de ce programme sous la direction de Jean Lesage (1960) ainsi que la vision économique de Robert Bourassa (1970) pour le développement de la baie James m'ont convaincu de la richesse de la pensée libérale. C'était avant tout un parti qui croyait profondément à l'individu, à la liberté et à la vie démocratique. Mais force était aussi de constater que c'était un parti axé sur l'atteinte du pouvoir. Sur le plan électoral, le pragmatisme passait avant l'idéologie

LES SÉQUELLES DU LEADERSHIP GARNEAU-RYAN

La course à la direction de 1978 se déroula dans un contexte tout nouveau. Le PLQ devenait, par la législation sur le référendum, adoptée en 1977, le principal porte-parole des forces fédéralistes au Québec. Il lui incombait non seulement de défendre le maintien du Québec au sein de la fédération canadienne, mais aussi de présenter une vision de la réforme du fédéralisme. Le rejet de la Charte de Victoria par le gouvernement Bourassa, en 1971, et l'arrivée du PQ au pouvoir, en 1976, conviaient à une réflexion sur l'avenir du Québec et ses choix. Le PLQ devait s'y préparer et les candidats à la direction devaient parler de la réforme constitutionnelle. Le statu quo serait difficile à vendre lors d'un référendum. On ne s'attendait pas seulement à un combat de personnalités. La course à la chefferie en serait aussi une de contenu, offrant l'occasion d'élaborer une position constitutionnelle pour contrer l'appui à l'indépendance.

La candidature de Raymond Garneau représentait celle d'un homme aux convictions profondes sur les questions du fédéralisme et du rôle du Québec au sein de la fédération. Ses racines dans le parti étaient bien ancrées depuis la Révolution tranquille, sous l'impulsion de Jean Lesage et de son « équipe du tonnerre». Comme élu, il est devenu le tout premier ministre des Finances sous Robert Bourassa à privilégier le développement de la force économique du Québec. Garneau pouvait aussi se vanter d'avoir contribué aux grandes réformes du gouvernement Bourassa, en commençant par l'assurance maladie. Bref, il était un candidat d'envergure et, dans un contexte normal, l'héritier de l'idée du concept de la société québécoise moderne préconisée par le PLQ depuis 1960. La défaite cuisante de novembre 1976 avait toutefois démoralisé les troupes libérales et aussi préoccupé les ténors d'un Canada uni. Plusieurs se demandaient si le PLQ possédait la crédibilité voulue pour diriger les forces fédéralistes. Pour cette raison, la candidature de Garneau n'a pas créé l'engouement souhaité chez les militants.

Trouver un candidat de l'extérieur des rangs du PLQ était une option à considérer pour certains, comme le pensaient l'ancien ministre du gouvernement Bourassa Guy Saint-Pierre et l'influent avocat Jacques Lamoureux. Les deux croyaient fermement au renouveau. À tort ou à raison, il fallait se dissocier du régime Bourassa. Malgré ses positions controversées lors de la crise d'Octobre, la Charte de Victoria et son éditorial dans *Le Devoir* lors de l'élection de 1976, le nom de Claude Ryan a fait surface. Sa présence constante dans les médias francophones et anglophones lui assurait une voix dans l'actualité. Le débat sur la loi 101 (dont il s'opposait à certaines dispositions) et l'éventuel référendum sur la souveraineté (il dénonçait aussi l'option du PQ) assuraient sa visibilité. Ses prises de position antérieures le rendaient crédible aux yeux de certains nationalistes. Il représentait un candidat intéressant et marquant pour ceux qui prônaient le renouveau.

Certains ténors du parti, comme Guy Saint-Pierre et l'ancien ministre des Affaires sociales Claude Forget, souhaitaient attirer une nouvelle clientèle et changer la donne devant un gouvernement militant et populaire comme celui de René Lévesque. On voulait un électrochoc. Il fallait un politicien différent des autres, ayant des créances nationalistes tout en étant résolument fédéraliste. Bref, un individu apte à s'opposer au PQ sur le plan des idées et à élargir la coalition réduite du PLQ. Cette approche en séduisait plusieurs, moi compris.

Depuis la fin de la Seconde Guerre mondiale et le retour de Maurice Duplessis comme premier ministre, le Québec n'avait renversé qu'un gouvernement après un seul mandat (l'Union nationale, de 1966 à 1970). Battre le PQ à la prochaine élection était un autre argument en faveur du renouveau par rapport à la continuité. Loin d'être un politicien-né et de représenter une candidature en droite ligne avec l'importance de l'image et de l'utilisation des médias de masse, Claude Ryan en est venu en quelque sorte à incarner l'anti-politicien – une personne qui n'a pas les réflexes habituels d'un politicien de carrière. Pour ceux qui voulaient transformer le contexte politique, faire à nouveau du PLQ un instrument de changement après seulement deux ans d'opposition et mener la lutte au PQ sur le plan des idées, la candidature de Ryan devenait un attrait important. J'étais de cette école de pensée.

Une course à la direction d'un parti impose aux candidats de recruter de nouveaux membres, de participer activement aux instances et activités du parti, y compris des débats avec les autres candidats afin de mieux se faire connaître et de se faire choisir comme délégué ayant droit de vote au congrès à la direction. En 1978, le PLQ avait une formule de 24 délégués par circonscription (huit hommes, huit femmes et huit jeunes de 16 à 24 ans) ayant droit de vote. Il n'y avait aucun délégué d'office : pour pouvoir voter lors du congrès et choisir le futur chef, il fallait se faire élire par les membres de l'association de la circonscription. Les campagnes des candidats s'organisaient autour des *slates* (des regroupements de 24 militants identifiés à une candidature). J'ai réussi à me faire élire avec une équipe, celle de la circonscription de Gouin associée à Claude Ryan. Mes amis Gilles Boucher et Yvon Marcotte étaient de la partie et ils ont fait en sorte que je le sois aussi, même si j'étais un nouveau venu dans l'association.

À la suite d'une série de débats entre les deux candidats déclarés au cours de l'hiver 1978, les congressistes se sont réunis au Colisée de Québec pour faire leur choix. Vivre cette première expérience à titre de congressiste et de délégué fut pour moi exaltant. L'atmosphère était tantôt à la fête (les pancartes, les foulards, les macarons, etc.), tantôt à la « séduction » des délégués du camp opposé. Mais, malgré cela, il n'y avait pas beaucoup de suspense – les *slates* de Ryan l'emportaient dans la majorité des circonscriptions et il a gagné haut la main. Pour les pro-Ryan, c'était la victoire du « renouveau » et d'un nouveau départ. C'était la brisure avec l'époque de Bourassa et la défaite du 15 novembre 1976.

Au cours de cette course, j'ai réalisé, par ailleurs, que la présence de deux candidats en lice avait le désavantage de polariser et de diviser les militants du parti. Les adhérents au « renouveau » de Ryan indisposaient les délégués pro-Garneau. Pour cette raison, le vainqueur avait la responsabilité de rassembler les congressistes : un candidat remporte la course, mais le parti doit en sortir uni avant tout. Contrairement aux attentes, Ryan, lors de son allocution suivant sa victoire, n'a fait aucune allusion à son adversaire. Ce geste a eu un effet négatif et ce fut une erreur magistrale. Certains ont trouvé Ryan inélégant et irrespectueux envers l'histoire du parti ainsi que son adversaire. Ryan a gagné, mais l'enthousiasme n'était pas au rendez-vous. En tant que nouveau venu, je n'ai pas senti la profondeur de la déception des pro-Garneau. Je la constaterais plus tard.

Des sympathisants de Garneau ont conclu que Ryan avait planifié son geste. Le mot « mesquin » a été utilisé pour qualifier son comportement. Peu importe, l'impact s'est fait sentir et le défi consistait à panser les plaies entre les camps Ryan et Garneau. Ce fut pour le nouveau chef un départ boiteux.

À titre de nouveau membre, je n'avais pas eu beaucoup de contacts avec l'équipe de Garneau. Cela m'a bien servi, car j'ai pu travailler aisément avec ses militants et ne pas être l'objet de suspicion de leur part. Heureusement, les permanents du PLQ, conscients de l'impair de Ryan, ont fait des efforts considérables pour unir le parti. Rapidement, des militants se sont concentrés sur les préparatifs en vue du référendum, dont la date n'avait pas encore été fixée.

Raymond Garneau et l'un de ses principaux sympathisants, le député de D'Arcy-McGee Victor Goldbloom, ont quitté la politique active peu après le congrès. L'unification du parti devenait donc plus urgente, sinon le choix de Ryan pourrait s'avérer un boulet pour le parti à la veille du référendum.

Quelques semaines après la victoire de Ryan, je fus élu vice-président de la circonscription de Gouin, dont le président était Paul Fortugno. Ce dernier avait appuyé Ryan, mais il était un membre du PLQ depuis plusieurs années et il avait des liens étroits avec l'équipe de Garneau. Son expérience et sa sensibilité envers les pro-Garneau ont favorisé une approche de réconciliation et d'inclusion dans Gouin. J'ai appris que c'était là la bonne façon de faire de la politique : aller au-delà des inimitiés, rassembler le plus grand nombre possible de membres, faire la paix, encourager l'harmonie et le travail d'équipe. Bref, additionner plutôt que soustraire.

Mais, au-delà de l'imbroglio Ryan-Garneau, l'arrivée d'un nouveau chef à la tête du parti avait apporté une énergie et une mobilisation au sein des militants. De nouvelles personnes sont passées à l'action et les efforts ont porté sur l'après-congrès. L'arrivée de Ryan a contribué à faire augmenter le nombre de membres pour faire du financement populaire « à la sauce PQ », c'est-à-dire du porte-à-porte. En prévision du référendum, Ryan a formé un comité spécial pour établir la position constitutionnelle du parti. Selon le nouveau chef, il fallait faire plus que dire NON à l'option du gouvernement péquiste : nous avions la responsabilité de présenter notre vision du renouvellement du fédéralisme. Ce comité fut placé sous la responsabilité d'un juriste respecté et réputé, Raynold Langlois[9]. Entre-temps, Ryan publiait un texte intitulé *Choisir le Québec et le Canada*. C'était en fait un cours d'histoire sur le Québec, le Canada, le fédéralisme et sur les racines du PLQ qui expliquait son approche : du contenu et des idées comme fondements de l'action politique. Ce texte allait servir de base au travail du comité Langlois.

Pour Ryan, un parti politique avait le devoir d'aller au-delà de l'organisation électorale, du financement et du choix des candidats. Le parti avait la responsabilité d'animer, de débattre, de formuler des idées et d'élaborer un contenu politique qui recueille un large consensus auprès de ses membres. Cela signifiait que le PLQ renouait avec une tradition, celle de «brasser des idées». Claude Ryan assistait aux délibérations des militants. Même s'il ne prenait pas la parole, on sentait qu'il s'intéressait de très près aux débats. Je me sentais à l'aise avec son approche auprès de la base militante.

Très souvent dans son histoire, le PLQ fut décrit comme un parti de pouvoir où les idées jouaient un rôle secondaire et où les débats étaient circonscrits. Cela est inexact. À deux reprises, le PLQ a été divisé à la suite d'affrontements sur le plan des idées. En 1936, le libéral Paul Gouin s'est joint au Parti conservateur de Maurice Duplessis pour former l'Union nationale. En octobre 1967, ce fut au tour de René Lévesque de claquer la porte du PLQ après que son option, la souveraineté-association, eut été rejetée par des congressistes libéraux.

Le PLQ fut à des moments clés l'architecte de plusieurs grandes réformes, soit le droit de vote des femmes sous Adélard Godbout en 1940, la nationalisation de l'électricité sous Jean Lesage en 1962, la réforme de l'éducation sous Paul Gérin-Lajoie, l'assurance maladie en 1970 et l'adoption du français comme langue officielle du Québec sous Bourassa. Bref, le pouvoir, oui, mais cela n'excluait pas une vision et des idées.

LE PERMANENT

À la veille du référendum sur l'indépendance du Québec, j'étais convaincu que le PLQ, avec son nouveau chef, était tout désigné pour diriger les forces fédéralistes. En décembre 1979, ma contribution allait changer de façon importante : je fus recruté comme permanent au PLQ[10].

En tant que militant, j'avais d'abord choisi de m'engager dans une association de circonscription. Compte tenu de mes racines, j'aurais pu choisir de le faire auprès de la Commission des groupes ethniques, mais j'ai toutefois choisi une autre avenue, plus conforme à mes valeurs et à mes racines : je préférais travailler dans les circonscriptions. Je me sentais ainsi davantage au cœur du parti, mais aussi de la société québécoise dans son ensemble. La circonscription de Gouin était principalement francophone. Mon passé d'enseignant m'avait déjà assuré une sensibilité envers les communautés culturelles et anglophones, mais je croyais que les vrais défis lors du référendum se joueraient principalement auprès des francophones.

Choisir de travailler dans une circonscription à partir de 1978, puis d'animer des assemblées de cuisine dans celles de l'est de Montréal m'ont valu l'attention de certains dirigeants du parti (bénévoles et permanents). Le président du parti, Larry Wilson, une bénévole influente, Louise Robic, des permanents comme le directeur de l'organisation et de l'animation Pierre Bibeau ainsi que son adjointe Ginette Pellerin ont vu en moi la possibilité que je joue un rôle plus large. En décembre 1979, Pierre Bibeau me demandait de devenir le permanent responsable de l'ouest de Montréal (les circonscriptions à l'ouest de la rue Saint-Laurent). Mes racines et mon bilinguisme cadraient bien avec la clientèle de ces quartiers.

Mon rôle était de mobiliser, d'animer, d'organiser et de rassembler les forces fédéralistes de l'ouest de Montréal. Sachant que ce territoire était fédéraliste et très libéral (PLC et PLQ), l'objectif était de s'assurer que le vote lors du prochain référendum serait supérieur aux attentes habituelles. Dans un référendum, une circonscription est semblable à une section de vote lors d'une élection : « faire sortir le vote » au maximum du territoire qu'on m'avait attribué était essentiel afin de faire le contrepoids aux autres circonscriptions plus souverainistes ailleurs en province.

C'est pendant cette période que j'ai fait la connaissance du député nouvellement élu dans D'Arcy-McGee, Herbert Marx. Herbert est devenu au fil des ans un véritable ami et confident. Notre amitié m'a d'ailleurs permis de tisser des liens étroits avec la communauté juive montréalaise.

LA CAMPAGNE RÉFÉRENDAIRE

Avant mon arrivée à la permanence du PLQ et à la fin de la session d'automne de l'Assemblée nationale, en décembre 1979, le gouvernement Lévesque a rendu publique la question référendaire. On prévoyait que le débat sur la question aurait lieu au retour de la Chambre, après les fêtes de fin d'année. La date du référendum fut dévoilée en mars suivant : il aurait lieu le 20 mai 1980.

Les forces du OUI pour l'indépendance du Québec étaient optimistes et confiantes. Le gouvernement du PQ jouissait d'un taux de satisfaction élevé et ses dirigeants étaient reconnus comme d'excellents communicateurs, notamment René Lévesque, Jacques Parizeau, Claude Charron, Lise Payette et Bernard Landry. Chez les libéraux, le seul porte-parole marquant était le nouveau chef, Claude Ryan. Mais il était loin d'avoir le charisme des principaux porte-étendards du gouvernement péquiste.

L'option souverainiste n'avait toutefois pas la faveur dans les sondages et le Canada fut plongé dans une campagne électorale lorsque le gouvernement conservateur minoritaire de Joe Clark fut défait à la Chambre des communes, le 13 décembre 1979. Pierre E. Trudeau fut réélu premier ministre le 3 mars 1980. Ryan avait donc un allié de taille en la personne de Trudeau, mais ce dernier n'avait pas l'intention de jouer un rôle secondaire ou effacé. Il était redevenu le premier ministre du Canada, avec la responsabilité de maintenir l'unité du pays.

La question référendaire comptait 114 mots et mettait beaucoup l'accent sur le trait d'union entre la souveraineté et l'association. Dans mon nouveau rôle de permanent, nous parlions davantage du volet de la souveraineté, de l'indépendance ou de la séparation. La question de l'association n'était pas du ressort du Québec et nous croyions que c'était une ruse pour faire paraître l'option du OUI plus rassurante auprès des électeurs indécis.

En janvier 1980, la Commission constitutionnelle du PLQ, sous la direction de Raynold Langlois, a rendu publique la proposition constitutionnelle du parti connue comme le «Livre beige». Celle-ci proposait une réforme en profondeur du système fédéral canadien. Bref, rien pour exciter le gouvernement Trudeau[11]! Elle fut adoptée lors du congrès des membres sur l'orientation constitutionnelle, en mars 1980. La proposition a fait l'objet de beaucoup de discussions animées chez les militants lors du choix des délégués en vue du congrès d'orientation. Sous le thème *Mon NON est Québécois*, le Livre beige fut adopté par le congrès. Le plan était le suivant: en disant NON à l'option du PQ et en élisant le PLQ, le Livre beige serait la position de négociation d'un gouvernement québécois fédéraliste.

Il était clair que les militants des circonscriptions de l'ouest accueillaient ce projet constitutionnel de façon mitigée. Certains étaient d'accord avec la stratégie d'une contrepartie au projet du PQ. Mais plusieurs me disaient que ce projet allait trop loin, qu'il faisait le jeu du PQ, que nous n'étions pas le gouvernement en place et qu'il fallait s'en tenir à battre l'option de l'indépendance. Je constatais les réticences de mes collègues du PLC. Il était devenu évident que le gouvernement de Trudeau, fraîchement élu, ne voulait pas d'un référendum basé sur le choix entre l'option de l'indépendance et celle de la réforme du fédéralisme, version du Livre beige.

Ce point de vue visant à simplifier notre message contre l'indépendance s'exprimait aussi chez les participants à la coalition du NON. La réélection de Trudeau et le début du débat sur la question référendaire ont beaucoup polarisé l'enjeu. Pour les forces fédéralistes, la vraie question était : « Voulez-vous que le Québec quitte le Canada et devienne un État indépendant ? » Cela a beaucoup facilité la mobilisation des militants dans mes circonscriptions de l'ouest de Montréal. Mais le verdict des médias et de plusieurs de nos militants fut que le PQ avait gagné le débat sur la question référendaire avec plus d'émotion et de meilleures communications[12].

Le premier ministre Lévesque et le chef de l'opposition Claude Ryan (fraîchement élu en 1979 dans la circonscription d'Argenteuil en remplacement du libéral Zoël Saindon) ont croisé le fer à l'Assemblée nationale. Ryan, dans son plaidoyer pour le maintien du Québec au sein du Canada, s'est finalement rallié à la stratégie visant à se concentrer exclusivement sur l'option du OUI et à ne pas faire du Livre beige un enjeu référendaire. Il a terminé son allocution en chambre en disant :

«À la proposition du gouvernement du PQ, nous disons : *Non merci !* », ce qui est devenu le slogan de la campagne du NON.

Lors du débat sur la question référendaire, la ministre des Consommateurs, Coopératives et Institutions financières, Lise Payette, a commis une bourde en qualifiant d'« Yvette » l'épouse de Claude Ryan, Madeleine, ainsi que les femmes qui appuyaient le NON. Elle faisait référence à un personnage d'un livre scolaire, soit une jeune fille soumise et obéissante. Ses propos furent qualifiés de méprisants et eurent immédiatement pour effet de mobiliser les femmes fédéralistes contre l'indépendance, qui ont créé le mouvement des « Yvettes ».

Sur le plan de l'organisation du camp du NON, nous ne pouvions pas espérer mieux. D'abord, un ralliement de près de 2 000 femmes eut lieu au Château Frontenac, à Québec, donnant formellement naissance au mouvement des « Yvettes ». Ensuite, un rassemblement se tint à l'ancien Forum de Montréal, regroupant plus de 14 000 femmes se disant solidaires de Madeleine Ryan.

Cet évènement fut l'œuvre de Louise Robic, une ardente militante dans le secteur de l'ouest de Montréal qu'on m'avait attribué, et d'un groupe de femmes de partout au Québec. La sénatrice Thérèse Casgrain, la pionnière du droit de vote des femmes au Québec en 1940, a pris la parole, tout comme Madeleine Ryan qui avait été la cible de Lise Payette. La symbolique était puissante et le camp du NON a reçu une dose d'adrénaline qui fut le moment décisif de la campagne référendaire. Sur le plan de l'organisation et des communications, nous sentions que la conjoncture commençait à pencher en faveur des fédéralistes. En fait, ce fut un véritable tournant.

Quant au PQ, l'effet positif du débat à l'Assemblée nationale sur la question référendaire semblait s'être dissipé.

Dans mes circonscriptions de l'ouest de Montréal, la polarisation autour du leadership de Ryan et de Garneau s'était estompée. Les conflits entre libéraux fédéraux et provinciaux ainsi qu'entre les libéraux et les conservateurs se sont aussi dissipés. Des rivaux lors des élections fédérales (libéraux et conservateurs) de 1980 se donnaient la main pour la « cause ». Les divergences sur la stratégie du NON subsistant entre les libéraux de Trudeau et ceux de Ryan firent place à l'unité du message : il faut dire NON à l'indépendance du Québec.

Sur le plan de l'organisation, les forces fédéralistes, sous la direction de Ryan et du PLQ, ont misé sur le porte-à-porte et sur ce qu'on appelait le « pointage ». Cette méthode d'identification des électeurs nous forçait à mobiliser une armée de bénévoles pour échanger avec eux. Même si les sondages annonçaient un résultat serré, le pointage du camp du NON indiquait une marge plus confortable pour les fédéralistes. Plusieurs vantaient le « jeu de terrain » des artisans péquistes, mais, sous l'impulsion de l'arrivée de Ryan, les forces du NON ont réussi à leur tenir tête.

À une semaine de la date du référendum, le camp du NON a tenu une assemblée monstre au Centre Paul-Sauvé, ayant comme tête d'affiche le premier ministre Trudeau. Je fus l'un des organisateurs de la soirée et l'enthousiasme était au rendez-vous. Mobiliser des militants n'était pas un problème. Nous sentions que le vent tournait en notre faveur grâce, en partie, au mouvement des « Yvettes » et aux réactions que nous recevions sur le terrain. Mais personne ne s'attendait à l'effet de ce rallye du 14 mai et à l'impact du discours du premier ministre Trudeau.

Le bureau du premier ministre a exigé que Trudeau prenne la parole tôt en soirée, soit vers 20 h 15, pour maximiser l'impact médiatique, peu importe l'ordre des intervenants. Trudeau, en effet, avait décidé de monopoliser le message de la soirée. Claude Ryan serait le dernier intervenant à 22 h 30, bien après l'heure de tombée des médias. Nous fûmes alors à même de constater la supériorité de l'entourage de Trudeau sur le plan des communications. Il a donc pris la parole et des extraits de son discours ont été diffusés aux nouvelles, à une heure de grande écoute, tandis que Ryan a prononcé son allocution devant une salle à moitié vide !

D'emblée, Trudeau s'en est pris à René Lévesque, qui avait mis en doute son attachement au Québec en raison de son nom anglophone, « Elliott ». Dans son envolée oratoire, il avait fait valoir avec passion ses racines profondément québécoises, malgré la consonance anglophone du nom de famille de sa mère[13]. Autant j'avais trouvé non inclusif le commentaire de Lévesque à l'endroit de Trudeau, autant la réponse de ce dernier au chef du camp du OUI m'avait ramené au nom de famille – Spearman – de ma propre mère et m'avait ému.

Dans son discours, Trudeau a aussi provoqué la surprise en promettant une réforme constitutionnelle, sans la définir, si le NON l'emportait. De plus, il annonça que les représentants de son caucus au Québec mettraient leurs sièges en jeu. La réaction de la foule fut immédiate et délirante. Trudeau avait réussi en un seul discours à définir l'enjeu principal du référendum ou, comme les anglophones disent, le *ballot box question* : NON voulait dire OUI au changement.

Pendant ce temps, du côté de l'organisation, nous étions à pied d'œuvre sur le terrain en vue de la journée du scrutin. Comme on prévoyait une sortie massive du vote du côté des anglophones et allophones de mon secteur, nous avons recruté une véritable armée d'avocats. Ces juristes ont été mis aux faits de la Loi électorale, sous ma supervision, par l'avocat montréalais Eric Maldoff, l'ex-journaliste de la station radiophonique anglophone CJAD Andrew Caddell et l'organisateur chevronné de l'est du Québec, Marc-Yvan Côté. Le jour du scrutin, ils furent déployés dans les bureaux de vote, histoire d'éviter qu'on remette en question la citoyenneté de certains électeurs.

Le jour «J» arriva après le long week-end de la Journée nationale des patriotes ou, comme on le disait à l'époque, la fête de la Reine (Victoria). Depuis les «Yvettes» et le discours de Trudeau, je ressentais et je vivais pour la première fois ce que pouvait signifier une victoire dans le cadre d'un exercice démocratique. Mes organisateurs m'assuraient que la participation au vote irait bien au-delà des attentes. J'étais confiant, presque certain, qu'on gagnerait. Tout au long de la journée du 20 mai, notre vote «pointé» sortait en grand nombre. Je ne vivais pas cette expérience par le truchement de la télé: j'étais sur le terrain et nous sentions la victoire. La fatigue des journées de 18 heures semblait disparaître, même avant la clôture du scrutin. «On va gagner!» se disait-on au quartier général. Nous ne nous sommes pas trompés: le NON l'a emporté à 60% contre 40% pour le OUI. Sur les 110 circonscriptions de la province, le NON en gagna 93. Une victoire éclatante avec près de 85% des votes exprimés.

Certains analystes, ainsi que les ténors du PLC, ont conclu que le discours de Trudeau avait été le moment déterminant de la campagne et assuré la victoire du NON. Sans doute ce discours a-t-il consacré la lancée du NON, mais Claude Ryan, avec la machine électorale du PLQ, avait préparé le terrain. Il avait établi sa crédibilité en mettant l'accent sur l'organisation politique, le pointage du porte-à-porte, le financement populaire et la réflexion sur le plan des idées. Ce référendum fut la victoire de plus d'une personne ; elle était surtout liée à la cause en jeu : les Québécois tenaient au Canada, et ce, bien au-delà des personnalités engagées.

Vivre ces deux années de militantisme, du leadership de Ryan à la victoire référendaire, fut toute une expérience. Mon engagement avait été intense et j'étais maintenant prêt à poursuivre mon aventure. Le soir de la victoire référendaire, le directeur administratif du PLQ, Serge Rémillard, me nomma « recrue de l'année », car nous avions remporté des majorités importantes dans deux circonscriptions qui étaient représentées par des députés péquistes, Sainte-Anne et Saint-Henri. Quel honneur, me disais-je ! Je commençais à croire que cette victoire serait le début d'un grand chapitre de ma vie.

En peu de temps, j'avais pu constater l'importance de l'organisation dans les circonscriptions et celle des idées pour faire avancer le débat et faire participer les militants. Et, encore là, l'importance en politique d'additionner plutôt que de soustraire. Ces constats allaient m'être utiles en vue du prochain défi : celui de remporter les élections et possiblement travailler à la réforme du fédéralisme canadien.

LES RETOMBÉES DE LA VICTOIRE

La soirée référendaire allait cependant avoir des répercussions imprévues dans les mois à venir. Malgré une victoire retentissante, le rassemblement à l'auditorium de Verdun pour célébrer la victoire manquait d'enthousiasme et de passion. L'émotion était plutôt dans le camp du OUI.

Sur les écrans géants placés dans le centre sportif, on pouvait voir les pleurs des militants souverainistes rassemblés au Centre Paul-Sauvé et le fameux appel de René Lévesque disant : « À la prochaine fois ! » La victoire du NON ne mettait pas fin au débat. Bien au contraire, la victoire ainsi que le discours de Trudeau avaient augmenté les attentes.

À Verdun, Claude Ryan livrait le soir même un discours décevant et semblait vouloir régler des comptes avec des ténors du camp du OUI au lieu d'unifier les Québécois. Contrairement à Ryan, le premier ministre Trudeau avait le ton juste pour concilier les divergences dans la société québécoise et commencer à panser les plaies.

Tout comme le soir de sa victoire contre Raymond Garneau lors de la course à la direction du parti, Claude Ryan a manqué de magnanimité. On connaît l'expression « mauvais perdant » : pour ma part, je trouvais pour la deuxième fois en deux ans que Ryan s'était montré « mauvais gagnant » !

Malgré son travail colossal, accompli à la suite de sa victoire à la direction du parti et au sein des instances du parti, Claude Ryan voulait à tout prix éviter de devenir un politicien comme les autres. Il préférait le travail du militant de la base à des outils plus scientifiques, tels les sondages, pour prendre le pouls des électeurs. Pour lui, la politique devait être avant tout le contact entre l'électeur et la force des arguments. Il était convaincu qu'on pouvait faire de la politique autrement.

Il faut reconnaître qu'avec sa victoire à la direction du parti, les gains successifs dans des élections complémentaires (notamment dans le château fort péquiste de la circonscription de Maisonneuve) et maintenant avec le référendum, Claude Ryan avait confondu certains sceptiques. Il restait à voir si ces réussites pourraient se traduire par une victoire lors du prochain scrutin, prévu à l'automne 1980 ou au plus tard en 1981.

CHAPITRE 5

LE VRAI DÉFI : L'ÉLECTION DE 1981

LA VICTOIRE RÉFÉRENDAIRE ET L'EUPHORIE QUI A SUIVI m'ont fait réaliser que l'enseignement n'était plus mon principal champ d'intérêt professionnel[14]. Une autre étape de ma vie commençait. Travailler pour une cause qui mobilisait l'ensemble du pays, avoir le sentiment que nous pouvions faire la différence, gagner un combat par le travail acharné, la force de nos idées et la capacité de convaincre : mon engagement était complet.

L'expérience référendaire m'avait permis de mieux connaître les forces vives de la politique québécoise, notamment la classe politique, les groupes sociaux associés aux enjeux et les médias. Notre destin national était au centre des débats. Tout en reconnaissant qu'il existait une dynamique gauche-droite quant au rôle de l'État, je constatais que l'échiquier politique se situait plus à gauche qu'à droite. Au pouvoir, le PQ avait renforcé ce constat, mais le PLQ était loin d'être un parti de droite. Les réformes de l'époque Lesage et celles des deux mandats de Bourassa étaient encore récentes.

Décrit par le PQ en contexte électoral comme une formation vouée au maintien du statu quo, le PLQ a été celui ayant apporté les plus grandes réformes au système politique québécois au cours de son histoire. Il n'était pas une force réactionnaire, mais progressiste. Si certaines figures dominantes ont quitté le PLQ pour former le PQ, leur motivation était la création d'un pays indépendant. Jamais le départ de René Lévesque ne fut associé à un virage à droite du PLQ. L'arrivée de Robert Bourassa et les réformes mises en place lors de son premier passage au pouvoir (l'assurance maladie et l'aide sociale) ont démontré une continuité avec la période de Lesage quant au rôle interventionniste de l'État québécois.

Le PQ a été le porte-étendard de l'indépendance avec sa vision sociale-démocrate du Québec. Les tiers partis de cette période (l'Union nationale et le Ralliement des créditistes) se trouvaient plus à droite, mais ils étaient marginaux sur le plan électoral. Durant la période post-référendaire, on se retrouvait donc avec deux grandes formations susceptibles de former le prochain gouvernement : le PQ, avec un taux de satisfaction impressionnant (au-delà de 50 %) durant sa quatrième année au pouvoir, et le PLQ renouvelé, avec son chef Claude Ryan et sa victoire décisive au référendum. À l'automne 1980, nous ne ressentions pas de recul des deux grands partis sur les réformes des années 1960 et 1970. La bataille référendaire, avec en toile de fond l'avenir du Québec par rapport au reste du Canada, allait se poursuivre lors de la prochaine élection.

Après la victoire référendaire, la permanence du PLQ et l'organisation électorale se sont très rapidement concentrées sur le rendez-vous à venir. Contrairement à un référendum, une élection implique l'obligation de gouverner. Il fallait donc bâtir une équipe de candidats susceptibles de gagner la confiance des électeurs. L'organisation dans les circonscriptions ne reposait pas exclusivement sur le vote, mais aussi sur les profils des candidats, l'évaluation des adversaires et la pertinence d'engagements concrets pour gouverner. C'est dans ce contexte que le directeur de l'organisation de la prochaine campagne électorale, Pierre Bibeau, a voulu garder intacte son équipe ayant travaillé pour la victoire du NON.

Celui-ci, peu loquace, était une force de la nature. Jamais il ne paraissait ébranlé dans l'adversité. Il savait à quel moment encourager son équipe de permanents. Lorsqu'on avait acquis sa confiance, on avait la liberté d'agir et d'innover. Sa philosophie de gestion reflétait son calme, sa sérénité et son efficacité. D'ailleurs, ces trois qualificatifs étaient inscrits sur un mur de son bureau : calme, serein, efficace.

Un autre dirigeant de la permanence du PLQ se démarquant par son aplomb et son assurance était Serge Rémillard. Ce dernier gérait les finances du parti d'une main de fer. De plus, il avait un sens de l'humour exceptionnel, toujours prêt à faire tomber la pression avec un habile jeu de mots. Si, après la dissension Ryan-Garneau, le PLQ a pu s'unifier et maintenir son plan de match en vue du référendum, c'est en partie grâce à Bibeau et Rémillard et à leur style de gestion.

Deux autres acteurs de la période référendaire allaient jouer un rôle prépondérant dans le prochain défi qui m'attendait. Il s'agit de Marc-Yvan Côté et de Christian Ouellet. Le premier était le chef de cabinet du whip Robert Lamontagne et le second travaillait aussi au bureau de ce dernier. Ils étaient tous deux des experts dans l'organisation du « terrain politique[15] ».

Le manuel d'organisation qu'ils avaient produit pour le parti à l'aube du référendum nous a permis non seulement de préparer les circonscriptions pour la bataille référendaire, mais aussi de nous conformer à la nouvelle loi sur le financement des partis politiques (la loi 2, adoptée en 1977), qui misait sur des dons plus modestes et plus transparents des électeurs. Ce manuel servit aussi de guide pour l'organisation des prochaines élections. Le chef Ryan, qui avait été proche du mouvement de l'Action catholique et des groupes communautaires, voulait être en contact avec le plus grand nombre possible d'électeurs et accroître l'effectif du parti. L'approche Côté-Ouellet allait nous permettre de satisfaire la volonté du chef.

Au lendemain du référendum, lorsque Pierre Bibeau m'a demandé de rester en poste comme permanent en vue du prochain défi – qu'il qualifiait de « vrai » défi –, je me suis senti assez bien épaulé pour accepter. Un chef qui avait réussi à insuffler un vent de renouveau dans le parti, et dont l'entourage le rendait prêt à relever la prochaine bataille, suffisait à me convaincre de continuer mon travail.

LA QUÊTE DU POUVOIR

Malgré mes premières armes lors de la campagne référendaire et le succès remporté, entreprendre une campagne électorale était pour moi une nouvelle expérience. J'appris rapidement que l'esprit de renouveau ayant prévalu lors du référendum devait aussi être présent dans le processus électoral. Le temps pressait : organiser les associations de circonscription était devenu la priorité. Nous prévoyions une élection générale à l'automne 1980 (soit quatre ans après la victoire du PQ, en novembre 1976). Donc, pas de vacances estivales! Bâtir l'équipe de candidats, élaborer le programme électoral et planifier la campagne étaient les nouvelles priorités.

Beaucoup plus complexe qu'un référendum, où le débat se fait sur une idée centrale (sans l'enjeu de former le prochain gouvernement), une campagne électorale repose sur la perception et l'appréciation du chef, car celui-ci deviendra premier ministre à l'issue de l'exercice. Il faut aussi mettre en évidence son équipe de femmes et d'hommes qui formeront le gouvernement. Un parti politique doit présenter une vision, un programme et des engagements précis qui lui permettront de se démarquer de ses adversaires. Bref, le chef, l'équipe et le programme figuraient au centre de la démarche postréférendaire.

Le temps passait et le gouvernement péquiste, majoritaire, avait la prérogative de déterminer la date de la prochaine élection. Il pouvait lancer le Québec en élection à l'automne 1980 ou attendre jusqu'à l'automne 1981 (la date limite). Plusieurs médias prévoyaient une élection à l'automne 1980. Malgré sa défaite référendaire, le PQ recueillait toujours un fort taux de satisfaction dans la population et il pouvait promettre de façon crédible de continuer à être « un bon gouvernement ». Le référendum venait de trancher la question de l'indépendance et le PQ avait accepté le verdict.

Malgré notre succès référendaire, nous avions constaté que les organisations des circonscriptions n'étaient pas de force égale. Remporter 93 circonscriptions sur 110 pour le NON pouvait nous encourager, mais en gagner une contre un député péquiste jouissant d'une certaine popularité et notoriété et dont le gouvernement obtenait un taux de satisfaction de plus de 50 % était une tout autre chose[16]. De plus, l'harmonie lors de la campagne du NON n'avait pas éliminé les différends pouvant exister entre les personnalités ou les clans sur le terrain. Les plaies de la course à la direction du parti entre Garneau et Ryan refaisaient surface lors des assemblées de mise en candidature. Certaines circonscriptions avaient peu de membres et, dans certains cas, c'était voulu ainsi afin de mieux contrôler le choix du candidat : c'étaient des chasses gardées. Il fallait agir rapidement pour changer cette réalité.

Le laisser-aller n'étant pas une possibilité pour le chef Ryan et les dirigeants de la permanence, mon rôle de permanent allait évidemment se transformer bien au-delà de celui d'organisateur d'élection. Je devais maintenant être aussi dépisteur de candidats, recruteur, arbitre, gestionnaire, diplomate et, parfois, « dictateur » – aussi surprenant que cela puisse paraître pour ceux qui me connaissent ! Il fallait bâtir une nouvelle équipe pour s'opposer à celle du PQ. J'ai alors découvert que Claude Ryan avait une vision hors de l'ordinaire pour atteindre cet objectif.

BÂTIR UNE NOUVELLE ÉQUIPE

Peu avant la période référendaire, durant l'été 1979, le chef Ryan avait publié un texte énumérant les qualités des futurs candidats libéraux. Il y parlait de l'importance d'avoir un bon comportement dans sa vie personnelle, une bonne réputation dans sa communauté locale et de bonnes valeurs. Certes, son texte devait servir de guide pour qui voudrait se qualifier comme candidat officiel du PLQ, mais ce n'était pas un absolu. La réaction dans les médias ne fut pas très positive. Certains trouvaient l'approche arbitraire et dirigiste, d'autres l'associaient à un exercice de relations publiques.

Certains députés et vétérans, comme Harry Blank dans Saint-Louis, ont discrètement remis en question la décision de Ryan de publier un tel texte. Cela semblait confirmer qu'il était moraliste et élitiste, une impression qui s'était dégagée depuis sa victoire comme chef du parti. Je comprenais leur réaction, mais j'étais plutôt en mode exécution. Pour les associations de circonscription, le message était clair : aucun député sortant n'était assuré de son poste et le parti était à la recherche de sang nouveau. Ma tâche comme permanent était de concrétiser cet objectif.

Claude Ryan voulait surtout se présenter en campagne électorale avec une nouvelle équipe qui se démarquerait de l'époque Bourassa et qui incarnerait le renouveau. Cela impliquait aussi le recrutement de nouveaux membres issus des communautés anglophones et culturelles qui s'étaient senties exclues à la suite de l'adoption de la loi 22 par le gouvernement Bourassa. Il a ainsi réservé au moins trois circonscriptions de l'ouest de l'île de Montréal (Jacques-Cartier, Nelligan et Westmount) pour une représentation renouvelée de la communauté anglophone. Pour la communauté italienne, il a désigné celle de Viger (dans l'est de la municipalité de Saint-Léonard). Pour la communauté grecque, il a choisi la circonscription de Laurier, dans le quartier Parc-Extension, car de nombreux électeurs étaient issus de cette communauté.

L'impact de cette approche n'a pas fait l'unanimité auprès des militants du parti. Même des représentants des communautés anglophones et culturelles ont exprimé des réserves, soutenant qu'une préférence pour des candidatures de ces communautés créerait un ressac. Ils remettaient en cause le principe de la «discrimination positive». Mais Ryan n'a pas bronché. À titre de permanent, j'ai dû naviguer à travers ces réactions, car j'avais le mandat de trouver des femmes et des hommes correspondant aux «critères» du chef. Dans l'ensemble, l'application de ses exigences pour le choix de ses candidats et la désignation de circonscriptions pour des candidatures favorisées par la direction du parti, et en particulier celles du chef, ont créé peu de dissensions. Il y eut toutefois des vagues dans deux circonscriptions, Laurier et Nelligan.

Dans Laurier, le président de l'association libérale, Louis Marandola, d'origine italienne, s'est opposé à la désignation d'une circonscription réservée à une candidature d'origine grecque. Il a décidé de se présenter contre trois candidats venant de cette communauté. Plus de 2 000 militants étaient admissibles pour choisir le futur candidat. Le choix s'est finalement porté, après trois tours de scrutin, sur un candidat d'origine grecque du nom de Christos Sirros. La tension était à ce point vive que les forces policières avaient été dépêchées sur place en cas d'émeute. Ryan fut satisfait du choix, mais la division s'est installée, créant un malaise au sein de la base militante de cette circonscription. Le président Marandola a claqué la porte. Des organisateurs, même d'origine grecque, ne se sont pas ralliés au choix de Sirros. J'avoue que la présence de l'escouade anti-émeute m'a bouleversé. Je m'en suis ouvert à Pierre Bibeau le lendemain. Ce dernier, en riant, m'a dit : « On a quand même obtenu le candidat qu'on souhaitait ! »

Dans la circonscription de Nelligan, il y avait deux candidats en lice pour l'assemblée de mise en candidature : Clifford Lincoln, le choix de l'association, et le député sortant de Pointe-Claire, William Shaw, qui fut élu en 1976 sous la bannière de l'Union nationale. Au départ, Lincoln n'était toutefois pas le premier choix de l'association, qui lui préférait un homme d'affaires francophone et bilingue du nom de Louis Grenier. Ryan avait désigné la circonscription de Nelligan comme étant anglophone et avait refusé la candidature de Grenier. Finalement, Lincoln a battu Shaw. Les militants de la circonscription n'ont pas apprécié la démarche du parti et de son chef.

Hormis quelques soubresauts, le recrutement de nouveaux candidats d'envergure a eu un impact réel sur l'effectif du parti et la mobilisation des membres. Le PLQ, par sa gestion de l'équipe du camp du NON, avait non seulement remporté une victoire décisive lors du référendum, mais il avait aussi gagné les 11 élections partielles consécutives, dont six circonscriptions arrachées au PQ et à l'Union nationale. Et le nombre de membres du parti avoisinait les 200 000, ce qui rivalisait avec le PQ, considéré comme un parti de masse.

Sous la gouverne de Claude Ryan, le PLQ avait le vent dans les voiles. Malgré quelques dissensions, le renouveau promis par Ryan se concrétisait et tous les espoirs étaient permis. De mon côté, j'avais bon espoir de nous voir gagner les prochaines élections.

DU LIVRE « BEIGE » AU LIVRE « ROUGE »

Tout comme lors des préparatifs référendaires, Claude Ryan voulait un programme politique (le Livre « rouge ») aussi étoffé que son option constitutionnelle (le Livre « beige »). Il avait dû mettre de côté sa vision constitutionnelle lors de la campagne référendaire, mais cela ne pourrait pas être le cas si le PLQ formait le prochain gouvernement. Par contre, un programme constitutionnel ne serait pas suffisant lors d'un rendez-vous électoral. L'objectif de la prochaine campagne étant de choisir un nouveau gouvernement, il fallait donc aussi avoir un projet gouvernemental, d'autant plus que le gouvernement Lévesque bénéficiait toujours d'un bon taux de satisfaction.

Faute de temps, le brassage d'idées ne s'est pas suffisamment fait au sein des instances du parti. Il fallait choisir des thèmes et des engagements qui ne nécessiteraient pas de débats approfondis auprès des électeurs. À cet effet, la Commission politique, sous la direction d'Yvan Allaire – un brillant universitaire qui se spécialisait dans l'administration des affaires – a sélectionné la relance de l'économie, l'assainissement des finances publiques et le développement régional. Mais aucun de ces grands thèmes ne semblait avoir un fil conducteur auquel rattacher nos communications. Si le Livre beige fut adopté par le congrès des membres, le Livre rouge fit l'objet d'un conseil général élargi à la veille de l'élection (une instance restreinte de la base militante), ce qui n'est pas porteur auprès des médias et des électeurs. Bref, le Livre rouge resta un travail inachevé.

DES FACTEURS EXTERNES

Le soir même de la victoire du référendum à l'auditorium de Verdun, nous pouvions constater le début de l'effritement de la coalition du NON. Certes, celle-ci avait mené une campagne unie, et ce, malgré quelques tensions préréférendaires. Le refus de Claude Ryan de laisser la parole au ministre et représentant du PLC au sein de la coalition, Jean Chrétien, n'était pas de bon augure pour les relations entre fédéralistes québécois au-delà des allégeances partisanes.

Il faut se rappeler le discours de Trudeau au Centre Paul-Sauvé, à six jours du référendum, pour comprendre que le gouvernement fédéral ne se laisserait pas dicter son ordre du jour par les politiciens de l'Assemblée nationale ou par l'échéancier électoral québécois. Trudeau avait promis qu'un NON serait un OUI au changement. Et il promettait de mettre en jeu les sièges de ses députés du caucus libéral. Trudeau avait le champ libre, il venait de remporter une élection avec un mandat majoritaire, en février 1980, et les Québécois avaient rejeté l'option du PQ de façon décisive. Pourquoi attendre ? René Lévesque devrait dorénavant se comporter comme un des 10 premiers ministres provinciaux.

Au lendemain du référendum, le premier ministre Trudeau et son ministre Chrétien annonçaient leur intention de relancer les discussions constitutionnelles avec l'ensemble des premiers ministres canadiens, y compris le souverainiste Lévesque. L'harmonie référendaire commençait à s'effriter petit à petit, ce qui, selon moi, n'était pas un bon signe. Cela représentait peut-être même un second souffle pour le PQ.

Ce geste du fédéral imposait au gouvernement Lévesque d'assumer son rôle de gouvernement provincial, et non pas celui de promoteur de l'indépendance du Québec. Un tel contexte a donné au gouvernement Lévesque le prétexte de reporter le rendez-vous électoral, normalement prévu tous les quatre ans. Depuis la Seconde Guerre mondiale, jamais un gouvernement québécois n'avait dépassé un mandat de quatre ans. Remettre à plus tard l'élection prévue à l'automne 1980 était une décision hors de l'ordinaire.

En octobre 1980, le gouvernement Lévesque annonçait la tenue de quatre élections complémentaires (dans Brome-Missisquoi, où Pierre Paradis fut élu pour la première fois, Johnson, Mégantic-Compton et Outremont) pour le 17 novembre, ce qui avait comme conséquence de reporter la prochaine élection générale en 1981. Bref, l'action du gouvernement Trudeau donnait un répit au gouvernement Lévesque, démoralisé par sa défaite référendaire. Pour les forces fédéralistes, cela allait nuire à la cohésion qui avait été si fructueuse lors du référendum. Le geste du fédéral n'était pas apprécié au PLQ. Notre lancée référendaire était ralentie: au lieu d'une élection générale, on s'acheminait plutôt vers quatre complémentaires.

La tenue de ces quatre élections complémentaires a néanmoins permis au PLQ de poursuivre son recrutement de candidats représentant le renouveau tant promis par le chef Ryan, de peaufiner son programme électoral et, aussi, de bien roder ses organisations dans les circonscriptions. En somme, le report de l'élection en 1981 pouvait aussi nous servir de répit. Le temps pouvait jouer en notre faveur. Du moins, c'est ce que nous nous disions pour nous consoler du report de l'élection générale.

DE NOVEMBRE 1980 À FÉVRIER 1981

La rumeur selon laquelle Robert Bourassa envisage de faire un retour en politique en se présentant à cette complémentaire alimentait la curiosité médiatique. Elle semblait plus sérieuse qu'on le croyait. Une rencontre entre Bourassa et Ryan eut lieu au domicile de ce dernier. Ryan a alors signalé à l'ancien premier ministre qu'il souhaitait faire la prochaine campagne électorale sans lui et, de surcroît, sans l'obligation de défendre l'administration 1970-1976 de son prédécesseur. Quelques jours plus tard, alors que je le reconduisais chez lui, Claude Ryan m'a confirmé, visiblement sans remords, cette conversation qu'il avait eue avec Bourassa. Son geste eut pour effet de rappeler à certains la scission Ryan-Garneau survenue lors de la course à la direction de 1978.

En octobre 1980, l'ancien ministre libéral et fondateur du Parti national populaire lors des élections de 1976, Jérôme Choquette, se porta candidat à l'assemblée d'investiture libérale dans Outremont. Pour certains à la permanence, ce geste de Choquette était interprété comme une démarche des anciens de l'époque Bourassa afin de contester le «renouveau» de Ryan. Il était clair que le souhait de la permanence et du chef était que l'un des autres candidats en lice, le président de la société Canatom, Pierre Fortier, gagne cette assemblée d'investiture[17]. Ce dernier, choisi au premier tour, fut élu aux élections complémentaires du 17 novembre tout comme les trois autres candidats libéraux dans les trois autres élections.

En rétrospective, l'élection des quatre candidats libéraux fut une victoire à la Pyrrhus. La série de victoires depuis l'arrivée de Ryan s'était poursuivie. Nous avions réussi à faire élire un candidat, Pierre Fortier, qui représentait le nouveau style de candidat recherché par le chef. Tout cela était encourageant pour la prochaine campagne électorale. Mais les victoires n'étaient pas aussi décisives que prévu et l'engouement pour Ryan n'était pas aussi manifeste que lors des précédentes élections complémentaires.

VERS L'ÉLECTION DU PRINTEMPS 1981

Compte tenu du délai prévu avant la prochaine campagne électorale, l'hiver suivant fut consacré au financement des élections de 1981. Un futur ministre péquiste et transfuge de l'Union nationale durant le référendum de mai 1980, l'ancien chef de cette formation politique, Rodrigue Biron, prit la direction de la campagne de financement du PQ. Biron, un propriétaire de PME, réussit à apporter une crédibilité économique et une approche régionale à la campagne de financement. Cette dernière recueillit au-delà de quatre millions de dollars, un montant impressionnant pour un parti qui venait de perdre le référendum sur son option souverainiste, soit l'article 1 de son programme. Le PQ n'était pas mort.

Nous n'avions pas réalisé à ce moment le degré d'effritement de la polarisation référendaire. Le PQ avait réussi à se transformer en gouvernement provincial qui défendait les intérêts du Québec, et non comme un gouvernement souverainiste. La lancée du PLQ et de son chef s'était atténuée, le financement du PQ était une grande réussite et l'action du fédéral avec sa démarche constitutionnelle avait brisé la cohésion de la coalition fédéraliste.

Comment se fait-il que nous n'ayons pas perçu ces développements comme des avertissements quant à nos chances de gagner la prochaine élection ? Mon explication est la suivante : il faut revenir ici sur le référendum de mai. Le PLQ l'avait gagné en faisant un pointage précis sur le terrain auprès des électeurs. Les bénévoles qui ratissaient l'ensemble des circonscriptions indiquaient que le NON gagnerait ce référendum. J'ai appris par la suite que notre pointage donnait des résultats plus optimistes que les sondages externes du parti. Notre organisation avait confiance en son avance, mais les sondeurs l'étaient moins.

Le fédéral, de son côté, multipliait les sondages qui donnaient des résultats moins favorables à la cause du NON. Cela a créé une préoccupation fort importante qui peut expliquer l'audace du discours de Trudeau au Centre Paul-Sauvé. Mais la précision de notre pointage dans les circonscriptions a convaincu Claude Ryan que cet outil était plus exact que les sondages. Le parti s'est donc privé de faire des sondages internes et a choisi de se fier au pointage du porte-à-porte sur le terrain.

L'absence d'un outil scientifique comme les sondages ne nous a pas permis de déceler certains mouvements dans l'opinion publique. Une élection n'est pas un référendum, l'électeur soupèse de multiples facteurs avant de faire son choix. Nous allions l'apprendre, car en février 1981, le premier ministre Lévesque annonçait des élections pour le 13 avril.

LA CAMPAGNE ÉLECTORALE DE 1981

Quand je repense à cette campagne électorale (ma première), je réalise que le contexte de 1981 était particulier et moins prometteur que celui du référendum.

Nous venions de gagner un référendum avec une majorité dans 93 circonscriptions sur 110. Le PLQ avait bien intégré les méthodes du PQ quant au financement et au porte-à-porte. Nous avions choisi un chef qui contrastait avec les autres leaders politiques et qui n'avait subi aucun revers politique. C'était un *winner*, nous disait le directeur Pierre Bibeau. Il nous rappelait que Ryan avait réussi à gagner la direction du parti, 11 élections complémentaires, dont quatre en novembre 1980, et le référendum en mai 1980. De plus, il n'avait pas la langue de bois.

Il restait deux facteurs à considérer dans notre stratégie électorale, soit la popularité du gouvernement sortant et la démarche postréférendaire du fédéral. L'absence de sondages internes nous a empêchés d'évaluer avec précision l'impact de ces deux facteurs. Nous restions donc sur notre élan référendaire et conservions notre plan de match avec un nouveau chef, une équipe renouvelée et un programme axé sur l'avenir du Québec. À cela s'ajoutait une organisation performante sur le terrain, à en juger par la victoire référendaire.

Autant la campagne préréférendaire nous avait permis de régler des litiges dans certaines circonscriptions et de surmonter des obstacles avant la campagne, autant la précampagne électorale semblait nous avoir gardés dans notre bulle. Le style du chef, parfois austère et sévère, n'était jamais remis en question, la recherche de nouveaux candidats prenait beaucoup de place et l'absence de vrais débats sur les idées dans nos instances a caractérisé notre précampagne. Et comme nous naviguions à vue, sans sondages, il était difficile de jauger l'humeur de l'électorat. De plus, lorsque les élections générales ont été déclenchées, nous n'avions pas la même harmonie que j'avais observée au début de la campagne référendaire.

Un débat sur la langue lors d'un conseil général élargi, en février 1981, pour adopter le programme électoral a aussi marqué notre précampagne. Sachant que le PQ, avec sa Charte de la langue française, avait le haut du pavé sur les questions identitaires, il fallait que le PLQ démontre aussi une sensibilité en la matière. Or, il y avait deux propositions lors du Conseil général touchant l'accessibilité à l'école anglophone – la clause internationale, qui accordait le droit à l'enseignement en anglais à ceux venant de pays dits anglophones et la « clause Canada » qui limitait ce droit à ceux ayant eu la majorité de leur éducation primaire au Québec et dans les neuf autres provinces. Dans les deux cas, c'était un élargissement de l'accès à l'école anglophone.

Les partisans de la « clause Canada » remportèrent le débat, mais cela fit paraître le PLQ comme un parti divisé sur une question aussi cruciale que la langue et moins préoccupé que ses adversaires par la sécurité identitaire. De plus, cela démontrait que le programme du parti était encore en gestation, ce qui était moins rassurant pour des électeurs à la recherche d'une solution de rechange au gouvernement péquiste. Aucune autre idée marquante n'émanait du PLQ à la suite de ce débat sur l'accès à l'école anglaise.

On dit que le succès d'une campagne électorale se dessine dès les premiers jours. Les partis politiques présentent alors les enjeux et proposent leur vision et leur programme respectifs. Le chef, l'équipe et les premiers engagements sont mis à l'avant-scène dans les médias et ensuite lors des tournées. Les représentants des médias sont affectés à une caravane de presse et leur couverture porte principalement sur la campagne des chefs. Un gouvernement bénéficie de la présence de son premier ministre et de son équipe ministérielle. L'opposition compte surtout sur son chef et sur quelques recrues vedettes pour démontrer le renouveau de sa démarche vers le pouvoir. Il était donc essentiel pour le PLQ et son chef d'avoir un bon départ.

Toutefois, force est de constater que nous étions moins bien préparés pour cette campagne. Notre plan stratégique semblait manquer de cohérence et de direction. Nos communications paraissaient improvisées et peu inspirées. Notre chef semblait exténué malgré sa réputation d'être un bourreau de travail. Durant la campagne, Ryan a aussi commis quelques erreurs de parcours qui ont été largement médiatisées. Entre autres, il a soutenu que les parlementaires étaient plus disciplinés et plus dociles envers la vice-présidente de l'Assemblée nationale Louise Cuerrier parce que celle-ci était une femme. Lorsque les sondages nous plaçaient deuxièmes, il lui est arrivé de s'en remettre à la «Providence» pour assurer la victoire libérale. Pendant ce temps, la campagne du PQ semblait bien rodée et sans failles majeures.

À deux semaines de l'élection du 13 avril, notre campagne subit un énorme choc: un sondage fait par les réputés Maurice Pinard et Alvin Hamilton donnait la victoire au PQ avec une avance confortable. L'organisation libérale pouvait toujours se montrer optimiste, mais, en réalité, elle était ébranlée. De mon côté, je restais confiant, du moins en apparence, pour les circonscriptions qui m'avaient été assignées. Mais, à l'aide de notre pointage par circonscription, nous avons réalisé dans les jours suivants qu'il était trop tard. Le 13 avril, le PQ gagna l'élection avec 49 % des voix contre 46 % aux libéraux et garda le pouvoir avec 80 circonscriptions contre 42 pour le PLQ. Cette défaite étonnante remettait en cause la portée de la victoire référendaire et gardait le PQ comme interlocuteur sur le front constitutionnel. Renouveler le pacte fédéraliste avec le maintien au pouvoir d'un parti indépendantiste n'était pas très prometteur.

VIVRE LA DÉFAITE

Certes, les analystes de l'époque ainsi que les historiens peuvent expliquer l'ensemble des raisons de ce revirement survenu entre le 20 mai 1980 et le 13 avril 1981. En 11 mois, et après une série de victoires dans des élections complémentaires, comment le PLQ a-t-il pu subir une défaite aussi décisive ? Au cours de l'examen de notre échec, nous parlions de l'image et de la performance de Claude Ryan. Certains notaient les faiblesses de nos communications. Plusieurs signalaient l'absence d'un message politique clair et inspirant qui aurait contrasté avec celui du gouvernement Lévesque. Finalement, la décision de Trudeau d'aller de l'avant avec une démarche constitutionnelle a brisé la cohésion de la coalition du NON et a donné à Lévesque du temps pour regrouper ses troupes et se remettre de la défaite référendaire.

Sur le plan personnel, autant le référendum et son résultat furent une expérience inouïe – cela demeure le moment le plus inspirant et le plus enrichissant de mes activités politiques –, autant la défaite aux élections de 1981 a créé chez moi un profond sentiment d'échec malgré le fait que, dans mon secteur, nous avions repris des circonscriptions que le PQ avait remportées en 1976. Dans son ensemble, le PLQ avait fait des gains dans le vote populaire par rapport à 1976 (46 % contre 34 %). Mais la défaite de 1981 remettait soudainement en question le statut du chef et le renouveau du parti, sans compter que le destin du Québec était toujours entre les mains d'un parti voué à en faire un pays indépendant. C'était le retour à la case départ.

Le soir même de la défaite, j'étais au Cégep du Vieux-Montréal où s'étaient réunies les troupes du PLQ pour célébrer la victoire. Aussitôt que les résultats du PQ s'affichaient à la télévision, nous ressentions le désarroi et l'amertume de nos militants. La salle était presque vide et les militants présents étaient abasourdis par les résultats. Comment pouvions-nous avoir perdu en si peu de temps l'avantage que nous détenions à la suite de la campagne référendaire ? J'étais, comme le reste de mes collègues, bouleversé et profondément attristé par les résultats.

J'ai téléphoné à quelques-uns des candidats victorieux dans mon secteur. Malgré leur victoire personnelle, tous étaient ébranlés par les résultats. Je me souviens avoir éclaté en sanglots lors de ma conversation avec le député de Mont-Royal, John Ciaccia. J'avais l'impression que le PQ avait renversé le verdict du référendum et que les Québécois remettaient encore en question leur adhésion à la fédération canadienne.

La joie du 20 mai 1980 fut remplacée par la tristesse et l'inquiétude du 13 avril 1981. Par ce résultat, le PLQ devenait une force marginalisée dans le combat constitutionnel à venir et le jeu politique serait désormais un combat entre Trudeau et Lévesque. Tous les deux étaient confortablement installés au pouvoir avec des gouvernements majoritaires. Tous ceux qui avaient cru dans une troisième voie fédéraliste et québécoise étaient découragés. Allions-nous choisir entre la souveraineté et une conception plus centralisée du Canada? En somme, le Livre beige n'était plus pertinent. Le PLQ n'était plus au centre de la patinoire, il était relégué aux estrades.

Les jours et mois suivant la défaite furent ceux de plusieurs récriminations. Le schisme Ryan-Garneau revenait à la surface. Certains, dans les officines du PLQ, disaient ouvertement que Ryan devait partir et qu'on avait perdu l'élection à cause de lui. Je n'étais pas de cet avis. Selon moi, les raisons de la défaite étaient plus profondes et complexes. Les leaders des communautés anglophone et culturelle avaient perdu confiance dans le parti qui avait dirigé le camp du NON. Nous nous serions crus au lendemain du 15 novembre 1976!

À la suite de la réorganisation de la permanence du PLQ, Pierre Bibeau m'a demandé de poursuivre mon rôle comme organisateur dans une équipe réduite, mais avec des tâches additionnelles. Ayant été responsable de 18 circonscriptions sur 125, j'en avais maintenant 35 sous ma responsabilité, dont Laval et la Rive-Nord, mais sans horizon électoral. Cela me permettrait de connaître un Québec plus francophone et plus nationaliste que les circonscriptions de l'ouest de Montréal. Cela aura un grand impact sur mes réflexions postélectorales.

Malgré la défaite aux élections et ma déception, j'avais toujours la «piqûre» de la politique. De plus, contrairement à plusieurs de mes collègues, je souhaitais encore travailler avec Claude Ryan. J'avais une excellente relation personnelle avec lui et je respectais son travail et sa vision. Dans les locaux du parti, nos bureaux étaient situés tout près l'un de l'autre. Je le visitais régulièrement pour converser sur divers sujets. Contrairement à son image publique, il était très chaleureux en privé et avait un sens de l'humour particulièrement aiguisé. Tout en reconnaissant que son poste de chef serait probablement remis en question, je croyais en l'homme et à l'importance de la loyauté envers lui. Il était en politique pour les bonnes raisons. Du fait de sa droiture et de son intégrité, il demeurait l'homme qui avait influencé mon engagement.

J'avais bien aimé mon rôle d'organisateur et d'animateur permanent du parti. En moins de deux ans, j'avais beaucoup appris sur l'organisation politique, mais je savais que j'avais encore beaucoup à apprendre et je ressentais le désir de poursuivre mon action politique. Certes, vivre la défaite m'a fait voir les hauts et les bas de la politique et l'importance de rester fidèle à ses convictions. Mon découragement fut cependant de courte durée. J'ai conclu que je ne pouvais pas rester dans le créneau de l'organisation et des opérations encore bien longtemps. Je devais aller dans la voie du contenu politique, du débat d'idées et de la stratégie. Bref, si je restais, il fallait changer de cap et me ressourcer.

J'ai alors décidé que mon prochain rendez-vous politique serait davantage à l'avant-scène. Je voulais être candidat, un jour, et je devais me donner les moyens d'y arriver.

Chapitre 6

LE RETOUR DE ROBERT BOURASSA

Les semaines et les mois suivant la défaite du PLQ, le 13 avril 1981, furent pour moi une période de réflexion et de ressourcement. Si la victoire référendaire, le 20 mai 1980, avait été le travail d'une équipe unie pour une cause et le triomphe d'une idée, la défaite électorale revêtait un caractère plus personnel. Voir un candidat subir la défaite me faisait réaliser à quel point les bénévoles et les candidats pouvaient vivre un sentiment de rejet et d'échec. Pour plusieurs, ce fut la fin d'un parcours; pour d'autres, ce fut un moment de découragement et, parfois, de culpabilité de ne pas avoir été à la hauteur.

Le parti allait aussi vivre cet amalgame d'émotions. Certains militants cherchaient des coupables. Le prestige de Claude Ryan s'était peu à peu dissipé au cours de ses trois années à la tête du parti. Les statuts du PLQ prévoyaient la tenue d'un vote de confiance lors du premier congrès suivant un rendez-vous électoral. Pour certains, qui souhaitaient le départ du chef, ce congrès serait l'occasion de changer l'orientation du parti et, possiblement, de faire comprendre à Ryan qu'une nouvelle ère était arrivée.

D'autres, comme moi, préféraient prendre un peu de recul et un moment de réflexion pour analyser les résultats et tirer des leçons du verdict électoral. Certes, la campagne de Ryan n'avait pas été exemplaire, mais le parti avait aussi sa part de responsabilités, notamment sur le plan des idées (aucune idée importante n'avait attiré l'attention de l'électorat) et des communications (encore une fois, il fallait admettre la performance supérieure du PQ). Ryan n'allait pas avoir un grand répit. Le parti et son chef allaient vivre la grogne normalement associée à une défaite. Le parti allait faire face à une scission au sein du caucus et des militants sur la question constitutionnelle.

CRISE CONSTITUTIONNELLE

Le Québec et le Canada étaient alors en pleine crise constitutionnelle. Quatre jours après la réélection du PQ, René Lévesque a fait un pacte avec sept autres provinces pour s'opposer à la démarche postréférendaire du gouvernement fédéral. Cette coalition, désignée dans les médias anglophones comme *The gang of eight*, présentait notamment une contre-proposition à Ottawa sous la forme d'une formule d'amendement à la position traditionnelle québécoise du droit de veto, soit un droit de retrait avec pleine compensation à tout changement constitutionnel (*opting right*). Lévesque avait abandonné le droit de veto en échange d'un front commun des huit pro-vinces. Le gouvernement québécois, avec l'appui de sept provinces, se comportait comme un gouvernement provincial et non pas comme un gouvernement souverainiste.

Quant à la proposition fédérale, présentée en octobre 1980 et appuyée par l'Ontario et le Nouveau-Brunswick, elle visait entre autres le rapatriement de la Constitution au Canada, assorti de l'enchâssement d'une charte des droits et libertés et d'une formule de veto pour les principales régions du pays, dont le Québec et le Parlement fédéral. Cette formule contrastait avec celle de la coalition des huit provinces qui permettait d'accroître leurs pouvoirs en leur permettant un droit de retrait avec pleine compensation financière.

Sur le terrain et au sein du PLQ, le déchirement était total. Pour Ryan, cette position des huit allait à l'encontre des inté-rêts supérieurs du Québec. Il croyait que le gouvernement Lévesque agissait ainsi davantage pour bloquer la démarche du fédéral que pour défendre les intérêts traditionnels du Québec. Selon lui, le PLQ se devait de jouer son rôle de chien de garde des positions traditionnelles québécoises. Il s'atten-dait que le caucus soit uni derrière son point de vue. Mais la victoire du PQ et la détermination de Trudeau changeaient la situation et allaient briser l'harmonie au sein du PLQ.

À la suite de l'élection d'avril 1981, le gouvernement Trudeau prit aussi la décision de faire un renvoi à la Cour suprême du Canada pour dénouer l'impasse avec les provinces au sujet du rapatriement de la Constitution. Le 28 septem-bre 1981, la Cour décida que le fédéral pouvait agir auprès du gouvernement britannique pour rapatrier la Constitution, mais qu'il serait plus légitime et plus conforme aux conventions constitutionnelles d'obtenir auparavant l'accord d'une majorité de provinces. Ce jugement provoqua un ultime effort pour trouver un consensus entre le fédéral et les provinces.

Au début d'octobre 1981, le gouvernement péquiste présenta une motion pour dénoncer la démarche unilatérale du fédéral visant à rapatrier la Constitution sans l'accord des provinces. Le choix était clair : « voter contre » serait interprété comme un appui à la méthode fédérale et « voter pour » signifierait donner son appui à l'adversaire référendaire, le PQ. Pour le caucus et la base libérale, ce choix fut déchirant.

À titre de permanent du parti, je fus consulté et j'ai indiqué au chef que certains députés de l'ouest de l'île de Montréal, appuyés par leurs associations de circonscription, seraient tentés de voter contre la motion. Personnellement, je me sentais mal à l'aise de choisir entre un « vote » avec Lévesque et un « vote » avec Trudeau. Mais je comprenais que le chef du PLQ avait comme première obligation de défendre ce qu'il considérerait comme les intérêts du Québec. Pour Ryan, le spectre d'une division au sein du caucus s'ajoutait à la défaite électorale et pouvait remettre en question son leadership dans un avenir immédiat.

À la suite d'une vive discussion avec le caucus et d'une intervention marquée du très respecté Gérard D. Levesque, l'opposition officielle décida d'appuyer formellement la motion du gouvernement Lévesque. Neuf députés, dont la plupart étaient anglophones et allophones, mais aussi certains députés francophones représentant des comtés à forte proportion d'anglophones, choisirent de voter contre la motion. Pour différents motifs, une forte majorité de députés libéraux à l'Assemblée nationale appuyèrent la motion à l'encontre de la démarche du fédéral. Ce différend entre libéraux allait avoir des répercussions directes sur le vote de confiance à l'endroit du chef, prévu au prochain congrès des membres.

MON DÉPART DU PLQ

Après le débat de septembre et octobre 1981 sur la résolution du gouvernement péquiste, j'ai conclu que mon apport au PLQ en tant que permanent tirait à sa fin. J'aimais la politique et je souhaitais y rester, mais je croyais qu'il fallait que je parte pour mieux préparer un éventuel retour. J'étais entré par la voie de l'organisation mais, si je revenais, je devais apporter une contribution sur le contenu politique et les grands enjeux.

Petite anecdote : je conserve encore aujourd'hui le vif souvenir d'une longue conversation que j'ai eue à cette époque avec mon jeune collègue permanent au PLQ, Jacques Chagnon, dans le stationnement d'un hôtel de Laval où venait de se terminer une assemblée de militants. Alors que Jacques et moi parlions de la vie après la permanence du parti, nous avons fait le « pacte officieux » que si, un jour, on se portait candidat, on le ferait ensemble, à la même élection[18].

La réélection du PQ signifiait que les questions identitaires – Constitution et langue – resteraient au cœur du débat politique au Québec et que cela n'allait pas changer à court et à moyen termes. Il fallait donc approfondir mes connaissances en la matière.

Le débat référendaire et les tensions à l'intérieur du PLQ sur la résolution du PQ m'ont convaincu qu'afin de contribuer davantage au débat public et exercer une influence, je devais plonger plus directement dans les enjeux entourant la question identitaire. En d'autres mots, pour faire de la politique active au plus haut niveau au Québec, il fallait comprendre la question identitaire sous tous ses angles.

En novembre 1981, un ami anglophone et ancien collaborateur lors du référendum de 1980 et de l'élection de 1981, Geoffrey Chambers, m'a soumis une proposition faisant appel à mon expérience d'organisateur politique pour traiter d'enjeux reliés aux politiques gouvernementales. Chambers était devenu à l'été 1981 le directeur général du Conseil des minorités du Québec, un groupe représentant la communauté anglophone. Il souhaitait créer avec ce groupe et d'autres une alliance à l'échelle du Québec pour regrouper les diverses communautés anglophones sous une même bannière. Son rêve était de former une organisation qualifiée de *grassroots*, c'est-à-dire profondément ancrée dans sa communauté, et de développer une vision unie autour de grands principes pour présenter une communauté anglophone moderne, progressiste et prête à jouer un plus grand rôle au Québec. Il voulait que je devienne l'un des fondateurs de ce groupe et que je prenne la direction d'un nouveau service au sein du Conseil des minorités – celui de l'accès à l'emploi et au commerce.

Au début, j'ai hésité à me joindre à un groupe anglophone, car cela pourrait avoir pour inconvénient de m'isoler des grands enjeux touchant l'ensemble de la population. Je me disais que pour faire de la politique au Québec au plus haut niveau, je devais, compte tenu de mes racines, éviter un parcours trop associé à une communauté en particulier. Mais, après mûre réflexion, j'ai conclu que le défi était plus large et que la vision de ce groupe était de faire de la communauté anglophone une partie intégrante du Québec, tout en ne perdant pas son identité et ses institutions. La vision de leurs dirigeants incluait aussi une préoccupation pour le statut des minorités francophones hors Québec, ce qui m'attirait encore davantage.

Si j'hésitais à quitter le parti et des collègues que j'estimais, c'est que je savais que Claude Ryan serait contesté au congrès de 1982 et que je ne voulais pas que mon départ de la permanence du PLQ soit interprété comme un manque de solidarité et de loyauté envers lui. J'aimais et je respectais le chef. Je restais solidaire de son œuvre à la tête du parti et je croyais que la transformation du PLQ en un parti moderne n'était pas encore terminée. Mais, après plusieurs jours de questionnements et d'hésitations, j'en suis venu à la conclusion que je pouvais continuer d'appuyer Ryan comme militant tout en acceptant ce nouveau défi qu'on me proposait.

À la fin de novembre 1981, j'ai démissionné du PLQ pour entrer au service du Conseil des minorités. Certes, quand j'ai annoncé la nouvelle à Claude Ryan, j'ai ressenti sa déception. Toutefois, dans une lettre très personnelle soulignant mon apport au PLQ et me remerciant pour mon travail, il m'a écrit des mots fort élogieux et avec une élégance qui m'ont profondément touché. Il me dit entre autres que le travail de renouveau au sein du PLQ n'était pas terminé et qu'il espérait pouvoir encore compter sur mes conseils pour ce faire. Je quittais la permanence du parti (tout en restant membre en règle), mais je n'abandonnais pas mon chef et ami.

L'EXPÉRIENCE D'ALLIANCE QUÉBEC

Pour certains au PLQ, mon engagement auprès de la communauté anglophone était une suite cohérente compte tenu de mes racines et de mon passé. Logiquement, certains de mes amis libéraux estimaient que ce geste pouvait m'amener un jour à faire de la politique comme représentant des communautés anglophone et allophone. Un Anglo-Italien dans une circonscription de l'ouest de Montréal serait perçu comme un choix normal. Mais c'était mal me connaître : je souhaitais m'engager envers l'ensemble du Québec et non envers une seule communauté.

Je voulais d'abord vivre une expérience avec un contenu politique touchant des enjeux québécois et des approches plus orientées vers la question identitaire du Québec. Pour moi, les lois 22 et 101 avaient été adoptées pour rassurer la majorité francophone. Des études prédisaient le pire pour l'avenir du français au Québec à moins d'actions énergiques de la part des élus pour corriger le tir. Durant mes années dans l'enseignement, j'avais constaté quel effet cela produisait chez les anglophones et des communautés culturelles. Certains voyaient dans ces lois la volonté de la majorité de « mettre les minorités à leur place ». Plusieurs anglophones considéraient les lois linguistiques comme une menace directe à leurs institutions et à leur avenir comme citoyens à part entière.

Je ne voyais pas la situation aussi négativement. Rien n'empêchait de trouver une façon de répondre aux préoccupations de la majorité francophone tout en respectant celles de la minorité. Je croyais qu'on pouvait assurer la pérennité du français sans éliminer ou diminuer l'apport et l'identité des communautés non francophones. Pour ce faire, il fallait que ces communautés participent à l'avenir du Québec de plein gré en tant qu'«alliées». Je voulais construire des ponts et je croyais que la diversité et l'intégration pouvaient aller de pair.

En me joignant au groupe anglophone, j'ai pu constater que je n'étais pas le seul à partager ce sentiment. Une nouvelle génération d'anglophones – les Michael Goldbloom, Julius Grey, Eric Maldoff, Rita Karakas, Kathleen Weil, Russ Williams, Thomas Mulcair, Geoffrey Kelly et Geoffrey Chambers, pour n'en nommer que quelques-uns – émergeait et voulait s'intégrer davantage au Québec sans toutefois s'assimiler, renoncer à son identité et abandonner ses institutions.

Mon rôle serait de mobiliser la communauté anglophone, y compris la communauté juive, et de créer un rapprochement avec la communauté francophone du Québec. Contrairement à certaines générations d'anglophones qui s'accommodaient du concept des «deux solitudes» tel qu'articulé par Hugh MacLennan et souvent cité par René Lévesque, la génération émergente d'anglophones souhaitait parler français et se sentait à l'aise avec l'importance grandissante du français comme langue de travail.

En s'alliant avec d'autres groupes, le Conseil des minorités avait comme objectif de devenir l'instrument pour mobiliser et unifier les anglophones de tout le Québec, et non seulement de la grande région de Montréal. Nous voulions parler d'une seule voix aux médias et aux gouvernements, tant à Québec qu'à Ottawa. Pour ce faire, à l'instar des associations de circonscription des partis politiques, nous avons créé des «chapitres» dans l'île de Montréal et les avons regroupés avec des associations communautaires anglophones existant hors de Montréal (les Townships en Estrie, The Voice of English-Speaking Quebec à Québec et Casa – Committee for Anglophone Social Action – en Gaspésie) et des organismes institutionnels. En juin 1982, ce regroupement, grâce à une subvention du Secrétariat d'État fédéral dans le cadre du programme des langues officielles, fut créé lors d'un congrès d'orientation. Dorénavant, ce groupe s'appellerait Alliance Québec et son premier président serait un brillant et jeune avocat du nom d'Eric Maldoff.

En peu de temps, cette nouvelle entité a exercé son leadership sur un ensemble de sujets concernant la communauté anglophone, mais il a aussi mis en place des assises pour un dialogue direct avec le gouvernement de René Lévesque par l'entremise de son ministre des Communautés culturelles et de l'Immigration, Gérald Godin.

Des rencontres au sommet entre Lévesque, certains de ses ministres et les leaders d'Alliance Québec ont convaincu la communauté anglophone que la nouvelle organisation communautaire représentait une forme de « révolution tranquille » et potentiellement une force en soi. Si les députés anglophones du PLQ voyaient leur rôle de porte-parole réduit avec la réélection du PQ en 1981, les anglophones pouvaient maintenant adresser leurs revendications directement au gouvernement en place, peu importe le parti au pouvoir. Alliance Québec n'hésitait pas, par l'entremise de ses avocats, à recourir aux tribunaux pour contester des dispositions concernant l'accès aux écoles anglaises, l'utilisation de l'anglais dans l'affichage commercial et les tests linguistiques limitant l'accès à l'emploi. Au-delà des revendications d'ordre légal, nous faisions du lobbying pour avoir plus de cours de français et obtenir la reconnaissance formelle des institutions de la communauté anglophone.

Mon rôle consistait à faire la jonction avec les organismes chargés de l'application de la loi 101 (dont l'Office de la langue française, le Conseil de la langue française et la Commission de la protection de la langue française). Je gardais un contact direct avec les médias francophones et j'ai eu à présenter en français un mémoire en commission parlementaire, à l'Assemblée nationale, portant sur les revendications de la communauté anglophone. De plus, je donnais des séances d'information dans les cégeps anglophones, où mon message était sans équivoque : restez au Québec et apprenez le français pour mieux bénéficier de votre apport économique et social.

Alliance Québec est devenu pour les anglophones le forum pour débattre les questions qui divisaient certains membres de la communauté, dont celle touchant l'existence des commissions scolaires. Celles-ci étaient spécifiquement garanties par l'article 93 de la Constitution canadienne et reposaient sur une base confessionnelle – catholique et protestante. Au fil des années, le secteur anglophone s'est divisé en deux – des anglophones catholiques sous la régie des commissions scolaires catholiques francophones et un secteur protestant anglophone et autonome. Certains chez Alliance Québec souhaitaient modifier l'article 93 par un amendement constitutionnel sur une base linguistique – français et anglais – et non confessionnelle. Nos amis anglo-protestants ont largement résisté à cette démarche. Quand la Constitution canadienne fut modifiée, en 1997, pour établir la division sur une base linguistique plutôt que confessionnelle (sous le gouvernement péquiste de Lucien Bouchard et le gouvernement libéral fédéral de Jean Chrétien), on peut affirmer qu'Alliance Québec en avait été le précurseur et avait fait le travail de terrain pour préparer la communauté à cette décision.

Mon passage à Alliance Québec m'a permis de travailler concrètement sur le dossier identitaire pour rapprocher les francophones et les anglophones. J'ai été fidèle à ma profonde conviction qu'une approche ayant comme issue deux gagnants, plutôt qu'un gagnant et un perdant, était la meilleure.

Ce faisant, j'ai mieux compris les inquiétudes de l'ensemble des Québécois – francophones, anglophones et allophones. Je voyais donc mon avenir politique au-delà d'un seul regroupement de la population, c'est-à-dire la communauté anglophone. Le rapprochement, le dialogue et le compromis sans la compromission constituaient la meilleure formule pour discuter des questions identitaires. Je continue à le croire encore aujourd'hui.

Mon travail au sein d'Alliance Québec a vite capté l'attention du Commissaire aux langues officielles de l'époque, Max Yalden, avec qui je collaborais étroitement. En 1983, il m'a offert un poste et je suis devenu le directeur régional du Commissariat aux langues officielles du Canada. Cela m'a permis de mieux comprendre la dynamique des communautés francophone et acadienne hors Québec. En plus de la question constitutionnelle, qui fut au cœur de l'exercice référendaire, j'ai acquis de l'expérience pour l'autre pendant du dossier identitaire – celui de la langue. Ce fut une période riche en ressourcement et je me sentais mieux préparé pour un rendez-vous politique.

LE DÉPART DE RYAN

L'hiver 1981-1982 n'a pas réussi à faire oublier la défaite électorale du PLQ du printemps précédent, ni la division interne sur la résolution du PQ. L'affrontement entre Ryan et certains membres de son caucus n'a rien fait pour diminuer le sentiment qu'il n'était plus l'homme de la situation. Le PQ était devenu moins populaire et si le PLQ voulait former le prochain gouvernement, il fallait changer de chef.

Les libéraux se préparaient, à l'automne 1982, à un congrès qui remettrait le leadership de Ryan en question. Pour contrer cette menace, le chef a réuni des collaborateurs de la première heure pour évaluer les perspectives. Malgré mon passage chez Alliance Québec, j'étais resté en contact avec Ryan et plusieurs militants. J'appréciais nos discussions sur l'actualité lors de mes visites à son bureau et à sa résidence du boulevard Saint-Joseph, à Montréal, et je percevais sa détermination à regagner la confiance de la base. Il poursuivait avec vigueur dans son rôle de chef de l'opposition et il souhaitait continuer son travail pour actualiser la pensée politique du parti. En septembre 1981, Ryan avait aussi publié un texte intitulé *Le Québec d'abord,* dans lequel il résumait sa pensée postélectorale – le PLQ doit être, d'abord et avant tout, le défenseur des intérêts du Québec. Bref, il voulait terminer la démarche inachevée du Livre rouge et la réforme du parti.

Lors d'une rencontre avec son groupe de collaborateurs, il m'a demandé de prendre le pouls des communautés non francophones (particulièrement les anglophones) pour savoir s'il avait encore des appuis. Il avait fait des efforts pour que le parti soit plus inclusif et plus représentatif de l'ensemble de la population. L'appui des anglophones serait un indice important quant à ses chances de conserver son poste. Il croyait que cela lui serait profitable si jamais il devait subir un vote de confiance lors du congrès.

Le groupe de collaborateurs se réunit de nouveau au début du mois d'août pour lui faire un compte rendu des divers rapports, qui n'étaient pas encourageants. Le monde des affaires et des partisans bien connus, tels les anciens ministres Claude Forget et Claude Castonguay, avaient conclu que le PLQ devait changer de direction et se choisir un nouveau chef. Mon rapport préliminaire auprès des représentants des groupes non francophones était plus mitigé, mais pas très encourageant.

Un midi, à son invitation, je me rends à sa résidence pour déjeuner avec lui et son épouse, Madeleine. Le but était de faire un dernier tour de piste et de voir s'il bénéficiait des appuis suffisants pour rester en poste. Madeleine et Claude Ryan étaient d'une simplicité désarmante. Le couple avait fait de l'engagement politique une affaire à deux. À mon arrivée chez eux, j'ai senti qu'ils étaient davantage résignés à un départ qu'à la poursuite de la lutte pour conserver la direction du parti.

J'avais terminé ma tournée et je n'avais pas un bon rapport à lui présenter. La grande majorité de ceux que j'avais consultés, tant francophones que non-francophones, souhaitait son départ. Quelques jours plus tard, le 10 août 1982, après d'autres consultations, Claude Ryan décida de se retirer. Son retrait sonnait le début de la prochaine course à la direction. En peu de temps, des noms ont commencé à circuler, dont celui de l'ancien chef et premier ministre Robert Bourassa.

MON AMI RYAN

Je suis resté en contact avec Claude Ryan après sa démission. Cela m'a permis de mieux connaître l'homme et sa pensée politique. Nous avons développé une belle complicité qui a duré jusqu'à son décès, en 2004. Il fut avant tout un mentor, puis un conseiller et une référence dans mes choix de carrière.

J'allais être agréablement surpris de constater que sa démission ne signifiait pas qu'il quittait l'arène politique. Claude Ryan a décidé de rester député d'Argenteuil et de terminer son mandat. Il était évidemment déçu de la tournure des évènements. Mais il restait fidèle aux questions qui l'avaient motivé à quitter *Le Devoir* et à se lancer en politique. Le chef intérimaire Gérard D. Levesque l'a nommé critique à l'Éducation et à l'Enseignement supérieur. De temps à autre, alors que j'étais de passage à Québec, j'assistais à des séances de la commission parlementaire en la matière. Être témoin d'un débat sur l'éducation entre deux politiciens aussi éloquents que Claude Ryan et le ministre Camille Laurin était tout un spectacle !

Je passais aussi du temps avec lui pour voir son état d'esprit. Je n'ai ressenti aucune amertume de sa part envers ses collègues. Ryan restait un bon soldat et se préoccupait de la suite des choses. J'en ai conclu que sa carrière politique ne tirait pas à sa fin.

Étant maintenant fonctionnaire fédéral auprès du Commissariat aux langues officielles, je devais rester discret et ne pas appuyer ouvertement un candidat ou une candidate. Mais mes relations avec le parti et les militants m'empêchaient d'être complètement détaché. Si je voulais un jour reprendre le flambeau du militant ou celui du candidat, je ne pouvais pas rester indifférent ou complètement à l'écart.

LE RETOUR DE ROBERT BOURASSA

Ma seule expérience dans une course à la direction datait de 1978. À l'époque, j'étais inconnu, curieux et rêveur. Mon choix – Claude Ryan – était celui d'un novice sans racines dans le parti. Cet homme représentait un nouveau départ, ses paroles et sa façon de se présenter m'inspiraient. Je voyais la menace d'un référendum qui pouvait exclure le Québec du Canada et je voulais m'engager. Ryan incarnait ce que je cherchais.

Ryan parti, le PLQ devait se préparer à la course à la direction prévue en 1983. Le parti voulait se donner du temps, car le PQ était à mi-mandat et son impopularité grandissait. En raison de la récession économique et des affrontements entre le gouvernement péquiste et une partie importante de sa base – les syndicats –, le moment était propice à une prise de pouvoir lors du prochain rendez-vous électoral[19].

À la suite de la démission de Ryan, la direction et le caucus du parti ont demandé au député de Bonaventure, Gérard D. Levesque d'assumer la direction intérimaire du PLQ. Levesque, ne souhaitant pas devenir le prochain chef, faisait l'unanimité. De plus, il avait obtenu un franc succès en jouant le même rôle après le départ de Robert Bourassa, en 1976. Très estimé, il était donc normal qu'on fasse de nouveau appel à ses services.

Entre-temps, la course à la direction commençait à prendre forme. Il était de plus en plus évident que le parti cherchait un leader expérimenté et doté d'un sens politique. Pour certains, les années Ryan étaient un échec. La possibilité d'un retour de Robert Bourassa était réelle, mais cela ne faisait pas l'unanimité au sein des forces fédéralistes du Québec. Selon des proches de Bourassa de l'époque, le premier ministre Trudeau lui-même n'était pas chaud à cette idée.

En peu de temps, le nom de Raymond Garneau, l'ancien adversaire de Claude Ryan en 1978 et ancien ministre des Finances sous Robert Bourassa, a refait surface. Depuis qu'il avait quitté la politique, en 1979, Garneau était devenu président de la Banque d'Épargne de la Cité et du District de Montréal (aujourd'hui la Banque Laurentienne). Pour plusieurs fédéralistes, Garneau représentait la vision d'un fédéralisme plus ouvert et plus engageant que celui de Bourassa. De plus, Garneau avait déjà des appuis réels au PLQ, dont celui du très respecté organisateur de l'est du Québec, Marc-Yvan Côté, et de nombreux députés.

En septembre 1982, un mois après le départ de Ryan, j'ai rencontré Robert Bourassa dans un restaurant de l'avenue du Parc, à Montréal. Cette rencontre était l'idée d'un ami et un de mes ex-étudiants, Marcel Proulx, qui avait établi une relation amicale avec l'ancien premier ministre dans le cadre d'un projet scolaire. Marcel croyait au retour de Bourassa en politique et il souhaitait que ses deux amis se rencontrent. J'ai d'abord hésité, car je ne voulais pas paraître opportuniste. Tant que Ryan était chef, pas question pour moi de rencontrer un futur candidat. La loyauté est un principe qui m'est cher en politique.

Malgré son « exil » européen pour étudier le Marché commun, Robert Bourassa n'avait pas été totalement absent du débat public depuis son départ, en 1976. Durant la campagne référendaire, il acceptait toutes les tribunes possibles pour débattre le volet économique d'un éventuel Québec souverain. Il aimait particulièrement participer à des débats avec le ministre des Finances du PQ, Jacques Parizeau, et l'un des plus redoutables pionniers parmi les indépendantistes, Pierre Bourgault. Sa participation aux débats économiques avait froissé le député libéral d'Outremont, l'économiste André Raynauld, ce qui a contribué à son départ de la politique après le référendum de 1980.

Durant le référendum et l'élection de 1981, plusieurs de mes collègues à la permanence du PLQ avaient gardé contact avec Bourassa. D'autres, qui avaient aussi collaboré avec le gouvernement Bourassa de 1970 à 1976, croyaient qu'il pouvait effectuer un retour. Plusieurs le connaissaient depuis plusieurs années, comme Ronald Poupart (directeur général du PLQ de 1970 à 1978), qui croyait lui aussi à un retour de Bourassa. Tous me disaient qu'il était aimable, accessible et très humain. Je n'avais jamais eu ni lien ni contact avec lui.

Marcel Proulx m'assurait que Bourassa ne se préoccupait pas du passé. Il souhaitait faire un retour en politique et il était désireux de rencontrer cette recrue que j'étais lors de la période Ryan. J'arrive donc au restaurant et, contrairement à son image des années 1970-1976, Bourassa affichait une allure décontractée, sans cravate, et portait un veston sport. Il me reçoit chaleureusement et nous discutons du contexte politique. Il était comme on me l'avait décrit – simple, très chaleureux et ouvert d'esprit.

J'ai constaté, dès le départ, à quel point Bourassa était une bête politique. Il évaluait l'éventuelle course, la possibilité d'être de la partie ainsi que ses chances s'il se présentait à la direction. Avec lui, tout était affaire de stratégie. J'avoue que j'étais impressionné de parler politique avec un ancien premier ministre. Ce fut somme toute une agréable rencontre. C'était un homme généreux, sans prétention et doté d'un bon sens de l'humour. Au moment de le quitter, j'étais certain qu'il serait candidat à la direction, mais je n'étais pas encore séduit : Bourassa représentait le passé, tandis que j'étais dans une dynamique de renouveau et de réforme du parti. Sans compter que pendant le déjeuner, il n'a pas glissé un seul mot sur les idées qu'il souhaitait défendre. Est-ce que le retour d'un chef répudié avec autant de vigueur par la population, en 1976, serait de bon augure pour le PLQ ?

Au cours des mois suivants, le parti a fixé le congrès à la direction aux 14 et 15 octobre 1983. Raymond Garneau s'est désisté de la course en juin de cette année. Des proches me disaient qu'il ne voulait pas faire la lutte à son ami Bourassa. Lors d'un cocktail à la résidence du réputé avocat Gilles Hébert (un des premiers partisans de Ryan et voisin de Bourassa), Marc-Yvan Côté, présent lui aussi à cette réception, nous a fait part qu'il venait de rencontrer Robert Bourassa et qu'il avait accepté d'être son organisateur en chef pour sa campagne à la direction.

C'était reparti pour Bourassa ! Je me suis alors rendu compte qu'il avait méticuleusement préparé le terrain et qu'il partait avec plusieurs longueurs d'avance. Il était déjà proche des militants et le travail de terrain l'avait bien servi.

Même si l'équipe de Bourassa était déjà bien organisée, peu de membres en règle du parti souhaitaient son couronnement. Plusieurs militants de mon ancien territoire de l'ouest de Montréal me consultaient pour savoir si la partie était jouée d'avance et si j'avais des conseils à leur donner. Beaucoup de gens dans les milieux anglophones de Montréal manifestaient des réserves concernant le retour de Robert Bourassa. Ils se souvenaient de sa loi 22 (faisant du français la langue officielle au Québec, en 1974) qui, pour eux, représentait un pas en arrière pour leur communauté, et de la plus contraignante encore loi 101 (la Charte de la langue française), adoptée en 1977 par le gouvernement péquiste. Il n'était pas perçu comme un fédéraliste convaincu.

J'ai alors pris rendez-vous avec Claude Ryan pour connaître son opinion. Avec le désistement de Garneau, la candidature de Daniel Johnson − le fils de l'ancien premier ministre du parti de l'Union nationale et frère du futur premier ministre péquiste Pierre Marc Johnson − circulait. J'étais curieux de connaître l'analyse de Ryan. Il m'a surpris.

Nous étions sur le balcon de sa résidence lorsqu'il me dit d'emblée qu'il resterait neutre dans la course et qu'il n'avait pas encore décidé de son avenir comme député d'Argenteuil. Il reconnaissait que si Raymond Garneau avait décidé de se présenter à la direction, il n'aurait pu poursuivre sa carrière politique, avouant en termes à peine voilés que le traitement qu'il avait réservé à Garneau, en 1978, ne serait pas propice à un bon départ ni à une étroite collaboration. Il ajouta également que l'interprétation de la conception du fédéralisme de Garneau n'était pas la sienne et qu'il était plus à l'aise avec celle de Bourassa. Finalement, il me dit qu'il n'avait pas l'intention de s'imposer ou de jouer à la «belle-mère», mais qu'il serait prêt à servir sous Bourassa si ce dernier le désirait.

Nous nous sommes ensuite demandé s'il y avait une cohérence entre le renouveau amorcé sous son règne et l'approche de son prédécesseur, qui pouvait devenir son successeur. Il croyait que Bourassa serait ouvert à poursuivre le renouveau du parti, mais il concédait que la candidature de Daniel Johnson s'inscrirait davantage dans la poursuite du travail accompli. J'ai conclu que Ryan était résigné à une victoire de Bourassa même si, sur le plan personnel, il souhaitait celle de Johnson.

Quelques jours après ma rencontre avec Ryan, Daniel Johnson m'appelle le jour de mon anniversaire pour m'offrir ses meilleurs vœux et savoir s'il pouvait compter sur mon appui. Je lui ai dit que je voulais réfléchir encore quelques jours et qu'en raison de mon travail au Commissariat aux langues officielles, je resterais assez discret et en arrière-scène.

J'ai poursuivi mon évaluation de la situation en consultant des vétérans du parti et mes anciens collègues à la permanence. J'ai conclu que Bourassa avait une avance certaine. Par contre, je restais encore attaché à la vision de renouveau de la période Ryan et je ne voulais pas paraître opportuniste en me rangeant du côté du gagnant présumé. Finalement, j'ai décidé de consulter Pierre Bibeau, qui occupait toujours le poste de directeur de l'organisation et de l'animation. J'avais confiance en son jugement et en sa discrétion.

Bibeau m'assura que Bourassa avait le vent dans les voiles et qu'il serait difficile de renverser la tendance. Bourassa, me dit-il, avait l'appui des militants au Québec et avait fait, depuis le référendum de 1980, son travail de terrain. Je lui répondis que malgré ce constat, je demeurais fidèle à mes convictions de base et au travail de renouveau du PLQ. Je croyais fermement que Daniel Johnson était celui qui représentait le mieux mes aspirations. Bibeau me signala que je faisais un bon choix et qu'il aurait été surpris que je fasse un choix contraire à mes convictions. En d'autres mots, il me disait que l'authenticité et les convictions étaient plus importantes que le calcul et l'opportunisme. Cela m'a grandement conforté.

Dans les jours suivants, j'ai pris contact avec les organisateurs de Daniel Johnson. L'avocat Jacques Lamoureux, l'organisateur de la campagne de Claude Ryan en 1978, dirigeait sa campagne et le président de la Commission-Jeunesse du PLQ, Pierre Anctil, était responsable du programme politique. Ce dernier était une bonne recrue du candidat Johnson. Étudiant à l'École Polytechnique, ce jeune homme avait un sens politique hors pair et un grand charisme. Finalement, la plupart des députés de mon ancien territoire de l'ouest de Montréal, dont les députés anglophones vedettes Reed Scowen, Clifford Lincoln, Herbert Marx et Richard French, ont tous appuyé la candidature de Daniel Johnson.

Au congrès des 14 et 15 octobre 1983, Robert Bourassa l'emporta avec 2 138 voix (75 %) contre 353 voix pour Pierre Paradis et 343 voix pour mon candidat, Daniel Johnson. Ce fut une raclée et une déception, pour moi, de voir Johnson relégué au troisième et dernier rang. Le soir même, le ralliement des camps des candidats battus s'est fait de façon harmonieuse. C'était la fête à Québec. Certes, la victoire du nouveau chef ne faisait aucun doute, mais la qualité des interventions de ses opposants à la suite des résultats était aussi sans reproche. L'unité du parti fut immédiate et de loin supérieure au congrès de 1978.

En quittant le congrès, j'ai croisé l'organisateur en chef de Bourassa, Marc-Yvan Côté, qui était en entrevue avec le journaliste Gilles Morin, de Radio-Canada. Côté me fait signe de patienter, car il désirait me parler. L'entrevue terminée, il me lance : « Il y a de la place pour toi dans l'équipe de Bourassa. On souhaite que tu te joignes à nous. »

Bourassa était de retour. Sa campagne, avec comme slogan *La force de l'expérience*, et sa victoire sans équivoque démontraient à quel point la détermination et la persévérance étaient essentielles pour réussir en politique. Peu après sa victoire, j'ai eu un entretien avec lui. Par ses propos et son attitude, il était clair que Robert Bourassa croyait dans l'inclusion et l'addition comme principes de base en politique. J'ai donc donné suite à l'invitation de son organisateur en chef, ignorant où cela me conduirait.

La période d'avril 1981 à 1985 en fut une de ressourcement sur des enjeux politiques qui allaient animer les prochaines années. J'étais heureux d'avoir approfondi mes connaissances relativement aux subtilités des questions identitaires qui influencent les débats au Québec. J'avais commencé comme « ryaniste » et « organisateur », je me sentais alors comme un libéral prêt et désireux de jouer un plus grand rôle dans les débats à venir. Je n'avais pas perdu le goût de la politique. Maintenant, j'étais certain que je voulais aller plus loin et servir au-delà des instances du parti.

Robert Bourassa m'avait laissé la porte ouverte.

CHAPITRE 7

ATTEINDRE LE POUVOIR

LE RETOUR DE ROBERT BOURASSA À LA TÊTE DU PARTI LIBÉRAL était en soi une première. Il n'y avait aucun précédent dans l'histoire du Québec et du Canada. Il avait réussi à déjouer les calculs de la plupart des analystes politiques par son travail de terrain, militant par militant. Plus important encore, il pouvait reprendre le pouvoir en tant que premier ministre du Québec.

Au cours de la période précédant le référendum de 1980, Bourassa était disponible, peu importe le rôle que les dirigeants et les militants du PLQ souhaitaient le voir jouer. Cela lui a permis de reprendre contact avec des organisateurs et des permanents du parti. Il fut invité à donner des conférences. Son succès dans le circuit «B» de la campagne référendaire (cégeps, universités, chambres de commerce régionales et sous-sols d'église) lui a valu beaucoup d'accolades et de gestes de reconnaissance.

Bourassa ne se souciait pas des formalités. Avec ses auditoires, son style était presque amical. Il était accessible, ne comptait pas son temps et était très franc dans ses propos. Reprendre la direction du parti au Colisée de Québec, le 15 octobre 1983, n'avait aucunement changé son approche méticuleuse et réfléchie.

Se faire élire à l'Assemblée nationale et devenir chef de l'opposition officielle n'était pas sa priorité à court terme. Gérard D. Levesque, avec son immense expérience parlementaire, pouvait s'en occuper. Le nouveau chef voulait s'assurer que le parti serait une force dans toutes les régions du Québec. Même si le congrès à la direction n'avait pas engendré des divisions marquées, il voulait tout de même faire du PLQ un parti d'inclusion. Il savait qu'un de ses adversaires lors de la course à la direction, Pierre Paradis, avait obtenu des appuis en région et auprès des nouveaux militants qui avaient adhéré au parti durant la période Ryan. Il fallait les rencontrer, les amener à s'engager et leur donner un rôle au sein de ce «nouveau parti». Le chef reconnaissait le talent et le flair politique de ce jeune prétendant. Très tôt après le congrès, il a décidé de l'impliquer ou plutôt, comme le supposaient de méchantes langues, de le «surveiller».

Ce qui préoccupait surtout Bourassa était l'appui des jeunes et des anglophones à l'endroit de son autre opposant, Daniel Johnson[20]. Ce dernier avait terminé troisième, mais il avait reçu l'appui des dirigeants de la Commission-Jeunesse, dont son président, Pierre Anctil. Celui-ci était prêt à faire des jeunes une force réelle avec l'arrivée de Bourassa. Pas question de «complaisance» envers la direction du parti. Il avait résisté aux avances de l'ancien premier ministre mais, tout comme son candidat Daniel Johnson, il s'était rallié de plein gré au chef élu.

Pierre Anctil avait aussi joué un rôle prédominant lors de la campagne de Daniel Johnson. C'était un homme de contenu qui avait réussi à faire, en peu de temps, une Commission-Jeunesse ouverte aux débats sur les nouvelles idées. De plus, il avait formé une équipe de jeunes, dont Stéphane Bertrand et Pietro Perrino, pour préparer sa relève. Cette nouvelle génération était une force d'avenir et Bourassa l'a reconnu. La Commission-Jeunesse, créée durant le premier mandat de Bourassa, représentait le tiers des votes au congrès des membres, beaucoup plus que son poids réel[21]. C'était un des legs du premier passage de Bourassa à la tête du parti. Il voulait que les jeunes soient une force réelle et permanente dans le renouvellement du parti. Bourassa savait qu'avec son style fonceur, la Commission-Jeunesse, Anctil à sa tête, resterait une instance incontournable. Utilisant son légendaire doigté, sa détermination et sa patience, Bourassa a réussi petit à petit à gagner l'enthousiasme de l'ensemble des jeunes.

Les députés anglophones recrutés durant la période Ryan se sont ralliés d'emblée à la candidature de Johnson. Comme permanent de leur région lors du référendum, j'ai tissé des liens étroits avec eux. Reed Scowen de la circonscription de Notre-Dame-de-Grâce, Herbert Marx de D'Arcy-McGee, Richard French de Westmount et Clifford Lincoln de Nelligan étaient venus en politique pour soutenir la vision de Claude Ryan – et non pour le retour du «père de la loi 22» qui avait fait du français la seule langue officielle du Québec et qui avait limité l'accès aux écoles anglophones. En peu de temps, ces quatre députés avaient réussi à faire leur marque à l'Assemblée nationale et il serait difficile de ne pas les voir jouer un rôle dans un futur gouvernement libéral.

Robert Bourassa l'a bien compris. Il a reconnu, comme ce fut le cas pour les dirigeants de la Commission-Jeunesse, que ces députés représentaient le renouveau désiré par Ryan. C'est à ce moment que j'ai réalisé que Bourassa souhaitait un parti plus représentatif, ouvert et inclusif, un parti de masse ayant un lien étroit avec sa base militante. Il a réussi à séduire ces députés tout comme il l'avait fait avec les jeunes. Si on avait des doutes sur les vraies intentions de Bourassa quant à la nature de son parti, ils se sont dissipés dans les semaines et les mois suivant sa victoire à la direction. Et Ryan l'a aussi constaté. Le «renouveau» de Ryan allait assurément se poursuivre sous Bourassa.

VERS LES ÉLECTIONS DE 1985

Conscient que le PLQ n'avait pas réussi à élaborer un programme politique cohérent, articulé et attirant lors de l'élection de 1981, la Commission politique du parti s'est donné l'ambitieuse tâche de rebâtir le programme et de le présenter au prochain congrès des membres, prévu en mars 1985.

En prévision de ce congrès, les dirigeants du parti, le chef et la nouvelle présidente Louise Robic m'ont demandé en octobre 1984 d'être le vice-président du comité organisateur du congrès. Je fus honoré de cette confiance, qui me donnait un rôle de premier plan sous la direction du nouveau chef Bourassa. Notre tâche consistait à organiser les aspects logistiques du congrès. Mon président, Jean Masson, était un proche de Bourassa et l'un des fondateurs de la Commission-Jeunesse. Masson avait appuyé Ryan et ses efforts pour renouveler le parti. Je sentais que nous étions en continuité avec les orientations choisies depuis 1978.

Le congrès de mars 1985 s'est bien déroulé. Les sondages démontraient que le PLQ avait le vent dans les voiles et que le PQ continuait d'éprouver des difficultés avec des éléments de sa base. Après son « référendum » sur l'article 1 du programme du PQ (appelé par les médias le « Renérendum ») et son différend avec les travailleurs du Front commun de la fonction publique en 1982, le gouvernement péquiste faisait face à une crise interne[22]. Le PQ venait de perdre sept ministres, dont celui des Finances, Jacques Parizeau, et Camille Laurin, le père de la loi 101[23]. Ces ministres avaient claqué la porte à la suite du virage de Lévesque en faveur du « beau risque » du fédéralisme proposé par le nouveau premier ministre Brian Mulroney, fraîchement élu en septembre 1984. Les rumeurs et les spéculations concernant l'avenir de René Lévesque circulaient dans les médias. Serait-il présent au prochain rendez-vous électoral ? Pourrait-il résister à cette vague de contestation ?

Le congrès libéral adopta son nouveau programme, intitulé *Maîtriser l'avenir*. Fort ambitieux, il misait sur l'importance du secteur privé comme créateur d'emplois, une stratégie de croissance et de développement économique incluant le potentiel énergétique, les technologies de pointe et la formation de la main-d'œuvre. Tout en préconisant un nouveau style de gouvernement, le programme jouait la carte du Canada et de la francophonie. Il allait aussi loin que définir les conditions d'acceptation de la nouvelle constitution qui seraient négociées plus tard, dans le cadre de l'Accord du lac Meech.

Au congrès, il y eut aussi des débats importants et largement animés par la Commission-Jeunesse. Le gel des droits
de scolarité à l'université fut adopté grâce à une « stratégie de
plancher » (le « contrôle » des micros lors des interventions,
des motions pour forcer des votes rapides) lancée par les dirigeants de la Commission. Cette position n'avait toutefois pas
l'appui de Claude Ryan, critique officiel du caucus en matière
d'éducation. Ce dernier ne put intervenir lors du congrès, car
son épouse, Madeleine, mourut quelques jours avant son
ouverture. Ce litige entre la Commission-Jeunesse et Ryan au
sujet des droits de scolarité rattrapera vite ce dernier lorsqu'il deviendra ministre de l'Éducation et de l'Enseignement
supérieur. Un autre dossier important fut celui de la réforme
de l'aide sociale, qui exigeait encore plus de conditions pour
s'y qualifier. Finalement, une autre proposition visant à créer
un Secrétariat permanent de la jeunesse, sous la responsabilité du premier ministre, fut adoptée. L'appui des membres
du congrès à ces trois propositions pilotées par la Commission-
Jeunesse réussit à réunir davantage les jeunes autour du nouveau
chef. Sous un prochain gouvernement Bourassa, les jeunes
pouvaient espérer jouer un rôle de premier plan.

Contrairement à 1981, le PLQ était de loin mieux préparé
pour le prochain rendez-vous électoral. Il avait à sa tête un
chef aguerri aux impératifs d'une campagne, il bénéficiait de
l'enthousiasme et de l'appui des jeunes, il pouvait compter sur
environ 250 000 membres engagés à faire le nécessaire porte-
à-porte auprès de l'électorat et son programme était cohérent
et emballant. Tout s'annonçait bien. De plus, les sondages
prévoyaient une victoire du PLQ. Il restait à recruter de nouveaux candidats afin de donner un aspect de renouveau à
l'équipe libérale pour l'élection de 1985. La formule pour

atteindre le pouvoir était bien établie – le chef, le programme et l'équipe.

SAUTER DANS LA MÊLÉE

Mon expérience avec l'équipe Ryan de 1978 à 1982, mon ressourcement sur la question identitaire grâce à mon passage à Alliance Québec et au Commissariat aux langues officielles, mon engagement en faveur de Daniel Johnson, l'ouverture de Robert Bourassa et de sa garde rapprochée à mon égard et, finalement, ma participation à l'organisation du congrès des membres de mars 1985 m'avaient encouragé à explorer la possibilité de me porter candidat aux prochaines élections. À 39 ans, j'étais prêt à faire le saut si ma jeune famille – ma conjointe, Micheline, et mes deux filles, Tania et Lyssa, âgées respectivement de 12 ans et de 8 ans – se montrait ouverte aux exigences de la vie de député.

On dit qu'il y a trois moments propices pour se lancer en politique : lorsque nous sommes jeunes et qu'une certaine fougue nous anime, comme ce fut le cas pour Claude Charron du PQ ; à la mi-carrière comme l'illustrent les exemples de Robert Bourassa et René Lévesque ; ou lorsqu'on a réussi sa carrière dans un autre domaine et qu'on souhaite poursuivre sa vie active par un engagement politique. J'étais à mi-carrière, mais sans suffisamment de notoriété pour être considéré comme un candidat vedette. J'ai conclu que si je voulais être candidat et avoir un impact, il fallait battre un ministre péquiste. Étant donné que les sondages donnaient une victoire libérale, le fait de m'opposer à une telle pointure en valait le coup. Le geste était calculé, j'étais prêt à relever le défi.

Certains dirigeants du parti m'encourageaient également à faire le saut. « C'est le temps, me disaient-ils. Nous allons gagner, le PQ est en déroute. Lévesque est contesté. Nous sommes prêts. » Il fallait que je choisisse une circonscription. J'en voulais une à majorité francophone, et non en lien avec mes origines.

ANJOU DIT NON

Au printemps 1985, un ami et militant de ma circonscription de résidence – Anjou – m'approche afin de savoir si j'ai un intérêt à me présenter contre un ministre de grande envergure et possiblement le plus populaire du gouvernement péquiste, Pierre Marc Johnson. Cet ami, Guy Filion, était un bénévole ayant l'énergie de 100 personnes. Les rumeurs concernant René Lévesque et son avenir allaient bon train. Le nom de Pierre Marc Johnson circulait comme le candidat favori à sa succession. Bref, il se pouvait donc que le futur candidat libéral dans la circonscription d'Anjou fasse la lutte à un éventuel premier ministre ! Ouf ! C'était un pensez-y-bien ! Mais c'était, comme on dit dans le jargon politique, une circonscription « prenable ».

Curieusement, je trouvais ce défi emballant, quoique périlleux. Faire mordre la poussière à un ministre et, de surcroît, à un éventuel premier ministre, fait de nous, comme le disent les anglophones, un *giant slayer* (un tueur de géant). Je répète que je voulais à tout prix me présenter dans une circonscription majoritairement francophone et que je rejetais l'idée de jouer sur mes racines anglo-italiennes pour remporter une circonscription dite « à clientèle ». Je me sentais confiant même si la question identitaire risquait d'être soulevée. Oui, je faisais partie de la diversité québécoise, mais je pouvais en gagnant cette circonscription démontrer mon intégration sans perdre mon identité et compromettre mes convictions au profit du fédéralisme et de la défense des droits des minorités.

Mon ami Guy Filion me proposa de rencontrer un groupe de militants influents d'Anjou pour discuter de ma candidature. Ils ont fait valoir différents facteurs pouvant jouer en ma faveur, dont le fait que je sois un résident de la circonscription (contrairement à Pierre Marc Johnson), mes années dans le parti, la nouveauté de ma candidature et la popularité du PLQ dans les sondages : « Tu vas gagner, car il va y avoir une vague libérale », disaient-ils. J'avoue que l'argument le plus probant était celui de la « vague libérale ».

Tout en soupesant les facteurs positifs et négatifs de ma candidature, un militant du groupe me demanda si on pouvait utiliser le prénom « Jean » plutôt que « John », question de me rendre plus québécois. Compte tenu du fait que le leader québécois du Nouveau Parti démocratique, Jean-Paul Harney, avait changé son prénom « John Paul » pour celui de « Jean-Paul » avec peu de succès aux élections fédérales de 1984, je trouvais qu'une telle démarche n'était que pur « marketing politique » et que cela constituait un manque d'authenticité. Je leur ai répondu : « Ma mère a fait le choix de m'appeler John et tous mes amis francophones m'appellent John ou Johnny. » Tous les intervenants se sont ralliés : « John » ne deviendrait pas « Jean ».

J'ai ensuite participé à un cocktail-bénéfice du parti dans Anjou dans le but de me faire mieux connaître. J'ai reçu un bel accueil et j'ai constaté que j'aimais le contact avec les militants.

J'arrivais à la conclusion que la transition entre organisateur et candidat ne serait pas si compliquée et, au demeurant, fort agréable. Quelques jours s'étaient écoulés et comme j'étais sans nouvelles de mes amis d'Anjou, j'ai appelé Guy Filion pour lui demander comment les militants voyaient une éventuelle candidature de ma part. À ma grande déception, Guy m'annonça que mon nom faisait «obstacle». Et l'obstacle n'était pas le prénom, mais bien le nom de famille. «Parisella» serait problématique? Mais pourquoi? Après tout, la communauté italienne avait des racines au Québec depuis plusieurs décennies et était présente dans ce secteur de Montréal depuis des années.

Dans les jours suivants, on m'assura que ce n'était pas mon nom en soi qui faisait problème, mais plutôt les tensions entre les deux municipalités de Saint-Léonard et d'Anjou (aujourd'hui des arrondissements). Une bonne partie des élus de Saint-Léonard étaient déjà italophones, dont Tony DiCiocco, le député libéral provincial Cosmo Maciocia et le président de la commission scolaire locale, Alfonso Gagliano. Certains organisateurs francophones y voyaient la possibilité d'une réaction politique défavorable. Le maire Jean Corbeil, d'Anjou, qui n'était pas opposé à ma candidature, m'a confirmé cette évaluation des organisateurs de la circonscription. J'avoue que sur le coup j'ai été déçu et blessé. Jamais, durant toutes ces années dans le quartier francophone de Rosemont, je n'avais ressenti que mon nom de famille puisse être un obstacle. J'ai donc abandonné toute possibilité d'être candidat dans ma circonscription de résidence.

Le revers subi dans Anjou n'a toutefois pas diminué mon désir d'être candidat. Toutefois, occupant toujours mon poste de fonctionnaire fédéral, je ne pouvais pas être très actif dans ma recherche d'une circonscription. Malheureusement, le temps pressait et les rumeurs d'élections à l'automne se confirmaient de plus en plus.

Entre-temps, le PQ avait traversé une crise à la suite du virage de René Lévesque vers le «beau risque». Ce dernier démissionna en juin 1985, entraînant ainsi une course à la direction, remportée par Pierre Marc Johnson en septembre 1985. Le nouveau premier ministre bénéficiait de ce qu'on appelle la chance du débutant. Le départ de René Lévesque et de certains autres ministres donnait une impression de «renouveau» autour de Johnson. Les sondages réduisaient l'écart entre le PQ et le PLQ. La popularité personnelle de Johnson surpassait celle de Bourassa. Tous les espoirs étaient permis pour les stratèges péquistes.

Les stratèges libéraux, eux, restaient néanmoins confiants pour la prochaine élection. Les électeurs étaient très insatisfaits du gouvernement péquiste et, malgré la remontée enregistrée avec Johnson, les libéraux croyaient que celle-ci n'allait pas changer l'humeur de l'électorat québécois. Pour contrer la popularité de Johnson, les libéraux ont fait valoir le recrutement d'une brochette de candidats vedettes – dont Pierre MacDonald, Paul Gobeil, André Vallerand et Louise Robic – et la force de la nouvelle équipe libérale. Les publicités présentaient Bourassa comme le chef entouré d'une équipe renouvelée. Ce ne serait pas un retour à l'ancien régime Bourassa.

Lorsque les décrets d'élections furent émis, le 23 octobre 1985, les libéraux avaient choisi l'ensemble de leurs candidats. À la suggestion de la présidente Louise Robic (elle-même pressentie dans la circonscription de Bourassa) et de l'organisateur en chef Pierre Bibeau, la circonscription de Mercier m'a été offerte. Je fus d'abord surpris. Bibeau ne m'a pas assuré de la victoire, mais il était certain que le PLQ remporterait les élections et que Mercier avait un profil susceptible de basculer dans la vague libérale. Plus «prenable» qu'Anjou, selon Bibeau. Avant de dire oui, je voulais consulter l'ancien chef Claude Ryan et aussi l'exécutif de Mercier.

Cette circonscription, située sur le Plateau Mont-Royal, était composée à environ 15 % de représentants des communautés culturelles considérées comme généralement favorables au PLQ. Un bon pourcentage de participation au vote de ces électeurs et une campagne vigoureuse auprès de la majorité francophone pourraient garantir la victoire. Mercier était aussi l'ancienne circonscription de Robert Bourassa, mais l'homme qui l'avait défait en 1976 était le populaire ministre de l'Immigration et des Communautés culturelles, Gérald Godin. Malgré son état de santé chancelant (il luttait contre un cancer du cerveau), Godin serait mon adversaire. Ryan m'avait encouragé à faire le saut, car il partageait l'évaluation de Bibeau. Après une rencontre positive avec l'exécutif de Mercier, j'ai décidé de devenir candidat dans cette circonscription. Ironie du sort, mon ami et ex-collègue à la permanence du PLQ, Jacques Chagnon, avec qui j'avais fait le «pacte officieux» quatre ans plus tôt de nous présenter à la même élection, était candidat dans la circonscription voisine de Saint-Louis.

Je savais bien que déloger le très estimé Gérald Godin était loin d'être acquis ! Mais Bibeau avait mis le paquet pour aider à me faire élire. Il s'était entre autres organisé pour que ce soit le chef Bourassa lui-même et la présidente du parti Louise Robic qui me présentent aux médias de la circonscription – une attention réservée aux candidats vedettes. Au moment de ma mise en candidature officielle, c'était au tour des gros canons Claude Ryan, Daniel Johnson, Thérèse Lavoie-Roux et Herbert Marx d'être à mes côtés. Bibeau m'a aussi entouré d'une solide équipe d'organisateurs[24].

Dès le début de la campagne, nous pouvions sentir que le PLQ avait une longueur d'avance sur le gouvernement sortant. La popularité de Pierre Marc Johnson semblait se dissiper. L'équipe libérale avait fait le plein de nouvelles recrues, elle était dirigée par son « chef d'orchestre » Robert Bourassa et elle avait adopté le slogan porteur de changement et d'espoir *Changeons pour du solide*. Nouvelle équipe, nouveau programme étoffé, chef expérimenté, gouvernement impopulaire : tous les ingrédients étaient réunis pour que le PLQ prenne le pouvoir. De plus, la campagne de terrain était bien rodée. Autant le PLQ avait manqué de direction et de cohésion en 1981, autant il avait maintenant toutes les apparences d'un gouvernement en devenir.

Un moment décisif fut toutefois le débat des chefs, tenu à la radio, comme le souhaitait Bourassa. Le seul débat des chefs au Québec à être présenté à la télévision nationale avait eu lieu en 1962, entre le premier ministre Jean Lesage et le chef de l'opposition Daniel Johnson. Depuis, une polémique existait entre les partis politiques à savoir lequel des deux partis voulait réellement un débat. On parlait du « débat sur le débat ».

Le fait qu'il n'y ait eu alors qu'un seul débat télévisé prouve que ce genre d'évènement n'était pas dans nos mœurs, tandis qu'aujourd'hui, une campagne électorale sans débat des chefs serait impensable.

Bourassa aimait participer à des débats politiques à la radio, où il croyait que l'accent serait alors mis sur le contenu et non pas sur des aspects aussi superficiels que la couleur de la cravate des intervenants ou leur physique. Le débat a eu lieu et Bourassa l'a manifestement remporté. Certains ont attribué la victoire du chef libéral à une question portant sur le budget du gouvernement Lévesque du printemps 1985 où Johnson avait semblé pris de court dans sa réplique.

Ma campagne dans Mercier fut toute une expérience. Gérald Godin et sa conjointe, l'artiste Pauline Julien, étaient bien branchés dans la circonscription. Même les commerçants vantaient le travail du député auprès des communautés culturelles. Certains m'ont dit qu'il payait lui-même, de sa poche, les amendes qu'ils recevaient à la suite de plaintes auprès de l'Office de la langue française !

L'organisation libérale dans Mercier avait de sérieuses lacunes. Je ne venais pas de cette partie de la ville et je n'avais donc ni relations, ni entrées. J'avais bien étudié à l'école secondaire Cardinal-Newman, mais c'était 25 ans plus tôt. Mon oncle Théo Parisella possédait une mercerie sur la rue Papineau, près de Mont-Royal, mais cela n'était pas suffisant pour attirer des bénévoles dans ma campagne.

J'ai dû faire appel à des militants des circonscriptions de l'ouest de Montréal (assurées de la victoire) et de celle d'Anjou, où je résidais. Mes amis d'Alliance Québec et des communautés culturelles sont venus faire du porte-à-porte. J'en ai personnellement fait dans le secteur francophone de la circonscription. Une anecdote un brin loufoque a eu lieu lorsque je me présentai à l'ancienne résidence de la famille Bourassa (rue Parthenais, dans la paroisse Saint-Pierre-Claver) pour me faire accueillir par un sympathisant péquiste. La sœur de Robert Bourassa, Marcelle, m'accompagnait ce jour-là et elle me confia : «Cela ferait de la peine à Robert, on ne le lui dira pas!»

Curieusement, la lutte Godin-Parisella a piqué l'intérêt de la presse anglophone. Un ancien d'Alliance Québec contre le ministre responsable de la loi 101, et tout cela dans une circonscription à majorité francophone! La revue *Macleans* a fait un portrait des deux candidats. Le journaliste Anthony Wilson Smith a été surpris par le degré de civilité politique entre Godin et moi. Chacun vantait l'autre! Le journaliste a qualifié notre comportement de *class act* (des gens de classe).

Le soir du 2 décembre 1985, le PLQ remporta une victoire décisive et sans surprise avec 56% du vote et 91 députés contre 38% du vote et 34 députés pour le PQ. Seule ombre au tableau : Bourassa perdit dans sa circonscription de Bertrand aux mains du candidat péquiste Jean-Guy Parent.

Et dans Mercier? Je subissais le même sort que le chef, ayant perdu par 1 100 voix. Ma défaite fut néanmoins la meilleure performance contre Gérard Godin de tout son règne de 18 ans. Perdre l'élection fut pour moi une forme de deuil. Je me suis senti rejeté par l'électorat, un peu comme si les électeurs ne m'avaient pas cru. Le soir de ma défaite, en prenant la parole devant des partisans, j'ai dit à la blague que je venais de «résister à la vague libérale». Plus sérieusement, j'ai rendu hommage à mon adversaire Godin en citant les fameuses paroles de JFK : «*Si plus de politiciens connaissaient la poésie et si plus de poètes connaissaient la politique, je suis convaincu qu'on vivrait dans un monde meilleur.* » En fin de soirée, en compagnie de mes proches, j'ai vu mes deux filles Tania et Lyssa et ma conjointe Micheline verser des larmes. Je n'ai pu y échapper…

Me présenter dans une circonscription péquiste à forte majorité francophone était un défi conforme à ma personnalité. Gagner cette circonscription m'aurait permis de jouer un rôle plus important et plus influent auprès du nouveau gouvernement, j'en étais certain. Toutefois, perdre contre Gérald Godin était loin d'être humiliant. Je connaissais Gérald depuis mon passage à Alliance Québec. Il était le principal interlocuteur du gouvernement péquiste quant aux revendications de ce groupe. Il s'est avéré un homme de parole.

BOURASSA PERSUASIF

À la suite de ma défaite, j'ai reçu plusieurs messages d'encouragement. Le nouveau premier ministre m'a félicité tout en minimisant ma défaite et expliquant que cette défaite par 1 100 voix serait facile à renverser. Ce n'étaient que 550 voix, à peine deux voix par section de vote, me dit-il. Toujours la même bête politique !

L'organisateur en chef Pierre Bibeau et Bourassa avaient apprécié ma décision de me présenter dans une circonscription péquiste et contre un ministre populaire. Ils croyaient que j'aurais un rôle à jouer dans le futur gouvernement. Aussitôt assermenté, le nouveau Conseil des ministres s'est mis à la tâche. J'ai alors reçu des offres alléchantes de la part de certains ministres. Des postes de chef de cabinet (au ministère de la

Santé et des Services sociaux et au ministère des Ressources naturelles et de l'Énergie) et de conseiller spécial (à l'Éducation et aux Transports) étaient disponibles. On m'a aussi proposé un poste de haut fonctionnaire au ministère de l'Immigration et des Communautés culturelles. Ces propositions m'offraient la possibilité de jouer un rôle de premier plan dans le nouveau gouvernement. C'était excitant et valorisant. Mais, pour le moment, aucune offre ne venait toutefois de l'entourage immédiat du premier ministre.

Pierre Bibeau avait toutefois une autre proposition à me faire. Celui-ci, qui devenait le nouveau conseiller spécial du premier ministre et assurait la liaison avec le parti, m'a suggéré de réfléchir à la direction générale du PLQ. Il soulignait que les militants m'appréciaient et que le nouveau président, Robert Benoit, un homme d'affaires prospère d'Orford, serait très heureux de ma nomination. Ayant travaillé à la permanence lors du référendum de 1980 et de l'élection de 1981, je connaissais la nature du travail et ses horaires irréguliers : ce n'était pas exactement la situation idéale pour une vie familiale. De plus, je voyais ce rôle comme étant en marge du gouvernement. L'action se passerait à Québec, pas dans les circonscriptions. Ma réaction fut de refuser et de dire à Bibeau que je préférais travailler au sein de l'appareil gouvernemental.

Quelques jours plus tard, en janvier, ayant réintégré mon poste au Commissariat aux langues officielles, le téléphone sonna et Bibeau m'annonça : « Le premier ministre te convoque à son bureau à 17 heures. » Le ton formel et sérieux de mon ex-patron m'a porté à croire que c'était pour un poste dans son entourage, mais lequel ? Je me rends alors aux bureaux de la permanence et le premier ministre m'accueille chaleureusement. Nous parlons brièvement de l'actualité et de son élection dans la circonscription de Saint-Laurent[25], le PQ ayant décidé de ne pas présenter de candidat dans cette partielle. Il était vraisemblablement en pleine forme, confiant et heureux de la reprise du pouvoir.

Nous poursuivons la conversation et Bourassa souligne l'importance du mandat à venir en parlant d'économie et des jeunes. Il me fait part de son appréciation de ma campagne dans Mercier et me dit à quel point les militants m'ont estimé. Puis, en grand pragmatique qu'il était, il me lance cette phrase : « Tu sais, John, les gouvernements passent, mais le parti reste. » Et il me demande alors d'assumer le poste de directeur général du parti. J'ai alors réalisé que la suggestion de Pierre Bibeau avait pour but de me préparer à la demande formelle du premier ministre et chef du PLQ. Il m'assura que c'était un poste clé dans son entourage.

Ma première réaction fut de le remercier pour sa confiance et de répéter les mêmes arguments que j'avais servis à Bibeau. Mais il était évident que le premier ministre y tenait et il ne me parlait pas d'un autre poste. Bourassa se montra compréhensif, mais il ajouta : « Pourquoi ne pas accepter pour un an avant de passer à autre chose ? » Voyant que ma décision restait ferme, il a ramené sa demande à six mois et ensuite à trois mois... Nous avons bien ri. C'était bien le Bourassa qu'on m'avait décrit, charmeur, désarmant et tenace. J'ai conclu en disant que j'en discuterais avec ma famille et mes proches et que je réfléchirais sérieusement. Après tout, c'était une demande du premier ministre ! Il termina en disant que le parti devait rester fort et être le chien de garde du gouvernement. Et, pour ces raisons, il souhaitait que j'accepte sa proposition. J'avoue qu'il s'était montré convaincant et je suis sorti de cette rencontre plutôt ébranlé. Mais la vie du parti représentait pour moi du déjà-vu – des soirées et des fins de semaine remplies d'activités partisanes. J'étais prêt à passer à des enjeux gouvernementaux.

Pierre Bibeau, Louise Robic, Robert Benoit et le ministre Marc-Yvan Côté m'ont téléphoné en répétant les arguments et la volonté du chef. Je me doutais bien que ces appels avaient été faits à la demande même de Bourassa. Comment dire non au premier ministre ? J'étais franchement déchiré et cela a duré huit jours. Finalement, j'ai réalisé que le directeur général du parti dirigé par Robert Bourassa serait en quelque sorte « le chef de cabinet du chef du parti » et qu'il serait consulté par le chef au même titre que les membres de sa garde rapprochée. Et je me suis souvenu de sa phrase à propos des gouvernements qui passent et du parti qui reste. J'ai alors téléphoné à Bourassa pour lui dire oui. Il me répondit alors : « Tu ne le regretteras pas. » Il a eu raison.

Par la suite, je me suis souvent posé la question : « Pourquoi m'avoir choisi comme directeur général ? » J'aurais la réponse quelques années plus tard. Pour le moment, je constatais que le premier ministre tenait beaucoup à ce que j'accepte l'offre et il s'est engagé à ce que nous soyons en contact régulier, sur une base hebdomadaire ; il souhaitait aussi que je passe du temps avec les conseillers de son bureau de premier ministre. J'allais à Québec tous les mercredis, la journée de la réunion du Conseil des ministres. Il y avait beaucoup de fébrilité ce jour-là. De plus, j'étais fier d'être le premier directeur général n'ayant pas un nom francophone à diriger le quotidien d'un parti à 90 % francophone.

UN DIRECTEUR GÉNÉRAL POLITIQUE

J'ai quitté mon poste de directeur régional du Québec pour le Commissariat aux langues officielles. J'en ai aussi profité pour mettre fin à mon congé sans solde que j'avais jusqu'ici maintenu avec la Commission des écoles catholiques de Montréal, rompant finalement mes liens avec l'enseignement. Au début de mars 1986, je suis devenu directeur général du PLQ. La veille de mon entrée en fonction, le chef Bourassa m'a formellement présenté à l'assemblée générale du Conseil général en faisant référence à mon «dynamisme tranquille». Dans sa bouche, cette expression, m'a-t-il expliqué plus tard, signifiait que j'étais une personne réservée, mais efficace. C'est ainsi qu'il voyait la gouvernance. J'allais alors découvrir à quel point Robert Bourassa était habile avec les mots. On se souvient de sa «souveraineté culturelle», de son «fédéralisme rentable» et, plus tard, de sa «souveraineté partagée»... En parlant de mon «dynamisme tranquille», il avait fait le calcul que je serais un membre actif de son entourage et qu'à travers moi, il serait à l'écoute du parti et de ses militants.

Durant les quelques semaines précédant mon arrivée en poste, j'avais réfléchi au style de direction générale que je voulais adopter. Historiquement, le parti avait eu deux profils. L'un axé sur l'administration où les finances, les services aux membres, la gestion et les préparatifs électoraux étaient au centre de la fonction. Cela n'excluait pas un volet politique, mais il fallait que le parti soit prêt à faire une élection dès que le premier ministre le décidait. L'autre profil était celui d'un directeur général axé sur l'animation, les communications, les débats d'idées, la coordination de toutes les instances et de l'organisation politique du parti pour le rendez-vous électoral.

Bien sûr, le premier profil était important, mais rien n'empêchait un directeur général de nommer un directeur de l'administration et des finances et d'adopter l'autre profil. Compte tenu de la volonté du chef de garder le parti fort et autonome, j'ai choisi cette dernière option. Le nouveau président, Robert Benoit, s'est réjoui de ce choix et il a été un partenaire actif tout au long de mon mandat.

Il fallait en premier lieu s'adapter à de nouvelles réalités. Le parti n'ayant jamais eu un aussi grand nombre de membres quand il était au pouvoir, il fallait s'assurer que le confort du pouvoir ne se traduise pas par de l'indifférence envers les membres. La tentation de tenir le parti et ses membres pour acquis constituait un risque.

Pour pallier ce risque, le parti, sous l'impulsion de son bureau de direction et de Robert Benoit, a adopté deux mesures de grande importance : un code d'éthique, qui régissait les relations entre le parti et le gouvernement, et un comité de suivi des engagements électoraux, sous la direction du président sortant de la Commission-Jeunesse, Pierre Anctil. De plus, le parti déterminait les balises de la campagne annuelle de financement en nommant son président et les membres du cabinet. De telles dispositions maintenaient une certaine distance avec les ministres et députés.

Pour nous assurer que le gouvernement reste branché sur le parti, Benoit et moi avons fait des tournées régulières auprès des attachés politiques dans les cabinets ministériels. Ce contact nous paraissait essentiel à la vitalité du gouvernement. On suggérait aux attachés politiques de participer à la vie du parti et de contribuer à son financement à hauteur de 1 % de leur salaire annuel. Parfois subtil, d'autres fois moins, le message était clair : « Sans le parti, vous ne seriez pas au pouvoir ! »

Pour faire en sorte que le parti demeure aussi un carrefour d'idées et un lieu de débats, nous avons décidé de tenir des conseils généraux thématiques avec des experts externes et non alignés avec le parti, de maintenir le congrès jeunesse annuel tous les étés, d'organiser un colloque auprès des communautés culturelles et de faire des colloques régionaux pour préciser la thématique du prochain congrès des membres, fixé pour 1988. De plus, nous gardions une marge de manœuvre pour débattre et contester les actions gouvernementales qui se démarquaient en partie de nos engagements électoraux. Tout cela assurait une vie de parti fort animée ainsi que des forums pour les membres du gouvernement.

J'étais en contact régulier avec le directeur général des élections, Pierre F. Côté, afin de le rassurer sur notre volonté de collaborer et de faciliter son travail. En plus, j'ai voulu donner un profil médiatique à mon poste en participant à des conférences de presse aux côtés du chef du parti et premier ministre Bourassa à la suite des réunions des instances du parti, soit en donnant des entrevues aux médias, soit en agissant comme principal porte-parole du parti dans les médias.

Lors des préparatifs pour les congrès des membres, nous avions une équipe de bénévoles de premier ordre pour innover et définir les thèmes de la prochaine campagne. Sous le thème *S'ouvrir à demain* et à la suite de 10 colloques régionaux, le congrès des membres du printemps 1988 s'est concentré sur l'économie, la gouvernance, l'environnement et la démographie. Les responsables de la thématique étaient l'universitaire et président de la Commission politique du PLQ, Henri-François

Gautrin (futur député et ministre), le nouveau directeur des communications du PLQ, Stéphane Bertrand, et le vice-président de la Commission politique, Thierry Vandal (qui fut plus tard vice-président chez Gaz Métro et président-directeur général d'Hydro-Québec). Nous avions invité pour l'atelier sur l'environnement une sommité internationale en la matière, Maurice Strong. Un geste novateur fut la présentation du film du réalisateur Frédéric Back, *L'homme qui plantait des arbres*, pour souligner notre virage environnemental. Ce congrès fut un lieu de débats et de ressourcement. Le parti avait gardé sa place et sa vitalité parallèlement au gouvernement.

Le PLQ restait aux aguets au sujet des dossiers identitaires, soit la langue et la Constitution. À titre d'exemple, le parti a approuvé l'Accord du lac Meech avant le vote à l'Assemblée nationale. De concert avec le comité de suivi des engagements électoraux, le parti s'est assuré que nous respections les promesses électorales et que l'approbation du parti était indispensable si jamais nous devions faire des modifications. Même si le ministre Ryan souhaitait une hausse des droits de scolarité, le parti est demeuré ferme et le premier ministre a respecté la volonté du comité durant la période de 1985-1989.

À quelques reprises, le parti et particulièrement ses locaux montréalais de l'avenue de Gaspé furent l'objet de revendications de certaines clientèles qui s'opposaient aux politiques gouvernementales. Le projet de réforme de l'aide sociale, un engagement du parti issu de la Commission-Jeunesse, a provoqué l'ire de certains groupes communautaires. À deux reprises, certains d'entre eux ont occupé nos locaux. Mon rôle était d'agir comme négociateur (en compagnie du président du parti) sans avoir recours à la manière forte ou aux forces de l'ordre. Dans les deux cas, ce fut réussi et j'ai senti que le premier ministre appréciait le comportement et le travail des dirigeants du parti. Certains m'ont dit plus tard que c'est à ce moment que le premier ministre avait réalisé que je pourrais un jour occuper le poste de chef de cabinet.

Durant toutes les démarches visant à maintenir l'autonomie du parti, Bourassa était informé et donnait son approbation. Pour lui, le parti était une pièce maîtresse de sa gouvernance. Il avait été le véhicule et le mécanisme pour atteindre le pouvoir et il devait demeurer un élément essentiel de la légitimité du mandat reçu des électeurs. Bourassa est resté fidèle à sa vision d'un parti fort et autonome telle qu'il me l'avait présentée en 1986.

MON ENTRÉE AU « BUNKER »

Tout en étant occupé à continuer de faire du parti une force en soi, l'entourage du premier ministre me faisait parfois participer à la gestion de certains dossiers en me consultant. En effet, le premier ministre, avec l'appui du président Robert Benoit, me faisait jouer un rôle de conseiller dans des dossiers issus de nos engagements électoraux comme ceux pris à l'égard de la communauté anglophone et le dossier des droits de scolarité. J'avais le meilleur des deux mondes : le parti et le gouvernement.

À l'été 1988, j'ai effectué un séjour à l'école John F. Kennedy de l'Université Harvard pour y étudier le rôle de la haute fonction publique dans la gestion de l'État (Senior Managers in Government) afin de me préparer à un nouveau rôle au sein du gouvernement. À la suite de ce stage, le chef de cabinet du premier ministre, Mario Bertrand, m'annonce que Robert Bourassa souhaite que je devienne chef de cabinet adjoint à son bureau, communément appelé le «bunker». Lors d'un après-midi de septembre 1988, Mario se présente au bureau du parti et me décrit les grandes lignes de mon futur mandat. J'aurai à m'occuper du dossier de la langue, des relations avec l'appareil gouvernemental, des projets de loi jugés importants en vue des prochaines élections et je devrai participer aux préparatifs de la prochaine campagne électorale.

L'offre était alléchante, mais, après plus de deux années intenses à voyager à travers le Québec, je souhaitais avoir une vie plus structurée et être plus présent auprès de ma famille. La possibilité d'entrer au service du ministère de l'Immigration et des Communautés culturelles à titre de haut fonctionnaire est revenue sur la table. Après avoir fait un certificat à l'école John F. Kennedy, j'y voyais une pertinence. Encore une fois, le premier ministre est intervenu en me disant que j'allais m'ennuyer à ce ministère – nous avons encore bien ri, car ce fut un échange semblable au précédent visant à me faire accepter le poste de directeur général du parti – et qu'il souhaitait m'avoir à ses côtés dans les mois à suivre et pour le prochain rendez-vous électoral. Il y aurait toujours possibilité de travailler à l'Immigration et aux Communautés culturelles après notre réélection, me dit alors Bourassa.

L'approche de Bourassa a de nouveau fait mouche. Je serais au cœur du pouvoir. Je m'attendais à ce que les défis soient grands, mais jamais je n'aurais pu prévoir l'ampleur de ce qui m'attendait.

CHAPITRE 8

EXERCER LE POUVOIR

J'AVOUE QUE MA DERNIÈRE PRÉSENCE À UNE RÉUNION DU
comité de direction du PLQ a été très émouvante. La réticence que j'avais eue, en 1986, à me joindre à la permanence
du parti à titre de directeur général s'était transformée en
véritable histoire d'amour. Depuis mon premier stage, en
1980-1981, à titre de permanent pour le secteur ouest de
Montréal, j'avais toujours apprécié nos bénévoles, leur dispo-
nibilité et leur dévouement constant. Mais, comme directeur
général, j'avais découvert l'attachement que plusieurs portaient
aux valeurs libérales. Pour la majorité d'entre eux, faire de la
politique était une question de conviction. Mon rôle de directeur
général me donnait l'occasion de voyager dans toutes les
régions du Québec, de rencontrer des militants libéraux engagés
et de travailler avec le comité de direction du parti.

Des militants péquistes m'ont souvent dit que le PLQ n'était qu'un «vieux» parti intéressé avant tout à prendre le pouvoir et à le conserver le plus longtemps possible, que les intérêts du parti passaient en premier et que les idées et l'avancement de nos concitoyens passaient en second, une fois le PLQ au pouvoir. L'histoire du parti et mon expérience personnelle démontrent tout le contraire. Toutefois, si je n'avais pas vécu cette période à la direction générale, je ne crois pas que j'aurais eu autant de perspective pour m'engager dans le nouveau défi qui m'attendait au cabinet de Robert Bourassa.

J'ai commencé à assumer mes nouvelles fonctions au bureau du premier ministre en novembre 1988. Le gouvernement était déjà à mi-mandat et la satisfaction des électeurs atteignait un taux élevé – plus de 50 % dans la plupart des sondages. L'économie se portait bien, la création d'emplois était au rendez-vous, une entente avec les employés du secteur public avait été entérinée, la réduction de la dette et une baisse d'impôt avaient fait partie du budget 1988-1989 et l'entente constitutionnelle avec nos partenaires de la fédération était en voie de ratification. Bref, le gouvernement remplissait ses engagements et tous les espoirs étaient permis lors du prochain rendez-vous électoral.

En novembre 1987, le décès subit de René Lévesque eut un impact immédiat au sein du PQ. Son fondateur avait la capacité de gérer les tensions entre les modérés et les soi-disant purs et durs. Quelques jours après ses funérailles, certaines personnalités du PQ, dont le député de Mercier Gérald Godin, ont carrément remis en question la direction du chef Pierre Marc Johnson. Celui-ci, qui faisait de l'affirmation nationale l'axe principal du parti plutôt que celui de la souveraineté, n'a pas apprécié, à juste titre, cette remise en question. Il en a surpris plusieurs en choisissant de démissionner. Sans surprise, et sans contestation, le porte-étendard des purs et durs, Jacques Parizeau, l'a remplacé en mars 1988.

Le gouvernement libéral voyait d'un bon œil l'arrivée de Parizeau, car cela allait polariser le débat sur la question nationale, ce qui pouvait nous favoriser lors des prochaines élections. Parizeau, un indépendantiste convaincu, avait le mérite de présenter son option avec clarté, sans nuances. Avec l'Accord du lac Meech, nous croyions par ailleurs que l'option fédéraliste avait gagné en popularité depuis le rapatriement unilatéral de 1982. Donc, un affrontement avec un PQ plus résolument indépendantiste nous permettrait de faire valoir notre option.

J'arrivais donc à un bon moment. Le gouvernement avait du succès et l'opposition, dirigée par son aile jugée plus radicale, était en voie de reconstruction. Je me joignais de plus à une équipe réputée pour être performante autour du premier ministre. Le chef de cabinet, Mario Bertrand, devenait mon nouveau patron et les autres membres de l'équipe étaient des personnes bien connues avec une feuille de route impressionnante : Pierre Bibeau, conseiller spécial, Jean-Claude Rivest, conseiller constitutionnel, Ronald Poupart, directeur des communications, Michel Corbeil, directeur à la correspondance et aux discours, Adrienne Lafortune, conseillère et responsable du protocole, et Robert Chapdelaine, responsable des relations avec le caucus.

MON NOUVEL UNIVERS

Malgré la liberté et l'autonomie que Bourassa m'avait accordées à titre de directeur général du parti, rien ne laissait présager ce qui m'attendait au bureau du premier ministre. J'ai constaté assez tôt que cela me plaçait au centre de l'action gouvernementale – avec une participation de premier plan dans l'élaboration des politiques – et de la prise de décisions. La manchette du jour, l'actualité, les déclarations du premier ministre et de ses ministres avaient des répercussions immédiates sur mon travail. Contrairement à mon ancien poste au sein du parti, qui me donnait une certaine latitude pour planifier les actions ou réagir aux évènements, les activités au bureau du premier ministre n'offraient pas ce luxe. Le temps était compté.

Au fil des ans, le bureau du premier ministre était devenu le centre de la gouvernance de l'État québécois. Si le premier ministre était en quelque sorte le président-directeur général du gouvernement, le chef de cabinet était le chef des opérations. Cela ne minimise pas le rôle et le travail des membres du Conseil des ministres, ni ceux du caucus gouvernemental : bien au contraire, ils sont sur la ligne de front, mais le rôle du bureau du premier ministre consiste à coordonner, planifier, agir et discipliner.

Le premier ministre et son entourage immédiat ont donc la responsabilité de définir les priorités, de coordonner le programme politique, d'établir les échéanciers, de gérer le processus du cheminement critique des projets prioritaires, d'arbitrer les conflits, de constituer l'ultime cellule de crise et d'être en mesure d'agir rapidement en tout temps. La direction à suivre doit venir du premier ministre et de son entourage.

Après ma toute première journée de travail dans mon nouveau poste, Mario Bertrand m'a expliqué le processus de décision au cabinet du premier ministre et la relation que nous devions entretenir avec lui. Ma période avec « Bourassa le chef de parti » m'avait permis de découvrir et de connaître un homme simple et chaleureux. Soumis à la pression de gouverner un État et compte tenu de l'ampleur de ses fonctions et responsabilités à titre de premier ministre, serait-il le même homme ? Aurait-il toujours ce calme que j'avais constaté comme directeur de parti ?

Mario Bertrand m'expliqua que le bureau du premier ministre devait entretenir d'étroites et importantes relations avec le ministère du premier ministre, soit le Conseil exécutif. Celui-ci a la responsabilité d'assurer le bon fonctionnement du gouvernement avec ses comités ministériels et le Conseil des ministres. Mais cela ne devait pas se limiter à cette seule instance, car le ministre des Finances et le Conseil du trésor étaient aussi associés à la prise de décisions quotidiennes. « En tant que chef de cabinet adjoint, tu dois les rencontrer régulièrement et travailler avec eux, me dit-il. En ce qui concerne les ministères sectoriels, il faut collaborer étroitement avec les ministres et leurs sous-ministres sans que cela empêche un contact direct avec le personnel politique au besoin. »

Étant donné que Robert Bourassa avait exclu la création d'un « comité des priorités » (composé de certains ministres clés) comme ce fut la coutume sous le gouvernement du Parti québécois, son entourage devenait en grande partie son propre comité des priorités. Bourassa ne voulait pas créer deux catégories de ministres. J'ai vite compris pourquoi on pouvait dire que Mario Bertrand était, après Robert Bourassa, le non-élu le plus puissant du Québec.

Mon nouvel univers me donnait accès à tous les leviers du pouvoir et non seulement à une instance, comme c'était le cas au parti. Même si je n'étais pas responsable de la liaison avec le PLQ (c'était la tâche de Pierre Bibeau), j'entretenais de bonnes relations avec le parti. J'avais convaincu le premier ministre et le président du parti, Robert Benoit, que Pierre Anctil devait être mon successeur à la direction générale. L'ancien président de la Commission-Jeunesse et président du comité de suivi des engagements électoraux avait les qualités requises pour me succéder à ce poste et maintenir le parti en tant que force autonome distincte du gouvernement. Il assurait la continuité et j'avais des contacts réguliers avec lui.

En plus de mon rôle auprès de la haute fonction publique, je devais assister à la réunion hebdomadaire du Conseil des ministres, le mercredi. On me confia aussi la responsabilité des cinq comités ministériels (économie, trésor, affaires sociales, régions et législations) afin que je suive les délibérations associées à tous les projets avant qu'ils se rendent au Conseil des ministres. Je devais également assister à la réunion hebdomadaire des députés (la réunion du caucus), car ceux-ci souhaitaient avoir une oreille dans l'entourage du premier ministre. Bref, Mario Bertrand m'accordait beaucoup de latitude et il me donnait l'impression d'être son cogestionnaire plutôt que son adjoint. Ce fut un grand défi, mais j'ai apprécié sa confiance à mon égard.

LA GESTION « À LA BOURASSA »

L'appareil gouvernemental au complet connaissait la proximité de Mario Bertrand avec Bourassa. Bertrand le décrit comme l'opposé du microgestionnaire. Il se concentre sur la vue d'ensemble. Il n'a pas une approche hiérarchique et souhaite avoir régulièrement des contacts individuels avec sa garde rapprochée. Facilement accessible, il n'est pas obligatoire de passer par le chef de cabinet pour obtenir un rendez-vous. Le premier ministre pouvait nous appeler au téléphone (parfois après minuit) ou nous convoquer à tout moment, en semaine comme le dimanche.

Certains observateurs et collaborateurs ont décrit la gestion de Bourassa comme une série de cercles concentriques plutôt qu'une approche verticale. Sa garde rapprochée pouvait être au sein du cabinet, mais Bourassa se gardait la possibilité d'avoir des conseillers extérieurs à son gouvernement. Encore aujourd'hui, des journalistes et des dirigeants d'organismes me rappellent les appels téléphoniques qu'ils recevaient à l'époque du premier ministre, qui était tout bonnement désireux de solliciter leur avis sur tel ou tel sujet.

Lors des réunions du Conseil des ministres, Bourassa parlait peu. Règle générale, il s'en remettait aux recommandations des comités ministériels sur les différents dossiers (projets de loi, règlements, politiques sectorielles, etc.). Il donnait tour à tour la parole aux ministres concernés pour défendre leur dossier respectif. Par la suite, chacun des ministres, des présidents de comité et le président du Conseil du trésor exposaient rapidement les recommandations de leur comité ministériel respectif, qui avait déjà étudié au préalable le dossier. Pas question de reprendre les débats des comités ministériels au Conseil des ministres, seules les recommandations étaient exposées. À la fin, s'il redonnait la parole à un ministre, c'était pour lui offrir la possibilité de plaider une dernière fois, auprès de ses collègues, son point de vue. Autrement, s'il n'entrevoyait pas de problème important pour le gouvernement et qu'il jugeait les recommandations des comités ministériels opportunes et justifiées, il passait tout simplement au prochain sujet à l'ordre du jour. Cela signifiait que la décision était prise. Il demandait rarement l'avis de chacun des participants autour de la table, sauf s'il s'agissait d'un dossier majeur ou politiquement important. Les réunions du Conseil des ministres duraient habituellement entre une heure trente et deux heures.

Le téléphone était son unique outil de travail. À l'occasion, j'ai vu Bourassa signer des documents, mais rarement ai-je pu l'observer un stylo à la main. Je ne pourrais pas l'imaginer aujourd'hui en train de pianoter sur une tablette numérique!

Mario Bertrand voulait que j'apporte davantage de contenu politique lors des délibérations du cabinet. Le premier ministre souhaitait avoir des dossiers étoffés, mais il fallait être concis et précis lors d'une réunion d'information. Toute note devait être courte et les choix succincts en vue d'une décision, suivis d'une recommandation. «Passé sept lignes, il ne lit plus», me dit Bertrand. Petite anecdote: j'ai réussi à produire une note avec contexte et choix en cinq lignes! J'avais donc suivi les conseils du chef de cabinet à la lettre!

Lors de son retour au pouvoir, en 1985, Bourassa avait trois grandes préoccupations quant au contenu politique: la croissance économique tout en tenant compte du développement durable et de l'état des finances publiques, la paix sociale et la défense des intérêts supérieurs du Québec. Ses trois préoccupations étaient reliées et indissociables. Autrement dit, pour créer de l'emploi, il faut avoir un climat de travail sain, une stabilité sociale et politique et défendre le Québec à l'intérieur de la fédération. Pour lui, maintenir le lien fédéral était essentiel : c'était sa formule pour gouverner.

Bourassa laissait beaucoup d'espace aux ministres attitrés à l'intendance de l'État – santé, éducation, justice, sécurité publique, transports – et il choisissait des ministres souples et habiles pour les ministères « à clientèle » – culture, communautés culturelles, affaires municipales, environnement, agriculture et développement régional. Les titulaires des Finances, du Conseil du trésor et de l'Énergie étaient des « valeurs sûres » avec lesquels il collaborait régulièrement.

Pour illustrer l'approche de Bourassa concernant la machine gouvernementale, tant administrative que politique, Bertrand utilisait dans ses présentations un triangle sur les pointes duquel on retrouvait le développement économique, la paix sociale et la défense des intérêts du Québec. Au centre du triangle était écrit le mot « intégrité ». Sur ce dernier point, c'était tolérance zéro. De retour au pouvoir, Bourassa se souvenait des allégations et des insinuations faites à son endroit et à l'égard de membres de son gouvernement lors de son premier mandat (de 1970 à 1976) : dans le doute, pas question d'hésiter[26]. Dès le départ, le chef de cabinet avait pris les questions touchant l'intégrité et la transparence sous sa responsabilité personnelle et avait exigé la démission du ministre de la Sécurité publique, Gérard Latulippe, à la suite de l'octroi d'un contrat à un individu proche de ce dernier. À la demande du premier ministre, Gérard Latulippe a cependant continué à siéger à l'Assemblée nationale à titre de député. Une telle sanction eut pour effet immédiat d'imposer des règles de discipline qui ont bien servi Bourassa durant son deuxième passage au pouvoir. Comme chef de cabinet adjoint, mon plan de match était clair.

UNE CRISE QUI ÉBRANLE

S'il y a un enjeu qui mobilise, polarise et ébranle même la société québécoise, c'est bien l'avenir du français. Le dossier de la langue a conditionné le paysage politique québécois depuis les premières années de la Révolution tranquille. On n'a qu'à se rappeler les malheureux propos du président du Canadien National Donald Gordon en 1962[27], la crise scolaire de Saint-Léonard, les nombreuses manifestations en faveur d'une législation pour renforcer l'usage du français, le mouvement McGill français de 1969 et les réactions de la communauté anglophone[28]. Étant fort sensible à cet enjeu depuis mes années comme étudiant et ensuite lors de mon passage chez Alliance Québec, je croyais que j'étais en bonne position pour faire face au prochain défi linguistique du gouvernement.

À la suite des jugements favorables de la Cour supérieure et de la Cour d'appel du Québec concernant l'usage obligatoire du français sans interdiction d'autres langues en matière d'affichage commercial extérieur −, et ce, contrairement aux articles 58 et 60 de la Charte de la langue française −, le gouvernement Bourassa avait décidé, en 1987, d'en saisir la Cour suprême du Canada et s'attendait à un jugement avant les prochaines élections.

Le PLQ avait déjà inscrit dans son programme politique sa solution, soit l'obligation et la prédominance de l'affichage commercial en français sans interdiction d'une autre langue. Ce n'était pas du bilinguisme intégral, mais il va sans dire que les militants anglophones du parti s'attendaient que le gouvernement adopte cette position jugée équilibrée si la Cour suprême entérinait les jugements des cours du Québec.

Le 15 décembre 1988, la Cour suprême décida à l'unanimité que les articles 58 et 60 de la loi 101 (la Charte de la langue française) concernant l'unilinguisme français dans l'affichage commercial extérieur allaient à l'encontre des chartes québécoise (des droits de la personne) et canadienne (des droits et libertés) et, de ce fait, justifiaient les jugements des cours du Québec. Comme ancien directeur général du parti, j'étais conscient que tout écart dans le programme du parti quant à ce jugement ferait l'objet de débats et de divisions au sein de la base et, possiblement, à l'intérieur du gouvernement.

Les réactions n'ont pas tardé à venir. Le PQ et les milieux nationalistes, appuyés par les syndicats, ont vivement réagi. Des manifestations ont éclaté dans les rues de Montréal. Les ministres anglophones m'ont informé en privé qu'ils ne pouvaient pas rester membres du gouvernement si le premier ministre ne donnait pas suite au jugement de la Cour suprême et ne respectait pas le programme du parti. Ils m'ont fait savoir que leurs commettants ne permetraient aucune dérogation à notre plateforme politique. Au cours des mois précédents, quatre des ministres associés à la communauté anglophone (le ministre de la Sécurité publique, Herbert Marx, le ministre des Communications, Richard French, le ministre de l'Environnement, Clifford Lincoln, et le ministre de l'Énergie et des

Ressources, John Ciaccia) avaient remarqué une certaine réticence de la part du premier ministre concernant l'application intégrale du programme politique sur la langue. Ils étaient inquiets et préoccupés, avec raison, par les réactions de leurs concitoyens. Il faut mentionner que ces ministres étaient ouverts à des compromis, mais ils doutaient que cela puisse être le cas chez leurs électeurs.

Lors d'une entrevue au quotidien *La Presse*, Bourassa avait en effet évoqué la possibilité d'une formule plus restreinte concernant l'affichage commercial, soit la possibilité de permettre l'affichage bilingue à l'intérieur d'un établissement. Cette position faisait suite aux propos du réputé professeur Léon Dion, de l'Université Laval, qui proposait un compromis : l'affichage en français exclusivement à l'extérieur d'un commerce et la possibilité d'un affichage bilingue à l'intérieur. Une telle formule aurait pour effet d'associer l'affichage à un outil commercial, et non à la liberté d'expression.

Une réunion d'urgence du Conseil des ministres eut lieu le 15 décembre en soirée, où les grandes lignes du jugement furent présentées par le ministre de la Justice, Gil Rémillard. Après un premier tour de table, on constatait l'émergence d'une scission. Certains se préoccupaient de la réaction des « nationalistes » et de leur impact lors de la prochaine élection. D'autres souhaitaient que le programme du parti soit respecté à la lettre. Il était évident que le Conseil des ministres n'arriverait pas à un consensus et que Bourassa allait devoir trancher.

Des réunions furent ensuite tenues avec le caucus des députés et le Conseil général du parti. Dans toutes les instances, le premier ministre Bourassa laissait la parole aux députés et aux militants sans prendre lui-même position. Il était conscient de l'ampleur et de la portée de la décision pour son gouvernement et pour l'ensemble du Québec. Les enjeux de société allaient bien au-delà de la simple application du jugement. S'il y avait un consensus sur la position du programme du parti avant le jugement, cela n'était plus le cas : il fallait s'attendre à des moments difficiles.

Lors de la réunion du Conseil des ministres du 18 décembre, le premier ministre trancha en faveur de la formule de l'affichage commercial unilingue français à l'extérieur, assorti de la possibilité d'utiliser une autre langue à l'intérieur des établissements employant quatre personnes ou moins, mais avec la nette prédominance du français – une formule semblable à celle suggérée par le professeur Dion. Bourassa voyait dans cette solution un équilibre entre le statu quo et l'application du jugement. Les délibérations qui ont suivi au sein du Conseil des ministres ont clairement démontré la diversité des opinions – certains évoquant la solidarité avec la décision du premier ministre et voyant cela comme une solution temporaire qui allait de concert avec une évolution progressive des Québécois en matière linguistique. D'autres ont rappelé que l'application intégrale du programme du parti était un engagement moral envers la population, conformément aux chartes des droits et libertés du Québec et du Canada. C'était devenu une question de principe.

Dans les jours qui ont suivi, j'ai pris contact avec des ministres et des députés anglophones, tels Robert Middlemiss de la circonscription de Pontiac, Joan Dougherty de Jacques-Cartier et Harold Thuringer de Notre-Dame-de-Grâce. Pour les ministres, leur décision ne pouvait signifier rien de moins que leur départ du cabinet, solidarité ministérielle oblige. Pour les députés, leur marge de manœuvre était cependant plus grande. Un vote contre la position du gouvernement ne signifiait pas nécessairement l'obligation de démissionner du caucus. La tension était à tailler au couteau.

La Loi modifiant la Charte de la langue française (loi 178) fut adoptée le 22 décembre 1988. Pour garantir la sécurité juridique de cette loi, le gouvernement s'est prévalu d'une disposition de la charte canadienne, soit la clause dérogatoire. Le gouvernement Bourassa a décidé que la minorité francophone en Amérique du Nord avait davantage besoin de protection que toutes les autres minorités. Étant donné que la clause dérogatoire lui donnait un répit de cinq ans, le gouvernement Bourassa gagnait du temps. Mais il y aurait des conséquences.

Comme prévu, trois ministres – Marx, French et Lincoln – ont immédiatement démissionné. Le ministre John Ciaccia a choisi d'appuyer la démarche gouvernementale[29]. La communauté et les médias anglophones ont fort mal réagi à la décision du gouvernement. Très déçu, le premier ministre du Canada, Brian Mulroney, voyait la menace qui guettait l'Accord du lac Meech. Le premier ministre du Manitoba, Gary Filmon, remit immédiatement en question son appui à cet accord, une réaction étonnante quand on connaît l'histoire du Manitoba et les droits des francophones dans cette province. Bourassa l'a d'ailleurs signalé lors des discussions au Conseil des ministres.

D'autres opposants se sont demandé si la reconnaissance du Québec comme société distincte, inscrite dans l'Accord du lac Meech, allait permettre au Québec de se retirer de l'application de la charte canadienne dans d'autres secteurs. Pour les gens des milieux nationalistes qui manifestaient dans la rue, la loi 178 était une brèche dans la défense du français. Bref, la solution du gouvernement Bourassa ne plaisait à personne.

J'étais moi-même très mal à l'aise avec la décision du gouvernement et j'aurais suivi les trois démissionnaires si j'avais été ministre. Tout en accueillant les arguments de Bourassa, je croyais que le risque de ne pas respecter le jugement de la Cour suprême pourrait mettre en péril l'Accord du lac Meech et serait avant tout néfaste pour l'unité du parti. En plus, notre programme fut adopté lors du congrès de 1985, dont j'étais le vice-président. Pour moi, c'était une question de parole donnée, une question de principe. Je pensais encore comme un directeur général de parti. Je comprenais la notion de « paix sociale » et celle de « défense des intérêts supérieurs du Québec », mais je croyais que les retombées négatives de la loi 178 ne valaient pas le pari. Je continue de croire aujourd'hui que nous avons fait une erreur et que le respect du jugement n'aurait pas mis notre réélection en péril, mais on ne le saura jamais. Courir le risque de perdre l'Accord du lac Meech et de se retrouver avec un parti divisé sur la base linguistique était plus sérieux, selon moi, mais le premier ministre était prêt à relever le pari[30].

J'ai fait part de mes réflexions au premier ministre. Bourassa m'a dit qu'il comprenait et qu'il admirait le courage des ministres Marx, French et Lincoln. Mes anciens collègues d'Alliance Québec m'ont fait savoir en termes à peine voilés que ma démission, en guise de protestation, serait de mise et bien accueillie. Ce fut un moment déchirant pour moi, une véritable crise de conscience.

Bourassa fut fort sensible à mes états d'âme. Il me précisa que cette solution serait temporaire, qu'on gagnait du temps pour bien assurer la place du français dans l'affichage commercial et consolider le français sur le territoire, et qu'il souhaitait que j'accompagne le gouvernement sur le plan de la réglementation de la loi. Il ajouta qu'il me confiait l'application de la loi modifiant de nouveau la Loi sur les services de santé et les services sociaux concernant la garantie des services en anglais dans ces secteurs, ce qui fut un autre engagement de notre gouvernement envers la communauté anglophone. Il conclut en me disant qu'il avait besoin de mon apport pour éviter qu'on reconduise la clause dérogatoire.

Je faisais face à un choix déchirant : soit je quittais le navire pour protester, soit je restais à bord pour éventuellement appliquer le jugement de la Cour dans un contexte plus favorable à l'ensemble du Québec. Je peux vous assurer que la période des fêtes de fin d'année 1988 n'a pas été agréable. À mon retour au travail, il était clair que nous entrions dans une année électorale et Bourassa a exprimé son désir de me voir jouer un rôle de premier plan. J'ai donc accepté de rester, mais j'avais l'intention de travailler à rectifier le tir de la loi 178 si nous étions réélus. J'ai pris conscience à ce moment que l'exercice du pouvoir amenait son lot de compromis.

VERS LA RÉÉLECTION

Lors de sa première élection, Robert Bourassa avait appelé les citoyens aux urnes après trois ans au pouvoir, contrevenant à la tradition pour un gouvernement majoritaire de terminer son mandat de quatre ans. Au moment où j'ai accepté de servir comme directeur général du parti, Bourassa m'avait confié que son mandat durerait au minimum quatre ans. Au début de la dernière année du mandat, en janvier 1989,

Bourassa nomma son chef de cabinet, Mario Bertrand, comme président du comité électoral de la prochaine élection. Peu de gens croyaient qu'on irait au-delà de 1989.

Les préparatifs électoraux nécessitent la mise en œuvre non seulement de l'organisation et du financement, mais aussi de l'élaboration du programme politique et du recrutement de nouvelles candidatures. Pendant que l'opposition, en quête du pouvoir, place le changement au cœur de sa démarche, un parti cherchant à se faire réélire mise surtout sur un bilan impressionnant, un bon taux de satisfaction chez les électeurs et une performance propre à inciter ceux-ci à lui faire encore confiance. Il fallait donc présenter une vision porteuse de continuité, mais aussi de changement. Ce fut le défi que nous devions relever pour le prochain rendez-vous électoral.

La crise linguistique de la fin de 1988 avait laissé des cicatrices. Deux pièces maîtresses du premier mandat des années 1980 étaient en péril. Le processus de ratification de l'Accord du lac Meech se heurterait à d'autres obstacles bien au-delà des réticences du premier ministre du Manitoba[31]. De plus, certains anglophones du Québec, sous la direction d'un jeune architecte, Robert Libman, allaient former un nouveau parti, le Parti égalité. Celui-ci, voué à la défense des intérêts de la communauté anglophone, se concentrait dans certaines circonscriptions pour remplacer des députés libéraux. Avec le départ de trois ministres respectés par la communauté anglophone et qui avaient renoncé à se représenter aux prochaines élections, la menace du Parti égalité était réelle.

Sur le plan gouvernemental, nous devions présenter un budget au début du printemps 1989. Le gouvernement se trouvait toutefois en bonne position pour les prochaines élections grâce à un règlement négocié avec les employés du secteur public, des baisses d'impôt qui entraient en vigueur à la suite du budget 1988-1989 et une économie performante.

La ministre responsable du Conseil du statut de la femme, Monique Gagnon-Tremblay, nous informa en janvier 1989 de son intention de procéder à une réforme importante du Code civil concernant le patrimoine familial. Ce projet avait pour objectif de favoriser l'égalité économique entre conjoints advenant un divorce (ou le décès de l'un des deux), surtout dans les cas du régime de séparation des biens. C'était une réforme ayant une grande portée sociale et qui allait avoir des répercussions importantes sur les familles québécoises. Bourassa y tenait et on m'a assigné la responsabilité de gérer le cheminement critique du projet avec la ministre. Le but était d'adopter cette loi durant la session du printemps, bien avant les élections. Au sein du gouvernement, il était question d'un rendez-vous électoral à la fin de l'été ou au début de l'automne.

Nous avions l'appui de l'opposition officielle et de sa critique en matière d'affaires sociales, la députée péquiste d'Hochelaga-Maisonneuve Louise Harel. Curieusement, les plus grandes réticences sont venues de notre propre parti. Selon leur situation personnelle, certains ministres étaient contre. Le Conseil des ministres s'est finalement rangé derrière la ministre et le projet sur le patrimoine familial fut malgré tout adopté à l'unanimité en juin 1989. Tous les couples mariés, peu importe leur régime matrimonial, étaient désormais soumis à la nouvelle loi. Cela signifiait que les conjoints étaient copropriétaires des biens inclus dans le patrimoine familial.

Nous avions une pièce maîtresse sur le plan social pour aller en campagne électorale.

Cette réforme majeure démontrait encore une fois comment le PLQ pouvait avoir une préoccupation sociale, et non uniquement économique. Ma participation à cette loi, que j'ai pilotée du début jusqu'à la fin en étroite collaboration avec la ministre Gagnon-Tremblay et où j'ai pu intervenir pour aplanir les différents points de vue, reste, à ce jour, le travail dont je suis le plus fier. En toute modestie, je crois que mon apport a fait une différence et j'estime que ce fut un gain important pour assurer la sécurité économique des femmes du Québec.

Toujours préoccupé par le ressac de la loi sur l'affichage et la réaction des anglophones, Bourassa confia la responsabilité de la Charte de la langue française à son ministre de l'Éducation et de l'Enseignement supérieur, Claude Ryan, en mars 1989. Un choix logique, étant donné que le ministre sortant, Guy Rivard, avait subi les foudres des milieux nationalistes et des médias. Rivard avait entre autres comparé les fervents défenseurs de la langue française à des «pitbulls qui ne veulent pas lâcher leur os», ce qui fut interprété comme un manque de sensibilité à l'endroit des militants profrançais. L'arrivée de Ryan était bienvenue et Bourassa savait, compte tenu de mes relations passées avec l'ancien chef, que je pouvais collaborer avec lui pour développer la réglementation reliée à la loi 178.

Au cours des mois suivants, un projet de règlement en vue de la mise en œuvre de la loi 178 fut élaboré. Certes, il n'y avait pas de gain politique possible du côté des anglophones tant que l'interdiction d'afficher à l'extérieur en anglais était maintenue et que la clause dérogatoire mettait le tout à l'abri d'une contestation judiciaire. Toutefois, l'exercice fut un préalable à une éventuelle application du jugement de la Cour suprême où la nette prédominance du français dans l'affichage serait bien définie.

Pour pallier la menace du Parti égalité dans les circonscriptions ciblées par celui-ci, le comité électoral s'est mis à la recherche de candidatures de qualité. Deux ministres élus pour la première fois en 1985 – Paul Gobeil (circonscription de Verdun) et Pierre MacDonald (circonscription de Robert-Baldwin) – ont décidé de tirer leur révérence après leur mandat de quatre ans, mettant ainsi leur circonscription en état de vulnérabilité par rapport au Parti égalité.

La récolte fut de haut niveau, à mon grand étonnement. Pour remplacer les trois ministres anglophones démissionnaires, nous avons recruté un haut dirigeant d'Alliance Québec, Russ Williams, un vice-président de la Banque mondiale, Bill Cosgrove, et le maire de la municipalité de Kirkland, Sam Elkas. Une telle cuvée nous a permis de limiter les dégâts. Dans trois autres circonscriptions potentiellement vulnérables en raison du vote non francophone, nous avons recruté trois personnes connues : un homme d'affaires (et futur maire de Montréal), Gérald Tremblay, dans Outremont, une communicatrice chevronnée du monde des affaires, Liza Frulla, dans Marguerite-Bourgeoys et le syndicaliste Norm Cherry, dans la circonscription de Sainte-Anne. Malgré la montée du Parti égalité, le PLQ faisait le maximum pour conserver l'appui d'une bonne partie de son électorat anglophone.

Finalement, sous ma direction et à la suite du recrutement d'un recherchiste de grande valeur, Jean-Louis Dufresne (aujourd'hui chef de cabinet du premier ministre Philippe Couillard), le comité de suivi des engagements électoraux fut mis en place. Son rôle était de s'inspirer des propositions du congrès de 1988 et de préparer des engagements en matière d'économie, d'environnement, de démographie, de formation professionnelle, de création d'emplois et de développement régional spécifiquement pour Montréal. Il restait maintenant au premier ministre à décider quand il déclencherait les élections.

UNE CAMPAGNE ÉPROUVANTE

Le 9 août 1989, Robert Bourassa annonça des élections pour le 25 septembre suivant. Avec une équipe renouvelée, un programme axé sur l'économie et l'environnement, un bilan fort respectable en matière de création d'emplois (plus de 200 000 depuis 1985), une baisse des impôts et une réduction de la dette, il avait bon espoir d'être réélu. De plus, le gouvernement avait bénéficié, au cours de son mandat et jusqu'à la veille de l'élection, d'un taux de satisfaction de plus 50 %. Le premier ministre s'attendait à une campagne estivale sans trop de heurts. Il était loin de se douter que cette campagne serait largement dominée par l'actualité.

Cette élection serait aussi un premier test pour l'électorat, qui devait se prononcer sur l'Accord du lac Meech, car sa ratification n'était pas terminée et elle était mise en doute avec l'arrivée au pouvoir de deux opposants du Canada anglais : le nouveau premier ministre Frank McKenna du Nouveau-Brunswick, en octobre 1987, et Clyde Wells, de Terre-Neuve, en mai 1989. Sans compter que le premier ministre du Manitoba, Gary Filmon, n'avait pas lui non plus procédé à la ratification de l'accord en utilisant l'adoption de la loi 178 comme prétexte.

Nous faisions aussi face au nouveau chef du PQ, Jacques Parizeau, qui ne cachait pas son option politique. Son accession à la direction du PQ laissait croire que cette formation politique était sous le contrôle de son aile la plus indépendantiste. Je réitère que nous pensions que sa clarté concernant la question nationale était un atout pour nous. Il était limpide : sous sa gouverne, le PQ serait souverainiste avant, pendant et après les élections. Parizeau avait aussi proposé des référendums sectoriels pour accroître les pouvoirs du Québec par rapport au fédéral. Pour faire contrepartie au discours souverainiste, le gouvernement pouvait faire valoir son entente constitutionnelle négociée, qui était en voie de ratification.

Mais, dès le début de la campagne électorale, deux évènements majeurs et imprévus ont capté l'attention des médias et nous ont mis sur la défensive. Dans le premier cas, le gouvernement cherchait un endroit pour enfouir ou détruire des barils d'huile contaminée aux biphényles polychlorés (BPC) entreposés à Saint-Basile-le-Grand et qui avaient été la cible d'un incendie criminel, en août 1988. Ces contenants de BPC avaient été mis sur un bateau qui naviguait depuis quelques semaines à la recherche d'un pays pour les accepter. À la suite de l'intervention du gouvernement Bourassa, Hydro-Québec a finalement accepté d'entreposer ces matières dangereuses à Baie-Comeau. Le bateau est donc revenu au Québec en pleine campagne électorale !

Le deuxième évènement concernait la contamination par le plomb de résidences d'un quartier avoisinant la compagnie Balmet et de ses terrains, à Saint-Jean-sur-Richelieu. Un rapport du ministère de l'Environnement avait mis en cause la mauvaise gestion d'entreposage des batteries de la compagnie.

Cette situation soulevait des inquiétudes pour la santé des résidents, particulièrement celle des femmes enceintes et des enfants. Le gouvernement avait dû mettre en place un comité de coordination avec les autorités de la Ville et les ministères de la Santé et de la Sécurité publique pour gérer la crise. Dans les médias et pour nos militants sur le terrain, la perception était donc celle d'un gouvernement voguant d'une crise à l'autre, et ce, je le répète, en pleine campagne électorale.

S'ajoutait à ces évènements un litige entre le gouvernement et les infirmières, qui avaient déclenché une grève illégale. L'Assemblée nationale ayant été dissoute, le gouvernement a dû recourir à la Loi assurant le maintien des services essentiels dans le secteur de la santé et des services sociaux (adoptée en 1986), qui imposait des sanctions sévères et immédiates en cas de non-respect des services essentiels. Une autre tentative de grève, par la FTQ cette fois, fut annoncée le 14 septembre et le premier ministre Bourassa dut encore recourir à cette même loi pour l'empêcher. Plus tard, lors d'un point de presse, Bourassa a expliqué qu'en ayant recours à cette loi, il avait voulu «montrer qui mène au Québec», ce qui fut déterminant dans la campagne.

Ces imprévus ont contribué à faire baisser le niveau de satisfaction à l'endroit du gouvernement. Notre discours électoral était confus et cela se reflétait dans les sondages. À peine dix jours avant l'élection, lors d'une réunion du comité électoral, nous apprenions que certains sondages nous donnaient une avance de 2% à 4%, ce qui était à l'intérieur de la marge d'erreur et possiblement précurseur d'une défaite. Pour vaincre le PQ, la marge devait être de plus de cinq points de pourcentage à cause de la concentration de certains de nos électeurs. Un stratège, dans une analyse pessimiste, me dit privément que cette campagne lui rappelait celle de 1976, le PLQ ayant été défait par le PQ.

Notre sondeur interne, Grégoire Gollin, de la firme Créatec, fut cependant plus encourageant. Après avoir analysé l'ensemble des sondages, il croyait que notre avance serait de 9 %. Personne ne l'a vraiment pris au sérieux et je n'ai pas compris sa logique. Mais j'ai choisi de le croire, histoire de mieux dormir !

Cette dure campagne s'est finalement terminée avec un résultat fort encourageant et sans équivoque – PLQ 50 % (92 sièges) et PQ 40 % (29 sièges). Grégoire Gollin avait eu raison. Le Parti égalité avait obtenu quatre sièges, dont les châteaux forts anglophones de D'Arcy-McGee, Notre-Dame-de-Grâce, Westmount et Jacques-Cartier. Gagner une élection sans l'appui massif des anglophones était une première pour le PLQ.

La performance de Jacques Parizeau et de son parti était jugée suffisante pour éviter une remise en question de son leadership. De plus, l'option de la souveraineté n'ayant pas été battue à plate couture, cela pourrait servir au gouvernement réélu d'argument à présenter aux provinces anglophones récalcitrantes à ratifier l'Accord du lac Meech, ou advenant une prolongation des délais pour sa ratification. Le soir même de la victoire, le premier ministre Bourassa a d'ailleurs choisi d'envoyer un message aux partenaires de la fédération disant que la ratification de l'Accord du lac Meech était essentielle et que la victoire de son parti était un indice de l'attachement des Québécois au fédéralisme.

Si, pour certains, la réélection de Bourassa s'inscrivait dans la continuité, celui-ci avait toutefois une tout autre interprétation de sa victoire : le Canada devait agir et réintégrer le Québec dans la Constitution canadienne, ainsi que le démontrait sa victoire.

MON NOUVEAU DÉFI

Quelques jours après la victoire, le chef de cabinet, Mario Bertrand, me demanda de réfléchir à des propositions à présenter au premier ministre concernant la formation de son nouveau Conseil des ministres, qui serait assermenté le 11 octobre. Participer à un tel exercice constituait une première expérience pour moi, mais pas la dernière. En plus des incontournables au Conseil des ministres, il fallait trouver des places pour les candidats vedettes considérés comme les représentants du renouveau.

Le moment était aussi venu pour certains attachés politiques de tirer leur révérence et d'aller vers de nouveaux défis. Quelques mois auparavant, Mario Bertrand avait indiqué au premier ministre son intention de retourner dans le secteur privé. Avec son départ, j'ai pensé qu'il serait bon que je reprenne une vie plus sédentaire. D'autres dans l'entourage du premier ministre allaient aussi partir. Deux joueurs clés – le conseiller spécial Pierre Bibeau et le directeur des communications Ronald Poupart – ont aussi annoncé leur départ du bureau du premier ministre. Des rumeurs circulaient selon lesquelles le conseiller constitutionnel et proche collaborateur de Robert Bourassa, Jean-Claude Rivest, puisse aussi relever de nouveaux défis.

Les spéculations concernant le remplaçant de Mario Bertrand allaient bon train dans les milieux politiques et dans les médias. Je n'étais pas vraiment l'objet de ces rumeurs, même si mon nom fut mentionné comme éventuel successeur dans quelques médias, et je ne convoitais pas le poste. À ma surprise, Mario Bertrand m'indiqua que Bourassa allait me l'offrir. Compte tenu de mes origines non francophones et de mon passé avec un groupe comme Alliance Québec, j'étais étonné et j'ai émis certaines réserves tout en exprimant ma reconnaissance d'être considéré. Lors de ma rencontre avec le premier ministre, sa confiance à mon égard m'a convaincu et ses intentions sur les questions constitutionnelle et linguistique (affichage commercial) m'ont rassuré. Le défi sera passionnant, nous allons influencer l'histoire, me dit-il. Je deviendrais le premier chef de cabinet à ne pas être de « souche québécoise ». C'était un geste, en quelque sorte, audacieux et novateur du premier ministre. Après une réflexion de quelques jours et l'appui de mes proches, j'ai accepté.

MA CONCEPTION DU POSTE

À l'instar de la conception que j'avais des fonctions d'un directeur général de parti, je voyais mon nouveau rôle comme un poste à saveur politique, axé sur le contenu et peu administratif. J'avais observé de près le style de Mario Bertrand et j'étais convaincu que son efficacité était reliée à la gestion du programme politique du premier ministre. Je souscrivais sans aucune hésitation au fameux triangle – développement économique, paix sociale, intérêts supérieurs du Québec avec l'intégrité en son centre – pour établir des priorités dans les dossiers politiques. L'intégrité resterait au centre de nos actions politiques et une préoccupation personnelle, tout comme elle l'avait été pour mon prédécesseur.

Je devais toutefois reconnaître que je n'avais pas le même style de gestion que Bertrand. Ce dernier était jugé plutôt directif, certains disaient «abrasif». J'étais plus conciliant et plus axé sur le dialogue et la recherche de consensus. D'ailleurs à l'époque, dans les médias, on me qualifiait de *Mister Nice Guy* («Monsieur bon gars») et de *gentleman du bunker* («gentilhomme du bunker»).

C'est ainsi que lorsque ma nomination fut rendue publique, à la fin du mois de novembre 1989, des chroniqueurs ont laissé entendre que ma personnalité pourrait être un handicap à la conduite de mes fonctions. Je dois admettre que ce genre de propos ne m'a aucunement influencé. Si j'ai un conseil à donner, c'est de rester soi-même. L'authenticité est une valeur primordiale en politique. D'ailleurs, Robert Bourassa m'a confié plus tard qu'il ne m'avait pas engagé pour que je sois la copie conforme de Mario Bertrand.

Ayant agi comme chef de cabinet adjoint durant un an, et cela, avec beaucoup de latitude et d'autorité, j'ai conclu que je devais être proactif avec la haute fonction publique, le Conseil des ministres, le caucus des députés, le parti et les attachés politiques. Je voulais aussi avoir un contact direct et assez fréquent avec les médias, particulièrement les éditorialistes et les chroniqueurs. Mon approche avec eux serait faite sous le couvert de l'anonymat, communément appelée *off the record*. Dans ce dernier cas, j'avais deux objectifs : expliquer notre plan d'action et être à l'écoute.

Je croyais aussi que le chef de cabinet devait entretenir des relations avec les regroupements et clientèles externes, notamment les communautés culturelles et anglophones, les francophones hors Québec, les syndicats, le monde municipal, les gens d'affaires, les leaders autochtones, la Fédération des femmes du Québec, et des dirigeants souverainistes tels Jean Dorion de la Société Saint-Jean-Baptiste de Montréal et Sylvain Simard du Mouvement national des Québécoises et Québécois. Je recevais d'ailleurs ces deux derniers chaque année à mon bureau. J'étais aussi en contact régulier avec mon homologue au bureau du premier ministre à Ottawa ainsi qu'avec ceux des premiers ministres provinciaux. Je m'engageais à accompagner le premier ministre Bourassa à toutes les rencontres fédérales-provinciales et à celles avec les gouverneurs des États du Nord-Est américain, car je considérais que nos relations avec le reste du Canada et celles avec nos plus importants partenaires commerciaux étaient essentielles à notre succès. Bref, il était important pour moi de sortir de ma zone de confort et de ne pas m'enfermer dans une bulle.

Aussitôt en poste, j'ai dû procéder au recrutement de nouvelles personnes pour certains postes clés. Pour celui de conseiller spécial, je voulais quelqu'un de confiance pour le premier ministre et j'ai choisi Clément Patenaude. Ce dernier était un homme d'affaires, mais aussi un militant de longue date qui connaissait le premier ministre depuis son entrée en politique. Il avait surtout la réputation d'être un homme intègre. Aux communications, nous voulions un candidat qui incarnerait le renouveau : Sylvie Godin, une jeune avocate qui avait fait un travail remarquable en tant qu'attachée politique, fut choisie. En plus du poste d'attachée de presse du premier ministre, je lui ai assigné le rôle de directrice des communications. Pour les relations avec le parti, je tenais à engager Ginette Pellerin, une personne proche du PLQ et très appréciée des militants. Je voulais aussi maintenir une étroite collaboration avec les comités ministériels et mon choix fut mon bras droit au comité des engagements électoraux, Jean-Louis Dufresne. Pour assurer le suivi des dossiers des jeunes, j'ai recruté la présidente de la Commission-Jeunesse, Marie Gendron. Pour aider le premier ministre dans sa préparation à la période de questions, on a choisi quelqu'un que Bourassa appréciait grandement pour son assiduité et son flair politique, Claude Lemieux. Finalement, Bourassa et moi étions d'accord que son fidèle collaborateur en matière constitutionnelle, Jean-Claude Rivest, était indispensable tant que l'Accord du lac Meech ne serait pas ratifié. Dans un esprit de continuité et de stabilité, nous avons aussi convenu que Robert Chapdelaine continuerait d'assurer les relations avec le caucus et qu'Adrienne Lafortune resterait assignée au protocole. Michel Corbeil fut nommé chef de cabinet adjoint et continuerait d'écrire les discours du premier ministre. Il a quitté son poste à l'automne 1990 et fut remplacé par Gérard Bibeau, qui est devenu secrétaire général de la province sous l'administration de Jean Charest.

Bref, la garde rapprochée était renouvelée, mais des défis fort exigeants nous attendaient au cours du deuxième mandat. Robert Bourassa me disait qu'un premier ministre était au mieux durant la première année de sa réélection. Malheureusement, nous n'avions aucune idée de ce qui nous attendait en ce début de nouveau mandat et l'affirmation du premier ministre serait rapidement mise à l'épreuve.

CHAPITRE 9

UNE ANNÉE DIFFICILE

LE RÉSULTAT DE L'ÉLECTION ÉTANT SANS ÉQUIVOQUE, LE nouveau mandat du gouvernement Bourassa a commencé en septembre 1989 sous le signe de l'optimisme. Le gouvernement pouvait consolider ses acquis du précédent mandat et, comme il y avait un début de ralentissement économique, se préoccuper davantage de l'économie et de l'assainissement des finances publiques. Nous avions aussi espoir que le dossier constitutionnel, avec l'éventuelle ratification de l'Accord du lac Meech, apporterait une certaine paix dans le litige ayant dominé l'espace politique au Québec et au Canada pendant près de 30 ans.

Sachant qu'un jour, au cours de ce nouveau mandat, nous aurions à aborder de nouveau la question linguistique, nous pouvions compter sur des élus de marque issus de la communauté anglophone. S'étaient en effet joints à l'équipe Sam Elkas et le nouveau député Russ Williams. Certes, les quatre députés du Parti égalité seraient à l'écoute de la communauté anglophone, mais il serait simpliste de conclure que celle-ci avait totalement abandonné le PLQ.

Dans les jours suivant la réélection du PLQ, j'avais participé à la formation du nouveau Conseil des ministres, qui regroupait des valeurs sûres et aguerries comme Gérard D. Levesque, Lise Bacon, Claude Ryan, Daniel Johnson, Gil Rémillard, Marc-Yvan Côté, André Bourbeau, Pierre Paradis, Monique Gagnon-Tremblay, Albert Côté et André Vallerand. S'ajoutaient à ceux-ci une nouvelle brochette de ministres tels que Norm Cherry, Lucienne Robillard, Gérald Tremblay et Liza Frulla. Issus des communautés culturelles, Christos Sirros et John Ciaccia complétaient l'équipe.

Participer pour la première fois à la formation du Conseil des ministres m'a permis de mieux comprendre l'exercice du pouvoir. Il faut tenir compte de plusieurs facteurs, notamment la représentativité entre les femmes et les hommes, les régions (il est difficile d'exclure une région où l'on a fait élire un député) et les élus dont la réputation valorise le gouvernement. S'ajoutent à ces derniers les hommes et femmes les mieux préparés et les plus influents, ceux et celles ayant un bon sens politique et les élus dits «à clientèle». Il faut aussi composer avec des députés d'arrière-ban qui ont patiemment attendu leur tour pour être nommés au Conseil.

J'ai vite constaté qu'être chef de cabinet touchait plusieurs dimensions à la fois : gérer des mesures controversées, exercer et imposer son autorité et être le principal responsable de la gestion des crises. C'est le seul poste au sein du gouvernement, en dehors de celui de premier ministre et de secrétaire général du Conseil exécutif, qui permet une vue d'ensemble, incluant les enjeux de société, les priorités du premier ministre et les interactions des instances reliées au gouvernement. Tout cela impliquait des défis non seulement pour moi, mais aussi pour les nouvelles recrues au bureau du premier ministre (Clément Patenaude, Sylvie Godin, Ginette Pellerin, Marie Gendron et Jean-Louis Dufresne). Nous pouvions toujours compter sur l'expérience, le soutien et la présence de qualité de Jean-Claude Rivest, conseiller constitutionnel, et de Ronald Poupart, maintenant secrétaire général associé au Conseil exécutif.

Le bureau du premier ministre est devenu au fil des ans une instance gouvernementale centrale. Cette situation s'explique en grande partie par la complexité de la gouvernance moderne, la présence accrue des communications et celle des groupes de pression, et par la nécessité d'agir avec efficacité en temps de crise. Pour certains, il s'agit là d'une trop grande centralisation. Pour Robert Bourassa, c'était une règle d'efficacité et de discipline. Tout en étant très souple avec les membres de son cabinet et l'appareil administratif, Bourassa s'attendait aussi à un comportement rigoureux et solidaire.

Au début d'un second mandat, il peut survenir des évènements susceptibles de remettre en question les règles de conduite au sein du gouvernement. La façon dont nous réagissons peut alors avoir des répercussions sur la cohésion et le mandat du gouvernement. Comme j'exerçais mes nouvelles fonctions depuis peu, il était normal que certains ministres essaient de tester leur marge de manœuvre auprès du nouveau chef de cabinet.

Je me souviens qu'un ministre nouvellement nommé tenta d'enfreindre les règles en exigeant le remplacement de son sous-ministre par un autre de son choix. Le sous-ministre sortant, ayant été informé par le directeur de cabinet du nouveau ministre, ne s'opposa pas à l'initiative. Mais, comme nouveau chef de cabinet du premier ministre, je ne pouvais pas laisser un ministre exiger la nomination d'un sous-ministre alors que ce choix relève du premier ministre. Dans le système parlementaire, le premier ministre a l'autorité formelle de nommer ses ministres et sous-ministres. Ma situation étant fort délicate et intenable, je n'ai eu d'autre choix que de rappeler à l'ordre le ministre en question.

Ayant travaillé au sein du PLQ et au cabinet du premier ministre, j'ai bénéficié d'une expérience de terrain en matière de gestion de crise. Il existe une multitude de manuels pour expliquer, gérer et régler ce genre de situation; mais, lorsqu'une crise surgit en politique, elle devient vite au centre de l'attention des médias et du public. Il n'y a pas de place à l'erreur.

Gérer une crise nécessite une bonne évaluation des enjeux et une définition claire des objectifs. Il ne faut surtout pas mal interpréter la nature même d'une crise. La souplesse est de mise. Dans certains cas, et surtout quand le gouvernement n'est pas directement en cause, des réactions et des suivis modérés peuvent être suffisants. Par contre, lorsque des crises mettent en péril la sécurité des personnes, il faut une approche plus rigoureuse, plus étendue et plus soutenue de l'appareil gouvernemental. Des crises de nature politique, comme les dossiers linguistiques ou constitutionnels, nécessitent une démarche plus complexe; il peut aussi parfois y avoir des ajustements continuels à cause des forces divergentes en cause.

POLYTECHNIQUE : UNE PREMIÈRE CRISE

Le 6 décembre 1989, Marc Lépine s'est présenté à l'École Polytechnique, affiliée à l'Université de Montréal, et a ouvert le feu sur des étudiantes. Il en a tué 14 et en a blessé 14 autres avant de s'enlever la vie. L'antiféminisme était le motif exprimé par le tueur. Le Canada tout entier fut sous le choc et les autorités en place ont dû réagir rapidement pour rassurer l'ensemble de la population.

Le premier ministre Bourassa, peu porté à démontrer ses émotions en public, a agi en privé comme un père de famille. Ses premières paroles furent : « Qu'est-ce qu'on dit à un parent qui vient d'apprendre que sa fille a été assassinée ? » Il m'a alors confié que sa première pensée avait été pour sa fille Michelle. Souhaitant que le Québec vive ce deuil collectivement, qu'on démontre la plus grande compassion envers les familles et les survivants et qu'on honore la mémoire des victimes, il a décrété des funérailles nationales. Je me souviens de ce jour des obsèques où le Québec en entier, uni comme une grande famille, a exprimé sa tristesse et sa solidarité. Personnellement, en tant que père de deux filles, j'étais bien sûr bouleversé par les évènements, mais j'étais tellement sollicité de toutes parts pendant cette période dramatique que j'ai eu à peine le temps de réaliser l'ampleur de cette tragédie. Cela est venu plus tard.

Le ministre de la Sécurité publique, Sam Elkas, a ordonné la tenue d'une enquête du coroner pour mieux comprendre les causes de cette tuerie et prévenir d'autres actes semblables. Les autorités policières ont revu leurs plans d'action dans le but de mieux intervenir si une telle tragédie devait se reproduire. Finalement, à la suite des pressions de la part des parents des victimes et d'une bonne partie de la population pour un meilleur contrôle des armes à feu, le gouvernement fédéral a déposé en 1993 un projet de loi pour établir un registre des armes à feu avec l'appui du gouvernement du Québec[32].

Nous avons souligné, en 2014, le 25e anniversaire de ce terrible évènement. Malheureusement, comme société nous resterons toujours vulnérables à un tel drame. Dans ces circonstances, un gouvernement se doit d'agir vite et avec fermeté, mais surtout avec beaucoup d'empathie, d'abord à l'égard des familles des victimes, mais aussi à l'égard de la population en général, qui vit un immense deuil. Dans de telles situations de crise, toutes les actions du gouvernement doivent être empreintes d'énormément de compassion.

L'INCENDIE DE SAINT-AMABLE

La classe politique a commencé à se préoccuper de l'environnement vers le début des années 1970. Lors de sa première accession au pouvoir, Robert Bourassa a nommé pour la première fois, en 1973, un ministre délégué à l'Environnement, Victor Goldbloom, qui était également ministre des Affaires municipales à l'époque. Le gouvernement de René Lévesque a créé le ministère de l'Environnement et Marcel Léger en est devenu le premier titulaire, en 1979. Le congrès du PLQ de 1988 a fait de l'environnement une priorité. Sa protection fait consensus dans la classe politique québécoise.

Mais l'incendie d'un entrepôt de barils d'huile contaminée par des biphényles polychlorés (BPC) à Saint-Basile-le-Grand, sur la rive sud de Montréal, en août 1988, avait démontré la vulnérabilité du Québec concernant la gestion des matériaux et des déchets dangereux. Avec des nuages de fumée hautement toxiques et cancérigènes, cette première crise environnementale avait duré plusieurs jours et forcé l'évacuation de plus de 5 000 personnes. C'est à ce jour la plus grande catastrophe environnementale de l'histoire du Québec.

Près de deux ans plus tard, le 16 mai 1990, un incendie éclatait dans un dépotoir de Saint-Amable où étaient entreposés près de quatre millions de pneus usagés. Cet incendie a duré quatre jours. Même si les images furent fort spectaculaires, les risques pour la santé étaient moindres qu'à Saint-Basile-le-Grand. Mais cela demeure un évènement qui a dominé l'actualité pendant plusieurs jours.

L'incendie de Saint-Basile-le-Grand nous avait appris l'importance prioritaire du bien-être de la population, des communications, de la coordination entre les ministères et leurs acteurs ainsi que des actions à faire pour minimiser les dégâts environnementaux. Si la crise de Saint-Amable a duré moins d'une semaine, c'est parce que les recommandations à la suite de celle de Saint-Basile-le-Grand furent appliquées[33].

La cellule de crise s'est réunie dès que nous avons appris par la Sécurité civile et son directeur, Jean-Jacques Paradis, le début de l'incendie. En plus de celui-ci, cette cellule de crise était composée de représentants des ministères de la Santé, de l'Environnement, des Finances, des Communications gouvernementales et de la Sûreté du Québec. Nous avons fait le tour de la situation pour bien comprendre la nature et les risques de l'incendie, ainsi que les actions que nous devions faire. En plus de maîtriser l'incendie, il fallait aussi mettre sur pied un groupe responsable des communications sur le plan local, être en mesure d'évacuer des citoyens, leur fournir des moyens de subsistance et s'assurer qu'aucun citoyen ne mettait sa santé en danger.

Il y eut toutefois une controverse sur la façon même d'éteindre le brasier. Le moyen retenu était l'utilisation d'avions-citernes. Aussitôt la décision prise, les pompiers en place sur les lieux furent informés de se préparer au survol des avions. À la toute fin des échanges, lors de la rencontre de la cellule de crise, la sous-ministre de l'Environnement, Cécile Cléroux, nous informa qu'une autre solution avait récemment été mise à l'épreuve avec succès à Hagersville, en Ontario : du sable avait été utilisé pour étouffer les flammes et la fumée et cette méthode diminuait les dommages causés à la nappe phréatique. Bref, elle réduisait les effets négatifs sur le plan environnemental.

J'ai donc remis en question la décision du comité de crise et, au grand désarroi des pompiers de Saint-Amable, nous avons annulé l'ordre d'arroser. Ce revirement fut mal reçu et la décision fut ensuite communiquée aux médias par le chef des pompiers. Nous avons perdu, sans doute, un temps précieux et la critique qui a suivi n'a rien fait pour rassurer la population locale. Mais ce fut la bonne décision et, en quatre jours, la situation était maîtrisée et la crise terminée. Le terrain a été décontaminé en 1992.

Ces évènements nous ont permis de bien roder notre gestion des crises. Mais deux autres épisodes plus complexes et ayant des retombées bien au-delà du Québec allaient surgir à peine quelques semaines plus tard, soit les difficultés associées à la ratification de l'Accord du lac Meech et un affrontement inattendu avec les Mohawks à Oka (Kanesatake) et Kahnawake.

MEECH EN DANGER

L'Accord du lac Meech, rappelons-le, avait pour but de ramener le Québec dans le giron constitutionnel canadien. J'avais vécu les tensions au sein du PLQ, en 1981, lors du rapatriement de la Constitution et lors de l'appui du PLQ à la motion de René Lévesque s'opposant à son rapatriement sans le consentement du Québec, ainsi que la scission que cela avait créée au sein du caucus libéral. Bref, la non-ratification de l'Accord du lac Meech représentait une menace réelle pour le gouvernement, son unité et sa stabilité, ainsi que pour la coalition du PLQ, incluant nos jeunes plus nationalistes, les anglophones et les allophones.

Tout en reconnaissant que ce dossier était la prérogative du premier ministre, de son ministre responsable Gil Rémillard, du conseiller constitutionnel du premier ministre Jean-Claude Rivest et de l'équipe du Secrétariat aux Affaires canadiennes, j'étais à même de constater que l'échéancier fixé au 23 juin 1990, en vue d'une approbation pancanadienne, arrivait à sa fin. Comme chef de cabinet, je ne pouvais pas minimiser les effets que cela représentait sur le parti au pouvoir.

En 1987, le gouvernement du Québec avait décidé d'être le premier des 11 gouvernements (le fédéral et les 10 provinces) à donner son aval à l'Accord[34]. L'objectif était de faire pression sur l'ensemble des autres provinces. Le 23 juin, l'Assemblée nationale adoptait une résolution d'approbation sans l'appui du PQ. On apprit plus tard que le PQ souhaitait ardemment l'échec de l'Accord du lac Meech, une entente qui aurait vraisemblablement diminué la ferveur autour du projet indépendantiste.

L'Accord du lac Meech contenait cinq demandes que le premier ministre Bourassa jugeait minimales et non négociables lors des pourparlers de 1987 : la reconnaissance du Québec comme société distincte, un rôle formel dans le processus de nomination de trois juges à la Cour suprême, un droit de retrait avec compensation obligatoire, un veto sur les réformes de nos institutions politiques telles que le Sénat et des pouvoirs élargis en matière d'immigration. Bourassa avait aussi obtenu lors des négociations que la clause de la société distincte soit obligatoirement une clause d'interprétation, et non seulement une reconnaissance symbolique. Une telle clause obligeait les tribunaux à considérer la société distincte comme une composante incontournable dans leurs jugements et leur application au Québec. Un grand gain pour le Québec.

L'enthousiasme suscité au départ par l'Accord s'est rapidement transformé en débat public avec l'opposition formelle, en mai 1987, de l'ancien premier ministre canadien Pierre E. Trudeau devant la commission parlementaire à Ottawa. Son opposition a eu un impact immédiat et a donné des ailes à ceux qui considéraient l'Accord comme une trop grande concession au Québec. Ensuite, trois provinces ont élu de nouveaux premiers ministres qui se sont opposés à l'Accord de 1987 à moins qu'on y apporte des modifications, une situation que le Québec ne pouvait pas accepter.

En octobre 1987, au Nouveau-Brunswick, le libéral Frank McKenna a remplacé le premier ministre Richard Hatfield. En 1988, au Manitoba, le conservateur Gary Filmon a formé un gouvernement minoritaire et l'opposition officielle, sous la direction de la libérale Sharon Carstairs, a remis en question l'appui du premier ministre sortant Howard Pawley. Finalement, les libéraux de Clyde Wells accédaient au pouvoir le 20 avril 1989 à Terre-Neuve. L'ensemble des opposants et leurs demandes s'inscrivaient dans la mouvance de Trudeau, et leur opposition a fait chuter les appuis de la population à l'Accord du lac Meech.

Un tel contexte explique le discours de Robert Bourassa le soir de sa réélection, en septembre 1989. Ce dernier avait interprété sa victoire comme un appui à l'Accord et s'attendait que les partenaires le ratifient. Il restait moins d'un an pour respecter l'échéancier final de l'approbation de l'Accord et celui-ci avait certes «du plomb dans l'aile». Je partageais l'optimisme prudent de Bourassa selon lequel le Canada ne courrait pas le risque d'un deuxième rejet (après 1982) de la position du Québec.

Le premier ministre Brian Mulroney n'était pas indifférent aux obstacles que représentaient ces trois premiers ministres nouvellement en poste. Il a créé un comité d'étude spécial en mars 1990 sous la direction de Jean Charest avec le mandat de trouver des solutions pour obtenir l'assentiment du Nouveau-Brunswick, du Manitoba et de Terre-Neuve[35]. Sa tâche s'est compliquée assez rapidement car, le 6 avril 1990, Clyde Wells présentait une résolution pour retirer l'appui de Terre-Neuve à l'Accord de 1987. La parole donnée par son prédécesseur, Brian Peckford, suivie d'un appui formel par l'Assemblée législative de Terre-Neuve, ne semblait pas avoir beaucoup de poids. Le premier ministre Bourassa avait beau dire qu'il ne pratiquerait pas de «fédéralisme à genoux», il reste que le geste de Wells n'a rien fait pour aider la cause de l'unité canadienne.

Il faut ajouter que des sondages au Canada indiquaient une baisse de popularité marquée pour l'Accord du lac Meech.

De plus, de malheureux incidents en Ontario ont démontré un climat anti-québécois quand des municipalités se sont déclarées «unilingues anglaises». À Brockville, des opposants à l'Accord ont même manifesté contre l'Accord en s'essuyant les pieds sur le drapeau du Québec. Les images, captées par les caméras de télévision, furent diffusées à travers le pays. Ces gestes méprisants à l'endroit du Québec furent condamnés par la classe politique québécoise au grand complet.

Le comité Charest s'est mis à l'œuvre et a rencontré les provinces dissidentes. Le 17 mai 1990, Charest a déposé son rapport, qui contenait 23 recommandations en réponse aux demandes des trois provinces concernées. Ces recommandations s'ajoutaient à l'Accord du lac Meech par une résolution d'accompagnement. De plus, le rapport faisait état d'un rôle accru du fédéral dans la promotion de la dualité linguistique.

Les réactions n'ont pas tardé. Le ministre fédéral et lieutenant québécois du premier ministre Mulroney, Lucien Bouchard, démissionna avec fracas. Ce dernier soutenait que le rapport Charest diluait l'Accord du lac Meech. Le premier ministre Bourassa réalisait que le document n'avait pas les effets escomptés et que le processus était en train de dérailler. D'autres démissions dans le caucus conservateur se sont d'ailleurs ajoutées à celle de Lucien Bouchard. Le Canada était en crise. Mulroney convoqua les premiers ministres pour une réunion de la dernière chance.

SAUVONS MEECH

J'ai alors assisté pour la première fois à une conférence fédérale-provinciale en compagnie du premier ministre et de sa délégation, qui comprenait entre autres Gil Rémillard, Jean-Claude Rivest, Diane Wilhelmy, André Tremblay et Benoit Morin[36]. La réunion, contrairement à nos attentes, dura toute la semaine du 2 au 9 juin. Chaque jour, les premiers ministres participaient à des rencontres de presse pour donner leurs appréciations des pourparlers de la journée.

Bourassa nous faisait état des interventions marquantes et des points saillants ayant dominé les pourparlers. Mulroney et le premier ministre de l'Ontario David Peterson ont fait des plaidoyers fort convaincants, mais celui du premier ministre de l'Île-du-Prince-Édouard Joe Ghiz l'avait particulièrement touché. Ce dernier avait évoqué ses racines libanaises et affirmé à quel point son Canada qui « inclut le Québec » était devenu « une terre d'opportunité », ce à quoi je souscrivais entièrement compte tenu de mes origines familiales. Bourassa restait optimiste malgré la lourdeur des discussions.

Sur le plan personnel, j'en suis venu à mieux connaître le premier ministre Frank McKenna et son entourage, particulièrement sa vice-première ministre Aldéa Landry. L'appui du Nouveau-Brunswick et de son premier ministre a été acquis assez rapidement dans les pourparlers[37].

Un moment déterminant des négociations fut la décision de Bourassa de quitter la salle de conférence lors d'un débat sur la clause de la société distincte, car il refusait de participer à tout échange pouvant la modifier. Selon lui, cette clause était non négociable. Une entente est intervenue le samedi, six jours après le début des négociations. Pour y arriver, le Québec a démontré une ouverture à la proposition assurant que le fédéral conserverait un rôle afin de protéger les minorités francophones hors Québec (que Bourassa appelait « nos cousins canadiens »), ce qui a occasionné une réaction émotive de la part de la vice-première ministre du Nouveau-Brunswick, Aldéa Landry. Finalement, Bourassa a déclaré à la cérémonie de clôture que non seulement le Canada serait maintenant plus qu'un pays légal, mais qu'il devenait un vrai pays. Il restait 13 jours pour finaliser le processus de ratification. Cela s'annonçait ardu, mais la confiance régnait à notre retour au Québec.

VERS L'ÉCHEC

Les deux semaines suivantes furent marquées par un mélange d'euphorie et de pessimisme. Bourassa se présenta à différentes tribunes pour défendre les compromis du 9 juin qui conservaient l'essentiel de l'Accord du lac Meech de 1987. Certes, l'entente ne faisait pas l'affaire du PQ: pour lui, c'était trop peu, trop tard et cela constituait un autre recul des fédéralistes du Québec. Mais nous savions que des péquistes craignaient que l'Accord du lac Meech, en réintégrant le Québec dans la famille constitutionnelle canadienne, diminue l'attrait de la souveraineté.

Le premier ministre Mulroney, très satisfait de ce dénouement, commit une maladresse en disant aux médias anglophones qu'il avait joué le tout pour le tout (*roll the dice*) pour arracher les concessions nécessaires des trois provinces récalcitrantes. Ses propos furent mal reçus par la presse et par les provinces plus tièdes envers l'Accord[38]. Cette déclaration donnait l'impression que Mulroney avait fabriqué une mise en scène pour arracher un consensus. À la demande de Wells, le premier ministre Mulroney dut aussi présenter dans les derniers jours un plaidoyer en faveur du maintien du Québec dans le Canada devant l'Assemblée législative de Terre-Neuve. On sentait que l'appui à l'Accord n'était pas dans le sac.

L'euphorie et l'optimisme se sont graduellement transformés en inquiétude profonde au cours de la deuxième semaine suivant l'Accord. Le député néo-démocrate du Manitoba Elijah Harper, un Autochtone qui revendiquait en faveur des Premières Nations, a eu recours à une manœuvre parlementaire pour empêcher un vote à l'Assemblée législative. Je ne comprends toujours pas aujourd'hui pourquoi le premier ministre Gary Filmon n'a pas pu trouver une solution pour dénouer l'impasse.

Terre-Neuve demeurait la province la plus récalcitrante. Son premier ministre Wells avait promis de soumettre l'entente à un vote libre. Il n'a jamais fait de plaidoyer en faveur de l'entente qu'il avait pourtant signée le 9 juin. J'ai parlé avec son ministre responsable du dossier, Walter Noel, le matin du 21 juin et il semblait penser que les chances d'un vote favorable de la part de Terre-Neuve restaient toujours possibles. Ce dernier n'a toutefois pas dévoilé ses propres intentions !

La tactique d'Elijah Harper réussit: le Manitoba ne vota pas dans les temps requis. Et Terre-Neuve décida de ne pas soumettre l'entente au vote. L'Accord du lac Meech tombait à l'eau et l'échec eut des retombées mettant en péril l'avenir du Canada.

APRÈS L'ÉCHEC

C'est durant l'avant-midi du 22 juin 1990 que nous avons appris que l'Accord du lac Meech ne serait pas ratifié. Les yeux étaient rivés sur le Québec et la réaction de son premier ministre. J'avoue que la nouvelle m'a dévasté. Avec ma collègue Sylvie Godin, j'ai partagé un moment de désespoir concernant l'avenir du Canada. Étions-nous maintenant sur la voie inévitable de l'indépendance ?

Cette nouvelle crise dépassait de loin les considérations de politique partisane. Certes, nos demandes constitutionnelles étaient raisonnables, mais deux provinces représentant 6 % de la population nous empêchaient de réparer une injustice à l'égard du Québec. Ce jour-là, nous étions tous Québécois – pas libéral, pas péquiste, pas fédéraliste, pas souverainiste. La blessure ne serait pas que passagère et il était à prévoir qu'elle toucherait l'ensemble de la population.

Malgré mes convictions profondément fédéralistes, force est d'avouer que l'échec du processus de ratification ne suffisait pas à expliquer ce triste dénouement. La réintégration du Québec au sein de la Constitution canadienne, qui devait se faire « dans l'honneur et l'enthousiasme », s'était transformée en rejet d'une proposition modérée négociée de bonne foi par un gouvernement fédéraliste. Les instances du gouvernement libéral et du PLQ furent ébranlées. Seul le chef et premier ministre Bourassa pouvait nous réconforter.

En prévision de sa prestation à l'Assemblée nationale, le premier ministre a consulté ses conseillers. Je percevais que son optimisme de la première semaine à la suite de l'entente du 9 juin s'était transformé depuis quelques jours en inquiétude. Dire que Bourassa fut surpris par l'échec de l'entente serait faux. Il s'y était préparé, mais il préférait croire que le bon sens triompherait.

Un consensus s'était dégagé auprès des conseillers au cours de l'après-midi du 22 juin : il fallait que le premier ministre exprime le caractère distinct du Québec. Nous devions trouver la manière appropriée de communiquer ce message à la population. J'avais la responsabilité de lui transmettre ce consensus de son entourage. Alors qu'il quittait le bureau à l'heure du souper pour aller faire sa natation quotidienne, je l'ai accompagné du 3ᵉ étage jusqu'à sa voiture, dans le stationnement du bunker, où son garde du corps l'attendait. Je lui fis rapport des discussions entre les conseillers. C'est alors que je lui ai dit : « Tu dois déclarer que le Québec est une société distincte. » Il m'écoutait d'un air très préoccupé. Il me répondit, calmement : « Je sais quoi faire… », avant de s'engouffrer dans sa limousine pour aller nager avant de revenir à l'Assemblée nationale.

Ce soir-là, tout le Québec était à l'écoute lorsque Bourassa prononça sa célèbre phrase qu'il avait écrite une heure plus tôt sur le bord de la piscine :

Le Canada anglais doit comprendre de façon très claire que, quoi qu'on dise et quoi qu'on fasse, le Québec est, aujourd'hui et pour toujours, une société distincte, libre et capable d'assumer son destin et son développement.

Le premier ministre avait réussi à unifier non seulement l'ensemble de l'Assemblée nationale (l'opposition incluse), mais aussi la population. Le Québec, blessé, était réconforté par son premier ministre, normalement peu enclin à démontrer de l'émotion.

Le lendemain, 23 juin, le premier ministre, dans le Salon rouge de l'Assemblée nationale, a énuméré les grandes lignes de la nouvelle position du Québec. Il annonça la fin des négociations à 10. Dorénavant, celles-ci se feraient à deux. Il exprima, à mots couverts, sa préférence pour le maintien du lien fédératif et il fit part de sa préoccupation pour les minorités francophones hors Québec et de l'importance de s'occuper de la sécurité économique du Québec. Il indiqua sans équivoque qu'il croyait que toute éventuelle solution devait tenir compte «du dynamisme de nos communautés culturelles et du rôle historique et irremplaçable au Québec de la communauté anglophone». Comme il me l'a répété en fin de soirée lors d'une conversation téléphonique, il restait fidèle à sa formule: l'indissociabilité de l'union économique, de l'union monétaire et de l'union politique.

À ce jour, je considère ce discours comme l'élément le plus porteur de la stratégie du Québec dans les mois qui suivirent. C'était, pour Bourassa, la seule façon d'éviter la rupture du pays avec des conséquences qu'il jugeait néfastes pour le Québec. Le gouvernement s'engageait donc à trouver une solution pour réintégrer le Québec dans la famille canadienne par l'entremise d'un processus différent: le Canada à deux.

LA STRATÉGIE APRÈS MEECH

Lors de la fête nationale du 24 juin, la fièvre souverainiste s'est exprimée. Fidèle à son habitude, le premier ministre n'était pas présent lors du défilé, laissant plutôt la place au peuple. Mais la montée en faveur de la souveraineté s'est fait sentir à l'intérieur des instances du PLQ. En 1981, René

Lévesque et le PQ étaient au pouvoir. Maintenant, nous étions au pouvoir et c'est nous qui subissions l'échec.

Le premier ministre ne faisait ni coups d'éclat ni présentations de stratégies formelles. Il ne travaillait pas de cette façon. Il avait l'habitude d'écouter, de consulter et de vérifier des pistes. Pour certains, cela pouvait paraître comme de l'indécision ou de l'improvisation. C'était mal connaître Robert Bourassa : c'était un joueur d'échecs.

Il était profondément ouvert au dialogue et aux désaccords dans son entourage. Il n'aimait pas les « *yes persons* ». Mais, contrairement à certaines perceptions, Bourassa n'était pas un indécis. Jean-Claude Rivest m'avait prévenu de ce trait de caractère. Il déterminait rapidement jusqu'où il voulait aller dans le processus, puis il vérifiait l'effet de ses décisions. Le reste relevait de la gestion des émotions et des évènements. Pour lui, le temps était un allié plutôt qu'un adversaire ou un obstacle. Il n'était pas dogmatique, ce qui lui permettait d'apporter des ajustements à ses stratégies. Certains ministres m'ont déjà dit : « Des fois, il est dur à suivre ! »

Durant cette période post-Meech, j'ai eu plusieurs discussions en privé avec le premier ministre au sujet du fédéralisme. Il était un fédéraliste rationnel et non un fédéraliste émotif. La sécurité et le développement économiques du Québec reposaient, selon lui, sur une union économique, monétaire et politique. Le lien fédératif était donc essentiel. Il réitérait sa position à l'origine de la scission entre lui et Lévesque dans les années 1960. Ainsi, les cinq conditions de l'Accord du lac Meech représentaient les conditions minimales pour adhérer à la Constitution de 1982, mais elles étaient essentielles à la sécurité économique du Québec, ne serait-ce que pour préserver le lien fédératif.

Notre stratégie post-Meech pouvait se résumer en cinq points :

1. Gérer les retombées de l'échec et maintenir la paix sociale (garder l'unité de la société);

2. Assurer la sécurité économique du Québec;

3. Engager les forces vives dans un processus pour déterminer les prochaines étapes et pour élargir le consensus;

4. Toujours privilégier l'option fédéraliste;

5. Recevoir de la part du reste du Canada de nouvelles offres jugées acceptables pour le Québec.

Le ministre Rémillard et le conseiller Rivest continueraient de jouer un rôle de premier plan avec leurs homologues fédéraux. Bourassa avait pleine confiance en eux.

Quelques jours après l'échec de Meech, Bourassa a décidé d'établir une commission de réflexion sur l'avenir du Québec. La forme restait à déterminer. Le chef de l'opposition, Jacques Parizeau, avait tendu la main après le discours du premier ministre, le 22 juin. Bourassa invita Lucien Bouchard, qui avait remis sa démission en guise de protestation contre le rapport Charest et qui préparait la formation du Bloc québécois, à se joindre à la démarche et à en faire partie. Il souhaitait prendre l'initiative de rencontrer Bouchard plutôt que de laisser le choix au chef de l'opposition. Selon Bourassa, cela assurait une plus grande indépendance à Bouchard vis-à-vis de Parizeau.

En premier lieu, j'avais le mandat, avec Jean-Claude Rivest, de communiquer avec mon homologue de l'opposition officielle, Hubert Thibault, et le conseiller spécial Jean Royer. Après quelques semaines de tractations au cours desquelles les noms de Jeanne Sauvé[39] et de Claude Castonguay furent évoqués comme coprésidents d'un éventuel groupe de travail, le consensus se fit sur les candidats Michel Bélanger, ancien banquier et haut fonctionnaire, et Jean Campeau, ancien président-directeur général de la Caisse de dépôt et placement du Québec. Le premier avait été le choix de Bourassa et le second, celui de Jacques Parizeau. Nous avions opté pour la formule d'une commission parlementaire élargie qui comprendrait des non-parlementaires et des représentants des partis au Parlement canadien venant du Québec.

Cette commission Bélanger-Campeau sur l'avenir du Québec fut formellement établie par la Loi instituant la Commission sur l'avenir politique et constitutionnel du Québec, le 4 septembre 1990. Elle était composée de 37 membres issus de l'ensemble des partis politiques représentant la population du Québec à l'Assemblée nationale et au Parlement canadien. D'autres représentants de la société civile (affaires, culture et syndicats) complétaient sa composition. C'était du jamais vu!

Il faut dire que l'échec de Meech avait fortement ébranlé le gouvernement québécois, qui avait perdu son pari constitutionnel. Les discussions au Conseil des ministres reflétaient en quelque sorte l'humeur de l'électorat. Certains ministres – et Bourassa lui-même – se montraient très sensibles à l'effervescence de la fièvre souverainiste qui déferlait même jusqu'au sein du PLQ et, plus particulièrement, du côté de sa Commission-Jeunesse. D'autres, comme Claude Ryan, émettaient des réserves sur l'initiative d'une instance extraparlementaire où siégeraient des leaders souverainistes[40].

Le fait que le premier ministre avait aussi déjà invité Lucien Bouchard (en voie de former le Bloc québécois) à siéger à cette commission n'a pas rassuré non plus les plus fédéralistes au sein du cabinet. Mais, pour Bourassa, la présence de Bouchard à la Commission était incontournable.

À l'été 1990 et après, Bourassa allait donc devoir naviguer dans un climat d'incertitude et d'émotivité. Il a dû se faire constamment rassurant lors des délibérations du Conseil des ministres. Malgré tout, il demeurait résolument fédéraliste. Pour lui, la commission Bélanger-Campeau était une façon de garder son option constitutionnelle pertinente et de faire tomber les mythes souverainistes.

Entre-temps, le PLQ, qui avait formé en février 1990 un comité spécial pour élaborer des positions pour une deuxième ronde constitutionnelle advenant la ratification de l'Accord du lac Meech, a mandaté ce comité pour réfléchir à l'avenir du Québec. Celui-ci était présidé par le juriste et président de la Commission juridique du Parti libéral, Jean Allaire, et regroupait des figures bien connues du parti et des représentants des instances, dont la Commission-Jeunesse, le groupe le plus nationaliste du parti.

En août 1990, le PLQ eut un premier rendez-vous avec sa base militante à la suite de l'échec de Meech à l'occasion du congrès annuel de la Commission-Jeunesse. À la clôture du congrès, le président de la Commission, Michel Bissonnette, identifia les jeunes comme «le premier groupe souverainiste du PLQ», car la proposition principale prévoyait l'accession à la souveraineté advenant un autre échec. Lors d'un point de presse qui a suivi, le chef Bourassa a vite rajusté le tir en expliquant, sourire en coin, que la position de la Commission-

Jeunesse était du «néo-fédéralisme», car elle avait approuvé la «proposition Bourassa» sur une union politique avec le Canada élue au suffrage universel et avec des pouvoirs réels. Mais cela était un signe avant-coureur que les suites de l'échec de l'Accord du lac Meech domineraient l'échiquier politique et que l'appétit pour la souveraineté se ferait sentir de plus en plus au sein du PLQ.

OKA ÉCLATE

Dès mon arrivée au bureau du premier ministre, j'avais constaté que le travail n'y était pas de tout repos et, surtout, qu'il était imprévisible. À la suite de l'échec de Meech, je voyais toutefois l'été 1990 comme la période propice pour bien se préparer à la mise en place du processus de consultation auprès de la population. Ce qui allait devenir la commission Bélanger-Campeau prenait forme et les négociations avec l'entourage de Parizeau, le chef de cabinet Hubert Thibault et le conseiller spécial Jean Royer allaient bon train. Je pouvais espérer passer un peu de temps en famille sur les plages du Massachusetts à la fin de juillet. Du moins, peut-être… Mais les tractations post-Meech allaient soudainement avoir de la concurrence dans les médias et dans la vie quotidienne des Québécois.

Au petit matin du 11 juillet, un affrontement survient entre la Sûreté du Québec et les Mohawks de Kanesatake dans le village d'Oka. Le caporal Marcel Lemay de la SQ est mortellement atteint de tirs. Vers 8 heures, le directeur général de la SQ, Robert Lavigne, m'avise par téléphone de la situation. En guise de solidarité, les Mohawks de Kahnawake, près de

Châteauguay, érigent sur-le-champ des barricades pour bloquer la circulation sur le pont Mercier.

Pour situer cet évènement qui allait devenir la plus grande crise sociale depuis Octobre 1970, signalons que ce conflit couvait depuis quelques mois à la suite de la décision du conseil municipal d'Oka et du maire Jean Ouellette d'agrandir le terrain de golf municipal et d'y permettre un projet domiciliaire sur des terres qui faisaient l'objet d'un litige avec les Mohawks et sur lesquelles se trouvait un cimetière associé à cette Première Nation. Les Mohawks s'y opposaient et, en guise de protestation, avaient érigé des barricades depuis le 22 avril sur le chemin du Mille, une voie secondaire aussi appelée la route 344.

À deux reprises, le conseil municipal avait eu recours aux tribunaux pour obtenir une injonction afin de démanteler, avec l'aide de la SQ, ces barricades qui bloquaient la circulation. Les interventions du ministre des Affaires autochtones, John Ciaccia, avaient donné espoir qu'une solution serait trouvée, mais les efforts ont finalement échoué, le maire demandant, comme c'était sa prérogative, que les barricades soient démantelées. L'affrontement du 11 juillet à Oka en fut le résultat. On a beau faire un retour sur l'histoire pour comprendre la dynamique de ce conflit, il n'en reste pas moins que les évènements du 11 juillet furent le résultat de gestes faits par les responsables en autorité.

Les images à la télévision étaient saisissantes. Le conseil de bande semblait impuissant en présence de certains Mohawks masqués et armés (les Warriors) qui venaient de l'extérieur de la communauté. Avec les policiers en retrait, les Mohawks contrôlaient la situation. Le ministre Ciaccia, avec la permission du premier ministre, rencontra les porte-paroles des Mohawks dans la pinède d'Oka, à l'intérieur du territoire mohawk.

Prometteurs au départ, les efforts de Ciaccia ne réussirent pas à dénouer l'impasse. La présence d'hélicoptères de la SQ survolant le secteur a inquiété les Mohawks et, selon le ministre, le dialogue entre les parties fut vite interrompu. Le Québec était en crise en deux lieux de son territoire illégalement occupés, l'un au nord de Montréal et l'autre au sud, deux endroits à proximité d'un bassin important de population urbaine. La tension montait entre la SQ et les Mohawks sur les barricades tant à Oka qu'au pont Mercier.

LA STRATÉGIE DE CRISE

Dès le départ, et après consultation avec le premier ministre, j'ai informé notre comité de gestion de crise de l'objectif du gouvernement: le démantèlement des barricades par les Mohawks en échange d'un processus de négociation en vue de trouver un terrain d'entente. Nous tenions absolument à une résolution pacifique du conflit, sans affrontement, et à assurer la sécurité du public. Un mort était déjà bien suffisant. Le gouvernement misait d'abord sur une approche diploma-tique tout en s'assurant, avec les autorités de la SQ, d'agir pour réduire les tensions et les possibilités d'affrontement sur les lieux des barricades. Nous ne voulions pas faire des Mohawks des martyrs et donner naissance à un mouvement qu'on qualifierait aujourd'hui de « terroriste ». Mais, avec des gens armés, c'était loin d'être un objectif facile à atteindre[41].

De plus, le gouvernement formulait deux exigences : il n'y aurait pas deux lois différentes – une pour les Mohawks et une pour les autres Québécois – et la mort du caporal Lemay devrait faire l'objet d'une enquête formelle. Pas question d'une amnistie ! Finalement, en étroite collaboration avec les autorités fédérales, nous souhaitions mettre en place un processus menant à une entente permanente. Celle-ci pourrait impliquer des transferts de terres pour satisfaire les revendications historiques des Mohawks de Kanesatake. Le gouvernement canadien aurait un rôle déterminant à jouer, car les relations avec les Autochtones sont de compétence fédérale.

L'éclatement de cette crise a provoqué de vives discussions au sein du Conseil des ministres. Certains, comme Gil Rémillard et Claude Ryan, craignaient qu'un affrontement fasse des morts et mène à une instabilité politique à long terme. D'autres, tels Daniel Johnson, Lise Bacon et Yvon Picotte, souhaitaient que Québec adopte la ligne dure, croyant qu'une certaine mollesse pouvait entacher la crédibilité du gouvernement. D'autres encore, comme Gérard D. Levesque et Marc-Yvan Côté, étaient d'avis que le fédéral devait jouer un plus grand rôle dans la résolution du conflit. Personne, toutefois, ne préconisait une intervention armée. Tant que l'ordre public était menacé, Bourassa et son gouvernement avaient une responsabilité de premier plan : éviter que la violence éclate. Il était également hors de question de déléguer des responsabilités à Ottawa.

Tout comme pour le dossier constitutionnel, le Conseil des ministres reflétait l'humeur des Québécois. Bourassa en était conscient. Il tenait avant tout à maintenir la solidarité au sein de son gouvernement en permettant à chacun de faire valoir son point de vue et l'opinion de son électorat respectif.

Tout au cours de l'été 1990, le premier ministre visait une solution pacifique et appuyait les efforts diplomatiques du ministre Ciaccia. Mais Bourassa n'était pas sans savoir, comme plusieurs de ses ministres, que la diplomatie avait ses limites. Certains se plaignaient aussi du manque constant de communication de la SQ et du fait que le gouvernement et son chef étaient en train de perdre de la crédibilité auprès de la population. Bourassa devait donc naviguer entre la patience que cet épineux dossier exigeait et la grogne toujours grandissante dans la population. Si j'avais à retenir une seule chose de cette affaire, c'est qu'elle fut gérée du début à la fin par le premier ministre lui-même et le comité de crise, et non par l'ensemble du Conseil des ministres.

Tout en étant en grande partie responsable de tous les éléments de notre stratégie, j'agissais comme intermédiaire entre les différents intérêts au sein du gouvernement et je faisais en sorte de ne pas limiter ses choix. À titre d'exemple, il fallait conserver un équilibre entre les efforts diplomatiques du ministre Ciaccia, les préoccupations des forces de l'ordre sous l'autorité du ministre Elkas et les pressions que subissaient les ministres en région comme Claude Ryan (dans la couronne nord de Montréal) et André Bourbeau (sur la rive sud de Montréal). En plus du ministre des Affaires municipales, Yvon Picotte, tous ces ministres faisaient partie du comité de crise. Au sein de ce comité, le ministre Picotte nous relayait le mécontentement de la population en général. Claude Ryan de son côté représentait la voie de la sagesse, de l'équilibre et de la raison. Comme chef de cabinet, mon rôle était de garder ce comité solidaire de notre stratégie de crise.

La réalité sur le terrain rendait parfois la situation complexe. La gouvernance des Mohawks était diffuse. Qui menait ? Qui prenait les décisions ? Et qui avait l'autorité pour négocier une entente ? Le conseil de bande ? Les traditionalistes ? Les Warriors ? Du côté gouvernemental, nous devions gérer les tensions entre le ministre de la Sécurité publique Sam Elkas, responsable de la SQ, et le ministre John Ciaccia, plus ouvert et plus patient pour trouver des solutions diplomatiques.

Au début, la population, de façon générale, était prête à donner aux autorités le temps nécessaire pour trouver une solution négociée. Mais la patience avait des limites et le mécontentement s'est fait sentir lorsque des milliers d'automobilistes ont dû subir les désagréments causés par les longues heures d'attente dans les bouchons de circulation aux abords du pont Mercier.

En outre, cette crise sociale commençait à avoir des échos au-delà des frontières du Québec. Des organismes internationaux des droits de l'homme se sont permis de commenter, d'évaluer et de juger le comportement des autorités québécoises et canadiennes. Le révérend américain Jesse Jackson, candidat à la présidentielle de 1988, a demandé d'avoir accès au lieu, ce qui lui a été refusé. J'ai donc reçu moi-même Jackson à la place du premier ministre et en présence de Ciaccia pour lui expliquer que nous étions en étroites discussions avec les Mohawks pour démanteler les barricades. Pas question de modifier la dynamique. Le ministre Ciaccia a tout de même accepté de lui accorder une entrevue à son émission de télévision hebdomadaire.

VERS LE DÉNOUEMENT

Après un mois d'impasse et à la suite d'un ultimatum de 48 heures exigeant le démantèlement des barricades qui est resté sans réponse, le premier ministre Bourassa a fait appel au gouvernement canadien le 8 août pour que l'armée remplace la SQ sur les barricades. Le premier ministre Mulroney a accédé à sa demande et lui a recommandé de recourir au juge en chef de la Cour d'appel du Québec, le juge Allan Gold, pour mener un dernier blitz de négociations. Le 12 août, ce dernier a obtenu une entente provisoire qui permettait la libre circulation de nourriture et de médicaments dans la communauté, la présence de conseillers aux Mohawks et d'observateurs internationaux, de même que la mise en place de pourparlers menant à la levée des barricades et le départ des forces de sécurité.

Mais un problème est survenu lors de la signature de l'entente qui s'est déroulée en territoire mohawk. Pourquoi précisément en territoire mohawk ? J'ai demandé au juge Gold si cela risquait de compromettre la neutralité du gouvernement dans le conflit. Le juge, qui jouissait d'une excellente réputation dans le domaine des relations entre patrons et syndicats, m'a assuré qu'il y avait déjà eu des ententes signées sur le terrain même d'une des parties sans compromettre l'esprit de l'entente. En rétrospective, un terrain neutre aurait été plus propice.

En fin de journée, des images de la cérémonie de la signature de l'entente étaient retransmises dans tous les bulletins de nouvelles. On y voyait des Mohawks accompagnés de Warriors masqués. Au même moment, d'autres reportages nous montraient la SQ en train de disperser de façon musclée une foule de manifestants à Saint-Louis-de-Gonzague, ulcérés par la fermeture du pont Mercier. Estomaqué, le ministre Daniel Johnson m'a tout de suite téléphoné pour me demander si cela faisait partie de notre stratégie.

N'ayant moi-même pas vu les images dont Johnson faisait état, je lui ai dit que la signature était un pas vers la résolution de la crise. Lorsque j'ai enfin vu les reportages à la télé, j'ai compris sa consternation. Tout cet épisode a jeté une ombre sur notre stratégie de gestion de la crise. Pendant ce temps, le chef de l'opposition officielle, Jacques Parizeau, et le président de la FTQ, Louis Laberge, nous offraient leur appui dans l'éventualité où nous aurions recours à une «méthode musclée». Ce fut, et de loin, le moment le plus pénible de la crise et une des périodes les plus difficiles de mon mandat comme chef de cabinet.

Les dirigeants des Forces canadiennes ont tout au long du conflit considéré que leurs interventions devaient être faites avec toute la retenue possible, sans chercher à attiser le feu. Toutefois, il fallait envisager et examiner toutes les options possibles. Lors d'une rencontre d'information tenue le 28 août avec le général et chef des Forces canadiennes John de Chastelain au sujet des moyens dont disposait l'armée pour démanteler les barricades, le premier ministre Bourassa exprima sa crainte quant aux pertes de vie possibles. «Il y a des risques, n'est-ce pas? Si on agissait de manière musclée, combien de morts?» demanda-t-il.

À titre de commandant en chef de l'opération, Bourassa ne voulait pas autoriser une action entraînant des gestes irréfléchis qui risqueraient d'amener des soldats canadiens à tirer sur d'autres Canadiens. Le général de Chastelain était d'accord avec l'approche du premier ministre. Oui, il fallait procéder au démantèlement des barricades, mais la voie de la négociation devait être privilégiée. L'ordre de démanteler les barricades fut donné par le premier ministre à l'issue de cette rencontre. Même si les craintes d'un affrontement violent étaient tangibles, le démantèlement s'est fait graduellement. Le 6 septembre, le pont Mercier fut rouvert à la circulation. Il y eut par la suite un mouvement de retranchement à Oka qui s'est terminé le 26 septembre. Malheureusement, il n'y eut pas d'entente à court terme pour résoudre de façon permanente ce qui était à l'origine du conflit. Au moment où les Warriors ont remis les armes, 41 personnes avaient été arrêtées[42].

La crise avait donc duré 78 jours, c'est-à-dire plus de deux mois et demi. Elle avait eu un effet très négatif sur la popularité du gouvernement. L'harmonie interne du gouvernement, déjà ébranlée par l'échec de l'Accord du lac Meech, fut de nouveau minée. Je dois souligner toutefois que la trame de fond – un règlement pacifique – fut la bonne. Le ministre Ciaccia n'a pas fait l'unanimité au sein du gouvernement, mais son approche basée sur le dialogue fut en partie notre caution. Le président de la CSN, Gérald Larose, est resté en contact avec moi durant toute la durée de la crise pour encourager notre gouvernement à garder le cap sur son objectif premier. Il n'a pas fait de déclaration publique, mais il a agi de façon constructive par son appui discret et constant.

De mon côté, j'avais eu écho de critiques venant de l'intérieur même du gouvernement concernant la gestion de la crise. Certains montraient du doigt l'entourage du premier ministre, y compris, bien sûr, son chef de cabinet. À la suite d'une conversation téléphonique particulièrement houleuse avec le chef des Mohawks, Joe Norton, au terme de laquelle il m'avait raccroché au nez, j'avais pris les devants et suggéré au premier ministre de me remplacer si tel était son désir. Je lui avais alors dit que l'ego d'un chef de cabinet passait après l'autorité et la crédibilité d'un premier ministre. La réponse de Bourassa avait été très claire et directe : il me dit qu'il avait pleinement confiance en moi et qu'il était satisfait de mon leadership durant cette crise et de l'ensemble de mon travail depuis que j'étais en poste. Il avait conclu notre conversation en me conseillant de ne jamais me laisser ébranler par la critique. La leçon que j'en retiens est que la confiance d'un premier ministre envers son chef de cabinet est absolument essentielle à son travail.

Quant à Bourassa, certains journalistes, dont Michel Vastel du quotidien *Le Soleil* et Don Macpherson du journal *The Gazette*, ont souligné en rétrospective son courage et sa stature d'homme d'État pour ne pas avoir succombé au populisme du moment et pour être demeuré fidèle à cet objectif de dialogue et de règlement pacifique. Je peux témoigner qu'il a aussi résisté aux pressions de son propre gouvernement ! Une telle approche allait nous servir les mois suivants dans le dossier constitutionnel.

En plus de la crise sur l'unité canadienne, le Québec vivait une crise sociale qui était résolue sur la forme, mais pas sur le fond. Des mesures seraient prises plus tard pour rassurer la communauté mohawk de Kanesatake. Au fil des ans, le dialogue a été restauré entre les Mohawks et leurs voisins blancs, mais, à l'automne 1990, la situation restait précaire.

LA MAUVAISE NOUVELLE

Ma journée de travail se concluait toujours par un appel téléphonique de Robert Bourassa en soirée. C'était sa façon de finir la journée et de planifier celle du lendemain. Le mardi soir 11 septembre, fidèle à son habitude, Bourassa me téléphona après les informations télévisées. Je me préparais donc à revoir avec lui l'ordre du jour de la réunion du Conseil des ministres du lendemain.

Contrairement à son habitude, il ne me téléphonait pas de Québec. J'ai présumé qu'il le faisait de sa résidence d'Outremont. Il m'informa qu'il serait absent de la réunion du lendemain, car il avait un rendez-vous dans un hôpital de la région de Washington[43]. Il me dit qu'il aurait peut-être à subir une intervention chirurgicale locale au dos relativement à une tache qu'on avait découverte sur sa peau. Il m'affirma que les médecins soupçonnaient un cancer. Sonné par cette nouvelle, je lui ai demandé si cette condition était récente. Sa réponse m'a littéralement abasourdi.

La découverte d'un mélanome (Bourassa lui-même n'a jamais utilisé le mot « mélanome ») par ses médecins au début du mois d'août avait sonné l'alerte, mais, à cause de la crise amérindienne, il avait décidé d'attendre avant de subir d'autres tests, et ce, malgré les demandes répétées de son épouse. Il avait fait le choix de ne pas donner suite immédiatement aux recommandations des médecins. Cela se produisit au moment où la crise d'Oka s'intensifiait avec l'arrivée de l'armée pour remplacer la SQ sur les barricades. Quelques années après la crise d'Oka, Bourassa expliqua qu'il avait retardé son voyage à Washington afin d'éviter des affrontements violents. Il ne voulait pas que la population pense que son gouvernement pliait devant les tensions sur les plans constitutionnel et social, alors qu'une partie de la population résidant près de Montréal vivait un enfer quotidien en raison des bouchons de circulation provoqués par la crise.

Le 12 septembre, à la fin de la réunion du Conseil des ministres et en l'absence de Robert Bourassa, le ministre du Revenu Yves Séguin nous informa de sa démission en raison de son désaccord avec la position de son propre gouvernement sur l'harmonisation de la TPS et de la TVQ avec le fédéral[44]. Surpris par la nouvelle, j'ai informé la vice-première ministre Lise Bacon de la nécessité de le remplacer dans les plus brefs délais. J'ai suggéré que le remplaçant soit le ministre des Finances Gérard D. Levesque. Comme elle était d'accord, nous étions alors maintenant dans l'obligation de faire entériner cette décision par le premier ministre.

L'après-midi même, je l'ai donc appelé à Washington. C'est alors que j'ai constaté que l'état de santé de Bourassa était sérieux. Comme il était sous l'effet des médicaments et dans l'impossibilité de prendre l'appel, c'est son épouse Andrée que j'ai eue au téléphone. Je lui ai communiqué les informations au sujet du départ de Séguin et de la possibilité de le remplacer par Levesque. Je l'entendais au bout du fil transmettre les détails à son mari. Elle m'a fait savoir qu'il approuvait. De toute évidence, on était loin d'une simple intervention chirurgicale bénigne.

À la suite des spéculations dans les médias sur l'état de santé du premier ministre dans les jours suivants, Sylvie Godin, la directrice des communications, a confirmé que Bourassa subissait des traitements aux États-Unis pour un cancer de la peau. À son retour au Québec, à la fin septembre, et à la suite d'un caucus du parti en prévision de la session d'automne, Robert Bourassa a rencontré les journalistes pour répondre à leurs questions sur sa santé. Il a alors dressé un portrait optimiste de son état.

Un an après sa réélection, le premier ministre Bourassa confirmait qu'il était atteint d'un cancer et qu'il venait de subir une intervention chirurgicale. De plus, nous venions de vivre deux évènements éprouvants pour un gouvernement – l'échec de l'entente constitutionnelle et la crise amérindienne – qui laisseraient des séquelles dans un avenir rapproché.

Bourassa se préparait donc à livrer un combat non seulement sur le plan constitutionnel, politique et social, mais aussi sur un autre plan, plus personnel celui-là et pour lequel il était peu préparé – un combat pour sa santé et, possiblement, pour sa vie.

Chapitre 10

UN COMBAT SUR DEUX FRONTS

Ceux qui ont côtoyé Robert Bourassa au fil des ans évoquent souvent son côté attachant. Son flegme devant l'adversité, sa gentillesse à l'égard de ses proches et son sens de l'humour spontané le caractérisent fort bien. J'ai passé beaucoup de temps à échanger et à interagir avec lui. Les heures sont longues et le travail intense, mais le climat au bureau est toujours courtois et respectueux. Tout en étant le patron, il devient rapidement l'ami. D'anciens collaborateurs l'ayant servi évoquent aussi un esprit de famille. On aime notre travail et on sent qu'on vit l'histoire.

Lorsque j'ai appris la mauvaise nouvelle de son cancer, en septembre 1990, c'était comme si un membre de ma famille m'annonçait le pire. M. Bourassa étant toujours rationnel et peu émotif, sa réaction fut réservée et sereine, du moins avec son entourage politique. Cela ne veut pas dire qu'il n'avait pas des moments de découragement, ce dont il se confiait à des proches hors de la politique. Nous, de l'entourage immédiat du bureau du premier ministre, avions l'impression qu'il appliquait sa formule habituelle pour engager le combat – détermination, persévérance et résilience. Mais ce n'était pas un combat comme les autres. Se battre pour le Québec, il en connaissait bien les enjeux. Déjouer l'adversaire politique à une table de négociations ou lors d'un débat à l'Assemblée nationale, gérer la manchette du jour, ajuster son tir lors d'un évènement imprévu, tout cela était du déjà-vu pour Robert Bourassa. Mais combattre cette terrible maladie qu'est le cancer, c'était différent, c'était l'inconnu pour cet homme rationnel et logique.

Apprendre que le premier ministre était atteint d'une maladie grave n'était pas rassurant pour l'ensemble du gouvernement. Il venait de se faire réélire. Il était le chef du parti et du gouvernement. Sur le plan personnel, Bourassa jouissait d'un haut degré d'affection. Il était toujours accessible et se préoccupait de ses députés, ministres et collaborateurs. Dans de telles circonstances, certains pouvaient être portés à spéculer sur l'avenir du chef. C'est la nature humaine, mais c'est aussi la politique. Dans l'ensemble, il y a eu une solidarité sans réserve à l'endroit du premier ministre, ce qui a facilité mon travail. Nous voulions surtout qu'il revienne en pleine forme.

Le gouvernement venait de vivre deux épreuves – Meech et Oka – qui avaient eu un impact sur l'unité du gouvernement et sa popularité. La perte du ministre du Revenu Yves Séguin représentait notre première brèche depuis le départ des trois ministres anglophones, en décembre 1988. La crise d'Oka avait aussi démontré des carences en matière de gestion, particulièrement entre les ministères de la Sécurité publique et des Affaires autochtones. Étions-nous préparés à faire face à une autre crise semblable? M. Bourassa savait qu'il devait retourner à l'hôpital dans quelques semaines pour une évaluation de son état de santé. Il fallait prévoir la possibilité d'une convalescence.

Il est exceptionnel qu'un premier ministre remanie son Conseil des ministres après seulement un an au pouvoir à la suite d'une réélection. Mais, avec une baisse de popularité importante et sachant les défis qui nous attendaient, nous devions donner un solide coup de barre. Au début d'octobre, le premier ministre a procédé à un remaniement majeur. Claude Ryan quittait l'Éducation et l'Enseignement supérieur et devenait à la fois ministre des Affaires municipales et de la Sécurité publique. Il conservait la responsabilité du dossier linguistique et nous reconnaissions ses talents pour gérer les dossiers les plus épineux. Malgré la préférence initiale de Bourassa pour le ministre Norm Cherry et ses habiletés de négociateur en tant qu'ancien syndicaliste, j'ai convaincu le premier ministre de nommer Christos Sirros pour accompagner Ryan dans la gestion des suites de la crise amérindienne. Ryan et Sirros étaient plus en mesure de travailler en équipe que l'ancien tandem Elkas-Ciaccia. Les autres faits saillants du remaniement incluaient Michel Pagé et Lucienne Robillard, respectivement à l'Éducation et à l'Enseignement supérieur, Liza Frulla à la Culture, Norm Cherry au Travail et Yvon Picotte à l'Agriculture.

Sur le plan des priorités, le gouvernement prévoyait que l'assainissement des finances publiques serait un dossier majeur au cours de ce deuxième mandat, l'économie tournant au ralenti. Nous nous attendions que la prochaine ronde de négociations avec le secteur public et parapublic soit plus ardue que la précédente. Le dossier constitutionnel serait également difficile considérant le nouveau contexte, soit le rapport du comité Allaire et les travaux de la commission Bélanger-Campeau. Nous avions l'obligation de tenir compte de la situation au Canada anglais et de notre politique de négociation désormais à deux partenaires. Le dossier linguistique et le renouvellement de la clause dérogatoire allaient obligatoirement refaire surface durant le mandat. Finalement, même si les barricades étaient levées à Oka, les relations avec les Mohawks n'étaient pas au beau fixe. J'avais aussi demandé au conseiller exécutif Jean-Louis Dufresne de s'occuper du dossier des Autochtones.

On savait que M. Bourassa retournerait à Bethesda pour des traitements additionnels. La vice-première ministre Lise Bacon dirigerait le Conseil des ministres durant son absence et le remplacerait dans ses fonctions officielles. Contrairement à nos voisins américains, notre système parlementaire ne prévoit pas de dispositions pour remplacer le chef du gouvernement lorsque ce dernier doit s'absenter temporairement. C'est pourquoi, en 1985, Bourassa avait créé le poste de vice-premier ministre qui, en son absence, était responsable du Conseil des ministres et était susceptible de le remplacer en toute autre circonstance.

Bourassa avait choisi la ministre de l'Énergie, Lise Bacon, comme vice-première ministre, car elle était une collègue de confiance depuis des années et une amie de longue date dotée d'un sens politique hors du commun. Lorsqu'il est parti à Washington pour y subir ses traitements, il savait qu'elle serait à la hauteur pour maintenir le gouvernement bien en selle. Il ne s'est pas trompé. Il faut préciser cependant que Bourassa gardait les rênes avec les pleins pouvoirs et responsabilités, ce qui me permettait de me consacrer pleinement à ma fonction de chef de cabinet. Il était entendu que Lise Bacon, par l'entremise de sa chef de cabinet Marie-Josée Nadeau[45], et le bureau de Bourassa travailleraient en étroite collaboration, mais le premier ministre n'avait pas délégué son autorité pour autant. Notre rôle au bureau du premier ministre était d'en assurer le bon fonctionnement tout en tenant M. Bourassa informé et partie prenante des décisions de l'État.

L'APPORT DE BRIAN MULRONEY

Une des personnalités politiques les plus touchées par l'annonce de la maladie de Robert Bourassa fut Brian Mulroney. Sans doute, voir son fidèle allié du Québec lutter contre le cancer le préoccupait sur le plan humain, mais Mulroney était aussi conscient que cela se traduirait par un sérieux contretemps dans le dossier constitutionnel. De plus, le premier ministre de l'Ontario, David Peterson, avait perdu ses élections en septembre 1990 – un des contrecoups de la polémique entourant l'Accord du lac Meech.

La relation Bourassa-Mulroney restera unique dans l'histoire du Canada. Les deux hommes se sont liés d'amitié durant les années 1970 et ont vécu la défaite politique et l'exil obligé à partir de 1976. Durant ces années, ils ont tissé des liens encore plus étroits. Le hasard fera que les deux hommes feront un retour en politique et assumeront la direction de leur parti respectif en 1983.

Mulroney est devenu premier ministre du Canada en septembre 1984 tandis que Bourassa a repris le pouvoir au Québec en décembre 1985. Quatre sujets ont dominé leurs relations par la suite et ont contribué à développer une grande complicité entre eux: la francophonie internationale, les efforts pour ramener le Québec au bercail constitutionnel, la négociation de l'Accord de libre-échange nord-américain (devenu plus tard l'ALENA) et l'entente entre le Québec et le Canada sur la TPS et la TVQ.

Ceux qui connaissent bien Brian Mulroney savent à quel point les relations interpersonnelles sont importantes pour lui. J'ai pu moi-même à plusieurs reprises constater son côté très humain. À l'occasion du 80ᵉ anniversaire de naissance de ma mère, par exemple, le premier ministre lui avait téléphoné pour lui offrir ses meilleurs vœux. Malgré son horaire des plus chargés, il avait pris le temps de lui chanter au téléphone *When Irish eyes are smiling*! Lorsque ma mère est décédée, en 2003, Mulroney m'a téléphoné à la maison un vendredi soir pour m'offrir ses condoléances. Alors que nous nous remémorions nos origines modestes, il m'a rappelé que nos deux mères, toutes les deux Irlandaises, portaient le même prénom: Irene.

À l'automne 1990, notre session parlementaire était bien étoffée en matière de législation et d'activités. Je m'occupais des relations avec le fédéral et, en particulier, à la demande du premier ministre et de la ministre responsable de l'Immigration, Monique Gagnon-Tremblay, d'un dossier qui traînait depuis l'échec du lac Meech, en juin.

À quelques jours de Noël, lors de la dernière journée de la session, je reçus un appel de Brian Mulroney. Il me dit que son épouse Mila et lui pensaient à M. Bourassa et qu'ils se souciaient de son état d'esprit et de sa santé. Comme je venais de lui parler, je pouvais lui dire que sa convalescence se déroulait bien. Une telle démarche était typique de sa part, il se montrait généreux et prêt à aider, du Mulroney « classique ». Il me demanda s'il pouvait « faire quelque chose pour Robert ». Sans réaliser le manque de décorum de ma réplique, je lui ai répondu : « Il aimerait tellement qu'on règle l'entente sur l'immigration qui semble dans une impasse. » Sans aucune hésitation, il me répondit : « Dis à Robert que je m'en occupe. » J'ai apprécié le geste, mais je n'avais aucune attente précise.

Lors des pourparlers de juin 1990 visant la ratification de l'Accord du lac Meech, Bourassa avait donné à Louis Bernard, le réputé et ancien mandarin du gouvernement péquiste précédent et aussi secrétaire général du gouvernement Bourassa pour quelques mois, en 1986, la tâche de négocier au nom du gouvernement une entente administrative sur l'immigration dans le but d'obtenir des pouvoirs additionnels. Des dispositions n'étaient pas encore finalisées et la démarche s'était poursuivie sans trop de succès entre la ministre de l'Immigration et des Communautés culturelles du Québec, Monique Gagnon-Tremblay, son homologue à Ottawa, Barbara McDougall, et leurs fonctionnaires respectifs.

Mulroney est intervenu auprès de sa collègue et une entente a été signée entre le fédéral et le Québec, le 5 février 1991. Le Québec avait obtenu des pouvoirs et de nouvelles ressources financières pour mettre sur pied des programmes afin d'intégrer les nouveaux arrivants. Nous étions la seule province à avoir une telle entente. Certains ont prétendu que ce fut un prix de consolation pour l'échec de Meech, mais, peu importe, c'était un gain important. Mulroney avait tenu parole.

L'ÉPISODE ALLAIRE

Peu après l'échec du lac Meech, le comité de Jean Allaire s'était mis au travail pour préparer la nouvelle position constitutionnelle du parti. Ce comité était composé d'anciens ministres (Thérèse Lavoie-Roux et Fernand Lalonde), de représentants de la Commission-Jeunesse (son président Michel Bissonnette), des communautés culturelles (Saturnio G. Iadeluca), de la communauté anglophone (William Cosgrove) et des régions. Les membres représentaient des tendances associées à la fois aux positions traditionnelles et fédéralistes du parti ou à des tendances plus nationalistes, certains se rangeant de plus en plus du côté de la souveraineté. Bref, dès le départ, des obstacles risquaient de se dresser avant d'en arriver à un consensus.

Les activités du comité Allaire se sont intensifiées à la suite du congrès de la Commission-Jeunesse, en août 1990. La fièvre souverainiste qui s'était manifestée lors de la fête nationale du 24 juin continuait de déferler sur le Québec, et les militants du PLQ n'étaient pas à l'abri de ce phénomène.

La maladie et l'absence de M. Bourassa, le remaniement ministériel et les exigences de la gouvernance préoccupaient l'entourage du premier ministre. Il aurait été normal que Jean-Claude Rivest et moi gardions un œil attentif sur les délibérations du comité, mais cela n'a pas toujours été le cas. Il est juste de dire que le comité Allaire avait les coudées franches et agissait sans trop d'interventions de l'entourage du premier ministre. Je regrette aujourd'hui de ne pas avoir exigé des comptes rendus plus réguliers de la part de la direction du parti et de Jean Allaire. Sachant qu'ultimement le rapport serait remis à Bourassa et qu'il demanderait des ajustements, le comité a choisi d'agir avec audace au point d'explorer la souveraineté comme option. Les membres plus nationalistes de ce comité ont graduellement eu la mainmise sur ses délibérations.

Le premier ministre retourna comme prévu à Bethesda au début de novembre pour subir une deuxième intervention chirurgicale en deux mois. Il se rendit ensuite à Miami en convalescence et demeura absent du Conseil des ministres jusqu'à la fin de la session d'automne. On peut se demander si une telle absence prolongée du premier ministre, sans transfert de ses pouvoirs au préalable, serait possible aujourd'hui. En raison de la prolifération des médias (dont les réseaux sociaux), j'en doute ! Mais cela n'a jamais été mis à l'épreuve depuis. Et le leadership de Lise Bacon en l'absence de Bourassa a certes contribué à calmer les esprits.

Les travaux de la commission Bélanger-Campeau s'amorçaient et, dès le début, nous constations que la souveraineté ferait partie de la majorité des mémoires présentés. Il n'y avait pas d'interventions fédéralistes très marquées lors des audiences. C'était donc la « tempête parfaite » pour les souverainistes : le premier ministre étant absent de la scène politique (même s'il était toujours en contact avec ses collaborateurs), le comité Allaire avait toute la latitude voulue à l'abri du regard des instances gouvernementales et les audiences publiques de la commission Bélanger-Campeau se déroulaient en pleine fièvre souverainiste. Les fédéralistes n'avaient pas le vent dans les voiles et les députés du caucus libéral, le Conseil des ministres et le comité de direction du PLQ avaient raison d'être inquiets.

Peu avant le congé de Noël, le directeur général du parti, Pierre Anctil, m'indiqua que le rapport du comité Allaire serait bientôt prêt à présenter à Bourassa. Il m'avisa que le rapport aurait une portée importante dans le débat et serait beaucoup plus exigeant que les cinq conditions de Meech. Il souligna que le rapport serait appuyé unanimement par les membres du comité.

Anctil m'informa alors que Jean Allaire exigeait de présenter son rapport lui-même, en personne, au premier ministre, et ce, même si ce dernier était toujours en convalescence à Miami. Anctil l'a finalement convaincu d'envoyer son rapport par télécopieur. Allaire a accepté, mais à condition que le document soit à l'usage exclusif du premier ministre. Dès sa réception, Bourassa me l'a transmis avec pour directive claire de le partager avec Jean-Claude Rivest, Gil Rémillard et Claude Ryan!

Le contenu nous a surpris, pour ne pas dire choqué : un comité, créé par le comité de direction du parti, faisait le procès du fédéralisme et n'exigeait rien de moins que la tenue d'un référendum sur la souveraineté, puis, dans le cas d'une victoire du OUI, proposait une union monétaire avec le reste du Canada calquée sur l'union monétaire qui faisait l'objet de discussions en Europe à l'époque. Or, le PLQ avait été élu comme un parti fédéraliste. Malgré l'indignation à la suite de l'échec de Meech et la montée de l'appui à la souveraineté, nous n'avions pas le mandat de mettre la table pour réaliser la souveraineté. J'ai immédiatement indiqué au premier ministre que ce rapport créerait une rupture au cœur même du parti. Sur un ton réservé, il a dit que la conclusion et la résolution d'appui au rapport devaient être modifiées.

À son retour au Québec, à la mi-janvier, une rencontre eut lieu au domicile du premier ministre, à Outremont, en présence de certains des membres du comité Allaire, entre autres le président de la Commission-Jeunesse, Michel Bissonnette, et le directeur général du PLQ, Pierre Anctil. Les discussions furent longues et parfois ardues. Bourassa, tout en tenant compte des divergences d'opinions, a cependant réussi à imposer sa volonté et la proposition en faveur de la souveraineté fut modifiée de façon importante. Les ministres Ryan et Rémillard et le conseiller constitutionnel Rivest appuyaient tous la démarche du premier ministre. Le rapport, adopté à l'unanimité à la suite d'un débat, a été rendu public le 29 janvier 1991 en vue du congrès qui se tiendrait du 8 au 10 mars.

La proposition du rapport Allaire allait devenir le nouveau programme constitutionnel du PLQ. Nous étions loin du Livre beige de Claude Ryan ou des cinq conditions de l'Accord du lac Meech. L'ensemble du rapport constituait un récit quasi souverainiste, comme si le PLQ n'avait rien réussi dans le cadre fédéral et que son rôle, au référendum de 1980, n'avait été que celui d'un simple observateur. C'était un rapport écrit dans le climat de l'échec de Meech. Sa valeur historique était douteuse. La proposition finale prévoyait une nouvelle entente Québec-Canada et réclamait la responsabilité exclusive des 22 pouvoirs partagés avec le fédéral et, si le reste du Canada refusait, l'adoption d'une formule semblable à la conclusion du congrès des jeunes de l'été 1990 – une union économique avec une union politique où le gouvernement central serait élu par suffrage universel. Dans les médias, les analystes qualifiaient cela de « souveraineté confédérale ». Le premier ministre voyait plutôt cela comme du néo-fédéralisme. Pour lui, le vocabulaire était toujours important et il voulait conserver le lien fédératif: le rapport Allaire n'était pas une fin en soi, il représentait plutôt une position de négociation.

Le congrès des membres s'est déroulé dans un climat de haute tension. Bourassa a choisi de s'adresser aux membres à son ouverture, le vendredi, et à sa clôture le dimanche. Sachant que les plus nationalistes du parti, et particulièrement les jeunes, étaient acquis au rapport Allaire, Bourassa a fait un discours assez «favorable» à la démarche Allaire. J'aurais préféré un discours plus nuancé, car cela a chauffé davantage les esprits en faveur du rapport Allaire.

Le lendemain, lors des délibérations, les partisans du rapport Allaire ont utilisé une «stratégie de plancher» qui a réussi à museler les opposants ou ceux qui auraient voulu proposer des amendements. Même Claude Ryan n'a pu se rendre au micro pour proposer un amendement. Je ne reconnaissais pas le PLQ que j'avais eu l'honneur de diriger à titre de directeur général. Ryan a donc décidé de quitter le congrès, ce qui laissait présager une démission. Le PLQ faisait face à une scission au vu et au su de tout le Québec.

Le départ de Ryan avait créé tout un émoi. Je ne sais pas si cela a adouci les congressistes, mais il y a eu des amendements favorables à l'application de la Charte canadienne des droits et libertés et à une réforme possible du Sénat. Le rapport Allaire, avec ses assouplissements, fut adopté par la majorité des congressistes. Fait à remarquer, Daniel Johnson et le ministre délégué aux Affaires intergouvernementales canadiennes, Gil Rémillard, se sont absentés lors du vote.

Je suis resté en contact avec Ryan à la suite de son départ du congrès. Il était fort mécontent et m'a fait savoir qu'il ne pouvait pas appuyer le rapport Allaire comme tel et, en plus, rester membre du gouvernement. Même si j'étais en profond désaccord avec le rapport Allaire, mon rôle comme chef de cabinet consistait à travailler pour garder l'unité du parti et, par conséquent, celui du gouvernement. Il fallait trouver des terrains d'entente, si cela était encore possible. Le premier ministre appuyait ma décision de maintenir les liens avec Ryan et d'autres ministres qui pourraient être tentés de le suivre s'il démissionnait. Le dimanche, quelques heures avant le discours de clôture, j'indiquai à Bourassa que Ryan n'était pas bien disposé et que son discours de clôture serait déterminant. Malgré quelques modifications, le rapport Allaire gardait une saveur souverainiste. Le premier ministre me dit: «J'ai compris, je sais ce que je dois faire.»

Bourassa commença son allocution en félicitant les congressistes et en soulignant les amendements, dont celui de la Commission-Jeunesse concernant l'application de la Charte canadienne des droits au Québec. Il présenta un historique des relations Québec-Canada qui contrastait par sa rigueur avec celui du rapport Allaire. Il a parlé d'économie, d'environnement et de démographie. Toutefois, la phrase que nous allions finalement retenir de ce discours n'était pas destinée aux 2 700 militants, mais à une seule personne, Claude Ryan: «Il nous faut développer le Québec à l'intérieur du Canada dans une structure fédérale, c'est le premier choix de l'ensemble du Parti libéral.» Une position, soit dit en passant, dont Bourassa ne s'est jamais écarté par la suite. À la fin de la journée, Bourassa rencontra Ryan et ce dernier rentra au bercail. Le PLQ et le gouvernement restaient unis, pour le moment.

Je savais toutefois que cette unité était fragile. Le chef avait en effet mis le rapport Allaire de côté, mais des membres influents du parti allaient l'utiliser pour évaluer toutes les offres du reste du Canada. Je soulignai au premier ministre que ce n'était que partie remise et il en était bien conscient.

LA VOIE BÉLANGER-CAMPEAU

Le premier ministre et le chef de l'opposition avaient choisi les membres de la commission Bélanger-Campeau, qui était unique en soi et hybride quant à sa composition : des parlementaires de la Chambre des communes et de l'Assemblée nationale, des représentants du monde des affaires, des syndicats et des représentants de la société civile[46]. Je faisais un décompte officieux des allégeances fédéralistes et indépendantistes sur la ligne de départ et je concluais à un léger avantage pour l'option du gouvernement, mais cela n'était pas une assurance quant au contenu du rapport final.

Les travaux ont duré de l'automne 1990 jusqu'au printemps 1991. Le 27 mars 1991, la commission Bélanger-Campeau déposa son rapport et proposa deux voies pour l'avenir du Québec : le fédéralisme avec de nouveaux pouvoirs pour le Québec, ou la souveraineté. Selon le calendrier établi, le gouvernement aurait jusqu'à octobre 1992 pour recevoir des offres du fédéral et des neuf autres provinces. Si les offres ne venaient pas ou étaient rejetées, un référendum sur la souveraineté serait tenu. Le premier ministre ajouta un addenda au rapport en signalant son adhésion à l'indissociabilité d'une union économique, d'une union politique par suffrage universel et d'une monnaie commune.

Le rapport Bélanger-Campeau devint ensuite la Loi sur le processus de détermination de l'avenir politique et constitutionnel du Québec (la loi 150) qui fut adoptée par l'Assemblée nationale le 20 juin 1991. Elle reprenait la principale recommandation du rapport sur les offres, sans quoi un référendum sur la souveraineté aurait lieu au plus tard le 26 octobre 1992. Il restait donc 18 mois pour dénouer l'impasse. De plus, la loi prévoyait la composition de deux commissions parlementaires – l'une pour étudier les offres et l'autre pour évaluer les coûts et les modalités pour accéder à la souveraineté. Fait à noter, elle ne prévoyait pas de référendum sur les offres. Cela ferait partie d'un vote à l'Assemblée nationale, comme ce fut le cas avec l'Accord du lac Meech. L'opposition officielle du PQ s'est opposée à la loi.

Nous voilà donc avec un échéancier pour le renouvellement de la Constitution ou la tenue d'un référendum sur la souveraineté. Nous gagnions du temps, mais c'était court. Le premier ministre et le PLQ avaient une nouvelle position constitutionnelle et la loi 150 établissait le processus à suivre. Durant l'année 1991, Bourassa s'exprima de plus en plus en faveur d'un lien fédéraliste avec le reste du Canada. Cette position était conforme à nos discussions privées et j'étais autorisé à dire à mes homologues des autres provinces que notre premier choix était de rester dans le Canada.

Au chapitre des négociations, certains pourraient croire que nous réduisions notre rapport de force avec le fédéral et les provinces. Ce n'était pas notre évaluation : le PLQ avait un nouveau programme exigeant, la commission Bélanger-Campeau avait établi un processus et un échéancier et les sondages restaient toujours favorables à la souveraineté. Bourassa voulait rassurer les marchés financiers et nos interlocuteurs pancanadiens que le gouvernement du Québec était disposé à bâtir le

Québec dans le Canada. Recevoir des offres convenables faisait partie de notre stratégie. Et c'était toujours notre premier choix.

LE NOUVEAU PAYSAGE CANADIEN

À la lumière des propositions du rapport Allaire et des conclusions de la commission Bélanger-Campeau, plusieurs au Canada (incluant la classe politique et les médias) ont comparé la stratégie du gouvernement du Québec à celle d'une négociation « le couteau sur la gorge ». Quoique Robert Bourassa ait clairement indiqué que le « premier choix du Québec est le Canada », il reste que la démarche du Québec forçait les partenaires de la fédération à tenir compte de la stratégie en marche et de l'échéancier d'octobre 1992. Un échéancier maintenant imposé par le Québec !

Le paysage politique au Canada avait changé depuis la période immédiate des négociations de Meech. Le premier ministre de l'Ontario, David Peterson, un fidèle allié du Québec, avait été remplacé par le néo-démocrate Bob Rae. Ce dernier, fort conscient des enjeux de la non-ratification de l'Accord du lac Meech, allait devenir un joueur clé et constructif dans les mois à venir pour répondre favorablement aux exigences du Québec.

Mulroney avait nommé le ministre des Affaires étrangères Joe Clark au poste de ministre des Affaires constitutionnelles et président du Conseil privé de la reine en 1991. Deux groupes de travail avaient aussi été formés pour des consultations : la commission Spicer en novembre 1990 pour sonder l'ensemble du Canada et trouver des pistes de réconciliation, et la commission parlementaire mixte Beaudoin-Dobbie en juin 1991 sur le renouvellement de la Constitution[47].

Les deux consultations fédérales ont conclu qu'il fallait envisager des réformes plus en profondeur que celles associées à Meech et que cela ne pouvait pas se limiter à l'ordre du jour du Québec. Le premier ministre ontarien Bob Rae était aussi favorable à cette voie et il croyait que les représentants des peuples autochtones devaient aussi faire partie d'une prochaine ronde de négociations. Sur ce dernier point, Bourassa m'a confié qu'il avait été impressionné par la ferveur de Rae à l'endroit des Autochtones. Il était clair que le Québec ne pouvait pas seulement se limiter à des offres modifiées concernant ses conditions pour adhérer à la Constitution de 1982. On s'éloignait de plus en plus de Meech, ce qui compliquait la situation compte tenu de l'échéancier.

Au début de 1992, Bourassa s'inquiétait de l'absence de consensus au Canada. L'appui aux revendications du Québec était en chute libre. Clark travaillait d'arrache-pied, mais on semblait se diriger vers une table de négociations non pas à deux (comme Bourassa l'avait évoqué le 23 juin 1990) ni à 10, mais à 17 avec les Territoires et les représentants des Autochtones. Dans mes discussions privées avec le premier ministre, je voyais son inquiétude. Il a donc choisi de rencontrer Bob Rae et il m'a demandé d'organiser des réunions avec des acteurs économiques à Toronto en marge de son entretien officiel avec le premier ministre ontarien, en janvier 1992. Nous avons rencontré les hauts dirigeants des plus grandes banques canadiennes. Le message était clair : le Québec souhaitait un avenir dans le Canada et il fallait qu'ils encouragent la classe politique du reste du Canada à préparer des offres valables pour éviter un référendum sur la souveraineté.

LA QUESTION DE BRUXELLES

C'est durant son voyage annuel au forum économique mondial de Davos, en 1992, périple qui l'a ensuite mené à Bruxelles[48], que Bourassa a soulevé ce qui allait devenir la « question de Bruxelles » (portant sur les États souverains associés) :

Voulez-vous remplacer l'ordre constitutionnel existant par deux États souverains associés dans une union économique, laquelle sera responsable à un parlement élu au suffrage universel ?

La réaction fut immédiate : l'opposition à l'Assemblée nationale était contre. Le nouveau président de la Commission-Jeunesse du PLQ, Mario Dumont, s'en dissociait aussi. Les journalistes communiquaient avec le bureau du premier ministre pour obtenir des explications.

Lorsque j'ai joint le premier ministre pour lui faire part de l'émoi que sa déclaration avait causé, il éclata de rire. Il attribuait cela à une absence de nouvelles dans l'actualité. Il me dit que la notion d'« un parlement élu à suffrage universel confirmait un lien fédératif ». Bourassa revenait à sa formule habituelle – union économique, union politique basée sur le suffrage universel et monnaie commune. Il conclut en me disant qu'il voulait se donner une marge de manœuvre au cas où le fédéral n'arriverait pas à respecter l'échéance d'octobre 1992 sur les offres. Il ajouta qu'il était inconcevable de poser la question du PQ. Son addendum au rapport Bélanger-Campeau reflétait cette vision pour l'avenir du Québec. Bourassa avait repris le contrôle du dossier. C'est lui dorénavant qui avait en main l'ordre du jour.

LE « CONSENSUS CLARK »

Le ministre Joe Clark avait redoublé d'efforts pour obtenir un consensus autour des discussions qui avaient lieu depuis sa nomination. Malgré le rapport Allaire et les recommandations de Bélanger-Campeau, Bourassa et son entourage (Gil Rémillard, Jean-Claude Rivest, André Tremblay, Diane Wilhelmy et moi-même) avaient maintenu des contacts réguliers avec nos interlocuteurs du Canada anglais. Depuis l'échec de Meech, j'avais réussi à tisser des liens avec mes homologues, particulièrement le chef de cabinet de Mulroney, Hugh Segal, et ceux des premiers ministres du Nouveau-Brunswick, du Manitoba, de la Saskatchewan et de l'Ontario. La table était mise pour recevoir des offres.

À la suite d'une entente entre les neuf provinces et le fédéral, Joe Clark présenta des offres au gouvernement du Québec le 7 juillet 1992 (moins de quatre mois avant l'échéance fixée à la fin d'octobre par la commission Bélanger-Campeau). Elles reprenaient l'essentiel des conditions de l'Accord du lac Meech, mais le vocabulaire était en partie modifié. Il y avait des propositions concernant d'autres sujets qui pouvaient être problématiques à nos yeux, dont une réforme éventuelle du Sénat canadien et les questions autochtones. Jean Allaire répondit par une fin de non-recevoir. Bourassa se disait déçu du contenu à certains égards, mais il croyait que les offres étaient « perfectibles ».

Le temps pressait et le «consensus Clark» ouvrait la porte à un retour à la table des négociations. Le 9 juillet, Robert Bourassa déclarait : «Le Québec est une nation mais, pour nous, la nation n'est pas un absolu. Nous sommes de notre siècle et nous voulons que nous puissions nous développer à l'intérieur de la fédération canadienne. Comme j'ai dit – bâtir le Québec sans détruire le Canada[49]. »

VERS CHARLOTTETOWN

Ce n'était plus maintenant qu'une question de temps avant que nous retournions à la table des négociations. Nous informâmes le premier ministre Mulroney de notre intention à la fin du mois de juillet. Ce dernier convoqua les premiers ministres, incluant Bourassa, au lac Mousseau – la résidence d'été du premier ministre dans le parc de la Gatineau – pour une rencontre afin d'explorer la possibilité d'une prochaine ronde de négociations.

C'était le «retour» du Québec dans un contexte multilatéral après deux ans d'absence. Nous étions loin d'une négociation à deux, mais, dans une fédération, il faut prévoir des échanges et des compromis. Être absent de la table de négociations à l'approche de l'échéance aurait été une abdication de la part du premier ministre québécois. L'essence de Meech (les cinq conditions) faisait partie du «consensus Clark» et d'autres aspects étaient perfectibles, mais le Québec devait présenter ses positions. Bourassa jugeait que ne pas y assister aurait été irresponsable.

Les rencontres préliminaires au lac Mousseau préparèrent le terrain pour une ronde formelle de négociations qui eurent lieu à l'édifice Lester B. Pearson, à Ottawa. Les responsables des Territoires et des représentants de l'Assemblée des Premières Nations étaient présents. Nous étions dans une dynamique de 17 partenaires, ce qui fut critiqué par nos adversaires au Québec et par certains analystes.

Les négociations se déroulèrent sur une période de deux semaines – la première à Ottawa et la deuxième pour la conclusion, à Charlottetown. À Ottawa, les participants en arrivèrent à une entente provisoire. Le premier ministre Bourassa et le ministre Rémillard informèrent du contenu le Conseil des ministres, qui l'approuva. Cette entente ratissait large. En plus des cinq conditions de l'Accord du lac Meech, il y avait des dispositions favorables aux provinces concernant la main-d'œuvre, les forêts et les mines, les communications et la culture. De plus, il y avait une entente sur le droit inhérent des Autochtones à l'autonomie et sur une réforme du Sénat basée sur le concept du triple E – égal, élu, effectif. Se sont ajoutés un veto sur des modifications aux institutions, des dispositions pour circonscrire le pouvoir de dépenser du fédéral et un processus pour choisir les trois juges québécois à la Cour suprême. Des textes juridiques allaient suivre. Nous devions clore le tout à Charlottetown.

On y précisa alors que le Québec obtiendrait à perpétuité un minimum de 25 % des sièges de la Chambre des communes. Ce fut une idée du premier ministre Frank McKenna pour compenser la perte de 18 sénateurs (la composition du Sénat à triple E passerait de 24 à 6 sénateurs pour chacune des provinces). D'autres modifications aux discussions d'Ottawa furent entérinées. L'Accord de Charlottetown fut adopté le 28 août. Il fallait maintenant le «vendre» au PLQ et, ensuite, à la population.

Nous avons quitté Charlottetown afin de présenter l'entente au Conseil des ministres et au caucus, sachant que le processus ne s'arrêterait pas à ces deux instances. Les deux années depuis l'échec de Meech avaient changé l'humeur de la population canadienne. Les électeurs canadiens voulaient avoir leur mot à dire. Finies les réunions à huis clos des 10 premiers ministres. Mulroney s'était engagé à faire un référendum national et le Québec n'avait d'autre choix que de modifier la loi 150 pour y participer, selon notre loi référendaire. Le référendum aurait lieu le 26 octobre 1992 sur les nouvelles offres, et non pas sur la souveraineté.

SCISSION AU PLQ

À la demande du premier ministre, j'ai communiqué à notre retour avec le nouveau président de la Commission-Jeunesse, Mario Dumont, pour lui faire rapport sur les faits saillants de l'Accord. Notre échange a duré près d'une heure et Mario m'a écouté respectueusement. Il a posé peu de questions, ce qui m'a amené à conclure qu'il rejetait l'ensemble de l'entente. Quand Bourassa m'a demandé quelle était la réaction de Dumont, je lui ai répondu : « Glaciale. » Je savais à ce moment précis que le PLQ vivrait une scission.

Des rencontres ont ensuite eu lieu avec le Conseil des ministres et le caucus en prévision d'un congrès spécial. Il était évident que les pro-Allaire voyaient un recul et que les pro-

Meech trouvaient en cet accord une dilution des conditions qui avaient été rejetées en juin 1990. Bourassa, lui, voyait des gains importants pour le Québec. Il décida de diriger la discussion et le débat au congrès spécial. C'était la deuxième fois que Bourassa choisissait d'agir de la sorte[50].

Malgré l'intervention de Bourassa, la perception était que cette entente diminuait les gains du Québec par rapport à l'entente de Meech. L'empressement, à partir du «consensus Clark», à retourner à la table de négociations à Charlottetown donnait l'impression que Bourassa voulait une entente à tout prix. Le premier ministre et son ministre responsable croyaient sincèrement que le Québec avait préservé l'essence de Meech et qu'il avait obtenu d'autres avantages. Reste que le rapport Allaire et l'humeur des Québécois, telle que reflétée dans les sondages, diminuaient tout enthousiasme concernant une entente pancanadienne. Les dispositions envers les Premières Nations, deux ans après la crise d'Oka, et la réforme du Sénat sur la base du triple E pesaient lourd dans la perception.

Le débat au congrès libéral, tenu à l'Université Laval le 29 août, démontra les divisions chez les militants. Jean Allaire et Mario Dumont avaient évalué l'Accord de Charlottetown et ils concluaient avec raison que nous étions loin des «22 pouvoirs exclusifs». Mais cela était considéré comme un point de départ par le premier ministre. Il a fait connaître son point de vue dès après l'approbation du rapport Allaire. Toutes les déclarations de Bourassa ont été fidèles au «premier choix» de rester dans la fédération canadienne. Les militants ont majoritairement compris cela et ils ont appuyé le premier ministre et l'Accord. Dumont et Allaire ont voté contre et ils ont ensemble annoncé qu'ils feraient campagne pour le NON. Un départ difficile, c'est le moins que l'on puisse dire, pour le camp du OUI.

Mais un autre moment fort, plus difficile et plus compliqué, nous attendait.

LA CAMPAGNE RÉFÉRENDAIRE DE 1992

Bourassa avait toujours laissé beaucoup de place aux jeunes pour lancer des débats et explorer de nouvelles idées. Ayant été favorable à une aile jeunesse active comme outil permanent de renouveau dès son arrivée comme chef, en 1970, Bourassa ne ménagea pas ses efforts pour garder son principal dirigeant, Mario Dumont, au sein du parti. Mais, comme chef et premier ministre, il avait, comme il me le disait, des responsabilités plus importantes – être fidèle à ses convictions en plus de maintenir l'unité de sa formation politique et, surtout, respecter le mandat qu'il avait reçu de la population. Cette prise de position allait bientôt avoir des répercussions.

Se lancer dans une campagne sous le signe de la division n'était pas de bon augure. De plus, contrairement au référendum de 1980, où toutes les forces fédéralistes étaient unies autour de la cause, les divisions ne se confinaient pas seulement au PLQ. L'ancien premier ministre Trudeau maintenait son opposition et il l'a fait savoir lors d'une conférence fort médiatisée tenue dans un restaurant montréalais, La Maison du Egg Roll[51]. Il semblait dès lors que Jacques Parizeau, Pierre E. Trudeau, Lucien Bouchard, Mario Dumont et Jean Allaire seraient unis contre l'Accord de Charlottetown. Bref, pour Parizeau et Trudeau, c'était maintenant le même combat.

Quelle ironie! Les têtes d'affiche de la coalition du OUI réuniraient Robert Bourassa, le premier ministre Brian Mulroney et le chef de l'opposition Jean Chrétien.

Le possible retour du Québec dans la fédération était bien vu par les partenaires. Tout en se préparant pour le référendum du 26 octobre, les fonctionnaires redoublaient d'ardeur pour mettre en place les textes juridiques appuyant les dispositions de l'Accord. La formulation de la question référendaire était aussi une étape importante. Au Québec, nous préférions une question simple pour l'électeur en faisant référence à l'Accord, sans préciser les grandes lignes du contenu. Même si le Québec allait tenir le référendum selon sa loi référendaire, nous devions nous entendre sur la formulation de la question. Le chef de cabinet de Brian Mulroney, Hugh Segal, convoqua l'ensemble des chefs de cabinet des premiers ministres provinciaux à Ottawa pour en discuter. J'avais, à la suggestion du premier ministre Bourassa, consulté Claude Ryan sur un libellé avant de me rendre à Ottawa. La question était courte et simple et j'avais le mandat de la présenter à mes homologues des autres provinces et au fédéral. Elle se lisait comme suit :

Acceptez-vous que la Constitution du Canada soit renouvelée sur la base de l'entente conclue le 28 août 1992 ?

À la suite d'une discussion animée entre des représentants des autres provinces, Segal trancha en faveur de l'approche québécoise. L'ensemble du groupe se rallia immédiatement. J'ai pu constater à quel point nos partenaires appréciaient le retour du Québec et ne voulaient rien faire pour nous faire obstacle à la veille d'un éventuel référendum.

Le camp du OUI au Québec était dirigé par Robert Bourassa. Sur le terrain, c'était le PLQ qui menait la campagne, sous la direction de l'organisateur en chef Jean Masson (un proche du premier ministre) et sous la structure du PLQ dans les circonscriptions.

Peu après le déclenchement de la campagne, l'enregistrement illégal d'une conversation téléphonique entre le conseiller constitutionnel et membre de la délégation du Québec à Charlottetown, André Tremblay, et la haute fonctionnaire associée à l'Accord du lac Meech, Diane Wilhelmy, fut rendu public dans les médias[52]. Selon l'enregistrement, les deux fonctionnaires remettaient en question la performance de Bourassa et les résultats obtenus, disant qu'« on s'est écrasé ». Cette nouvelle a eu pour effet de créer une onde de choc. Nous avions de la difficulté à croire que les deux fonctionnaires en question pensaient de la sorte, d'autant plus que Diane Wilhelmy n'était pas présente lors de cette ronde de négociations. Je connaissais André Tremblay depuis l'époque du Livre beige et je l'avais toujours considéré comme un homme discret et solidaire. Malgré une injonction empêchant la diffusion de l'enregistrement sans la vérification de son authenticité, le contenu s'est retrouvé dans les médias de Toronto.

Leurs propos eurent l'effet d'une véritable bombe dans la campagne en cours. Nous avons perdu le référendum à ce moment-là. Jamais nous n'avons repris le leadership par la suite. Malgré les gains que nous croyions avoir faits à la table des négociations, nous devions faire face aux prétendues allégations d'un proche conseiller du premier ministre remettant en question le comportement du chef du gouvernement et les résultats obtenus. Nous nous sommes vite rendu compte que les difficultés vécues ici, au Québec, seraient accentuées par la tenue de la campagne pancanadienne. Les premiers ministres des autres provinces utilisaient des arguments pour tirer profit de leur appui à l'Accord. Très souvent, ils minimisaient les gains du Québec, ce qui rendait notre tâche plus ardue sur le terrain. L'enregistrement Wilhelmy-Tremblay, les messages souvent contradictoires du Canada anglais concernant les concessions faites au Québec et la coalition du quatuor Parizeau-Trudeau-Dumont-Bouchard, entre autres, ne laissaient présager rien de positif pour le camp du OUI au Québec.

Pour ajouter à la complexité de la situation, nous étions interpellés par les médias pour la tenue d'un débat télévisé sur l'ensemble des réseaux entre les chefs du OUI et du NON, Bourassa et Parizeau. Nous percevions cet évènement comme la dernière chance pour sauver les meubles. En compagnie de l'ex-ministre Fernand Lalonde, j'étais responsable de négocier les modalités du débat avec le consortium des réseaux de télévision (SRC, TVA, Télé-Québec). C'était le premier débat télévisé à l'échelle nationale depuis celui de Lesage et Johnson, en 1962. Nous devions convenir du format, du déroulement et des sujets à débattre.

Pour Bourassa, la télévision n'était pas le média idéal pour tenir un débat. Il aurait préféré être assis à une table et avoir l'Assemblée nationale comme décor, mais les réseaux de télévision rejetaient carrément cette formule. De plus, il souhaitait aborder une série de sujets, ce qui lui permettrait de débattre sur le fond le fédéralisme par rapport à la souveraineté. Il voulait à tout prix faire valoir les gains obtenus (dont l'essence de Meech) dans l'entente et contrer la perception créée par les propos des deux fonctionnaires du gouvernement québécois. Il fallait donc des « échanges libres », sans questions de la part d'un modérateur. Ces échanges permettraient à Bourassa de redevenir le «débatteur» parlementaire, un rôle dans lequel il excellait. Dans l'ensemble, nous avons obtenu le format désiré et le déroulement prévu nous plaisait.

Lors des préparatifs, j'ai pu constater le style de Bourassa. Le premier ministre avait établi les grandes lignes de son message, de sa vision et de son argumentaire. Il prévoyait les arguments que son adversaire évoquerait. La grande partie de sa préparation s'est faite chez lui, seul, d'où il téléphonait à certains de ses collaborateurs – Gil Rémillard, Jean-Claude Rivest, l'attaché politique responsable de la période des questions et des travaux parlementaires, Claude Lemieux, et un fonctionnaire de longue date à la «mémoire d'éléphant», Roland Lebel – pour obtenir des informations. J'ai toutefois insisté pour qu'il rencontre en personne tous ses collaborateurs au moins une fois avant la tenue du débat, ce qu'il a accepté. Sa seule condition : pas de mise en scène, pas de répétition. Cela se voulait une discussion de fond sur tous les sujets plutôt qu'une séance de préparation au débat. Cette rencontre a eu lieu un samedi soir dans ses bureaux d'Hydro-Québec. Il était évident, à la fin de la soirée, que Bourassa était prêt pour le débat du lundi suivant.

Le soir du débat, le 12 octobre 1992, le premier ministre était calme, tout en buvant son verre de lait coutumier. Avant son entrée en scène, il décida de saluer son adversaire Jacques Parizeau dans sa loge en lui offrant du chocolat. J'allais constater par la suite que c'était là, bien sûr, une manœuvre «à la Bourassa» pour déstabiliser son opposant. Parizeau a paru surpris et décontenancé. Le débat s'est déroulé comme prévu. Parizeau semblait nerveux et Bourassa, avec son flegme habituel, intervenait de façon assurée et persistante. Nous sommes sortis confiants. Pour nous, notre premier ministre avait gagné et nous étions encore dans la partie. Les deux semaines suivantes ont revigoré notre campagne, mais nous savions que nous tirions de l'arrière et que la victoire était loin d'être acquise.

À la veille du scrutin, les derniers sondages internes mettaient le OUI à 39 %. Quand j'ai communiqué ces chiffres au premier ministre, sa réaction m'a étonné. Il savait que cette campagne ne se dirigeait pas vers une victoire. Il avait toutefois bon espoir que nous terminerions à 42 % ou 43 %, en m'expliquant le phénomène de la « prime de l'urne ». Selon lui, et avec de multiples exemples à l'appui, il me démontrait que le vote fédéraliste (donc celui du PLQ) était toujours sous-estimé de 3 % ou 4 %. Pour lui, battre le 40 % de René Lévesque en faveur de la souveraineté lors du référendum de 1980 avait une valeur symbolique.

Le 26 octobre, le NON gagna avec cette coalition unique composée de Parizeau, Bouchard, Trudeau et Dumont. Au Québec, le résultat donnait 57 % au NON et 43 % au OUI ; à l'échelle du pays, c'était 54 % au NON et 46 % au OUI. Les provinces de l'Atlantique, incluant Terre-Neuve mais à l'exception de la Nouvelle-Écosse, avaient voté pour le OUI. Un peu ironique que Clyde Wells, de Terre-Neuve, ait appuyé avec succès la position du Québec ! L'Ontario avait donné une courte victoire au OUI et l'Ouest avait rejeté l'Accord. Mais Bourassa avait eu raison avec son 43 %.

Les historiens feront l'analyse de cette campagne qui s'est soldée par une victoire du NON au Québec et dans le reste du Canada. L'impopularité du gouvernement Mulroney au Canada anglais à la suite de décisions controversées, notamment celle d'instaurer la TPS, y fut pour beaucoup. L'affaire

Wilhelmy-Tremblay a également porté un dur coup au camp du OUI, tout comme les divisions chez les fédéralistes alors que Trudeau poursuivait ses attaques contre les concessions faites au Québec. La scission au PLQ n'a pas aidé non plus au Québec. En rétrospective, je crois qu'il était impossible de gagner ce référendum avant même qu'il soit déclenché.

En fin de soirée, vers minuit, j'ai eu mon habituelle conversation téléphonique avec le premier ministre. Il souligna que le Québec avait choisi de dire NON comme l'ensemble canadien − et, donc, que le résultat national ne pouvait pas être interprété comme un rejet du Québec. Un OUI au Québec et un NON au Canada anglais auraient été catastrophiques. Et, puisqu'il fallait bien trouver une consolation, tout avait été fait démocratiquement et le Canada était toujours uni au soir du 26 octobre 1992! Finalement, Bourassa conclut la conversation en me disant: «Au moins, John, on a évité la rupture.» J'ai ressenti un grand soulagement.

Je persiste à croire que l'Accord de Charlottetown représentait un grand gain pour le Québec. C'est ce que pensaient également Bourassa et le ministre Rémillard. Le seuil des 25 % des sièges au Parlement canadien à perpétuité aurait été très important. Depuis, j'ai consulté différents acteurs de l'époque et, sur le fond, l'Accord de Charlottetown représentait plus de progrès que celui de Meech. Cela dit, Charlottetown n'était pas «vendable» compte tenu du climat dans lequel nous nous trouvions à la suite de l'échec de Meech.

Lors d'une conférence à Montréal commémorant les 10 ans du rejet de Charlottetown, j'ai fait l'observation que la tenue d'un référendum pancanadien sur une entente de grande envergure était un précédent qui risquait de rendre le statu quo permanent. Force est de constater qu'il est très difficile de rallier l'ensemble de la population canadienne autour de propositions qui concernent chacune des provinces de façon différente. En effet, depuis plus de 20 ans, aucun chef politique canadien n'a senti le besoin de reprendre les discussions d'ordre constitutionnel.

L'AUTRE COMBAT RECOMMENCE

Dans les jours suivant le référendum de 1992, j'ai ressenti un essoufflement dans l'ensemble du Québec sur la question constitutionnelle et un désir de passer à autre chose. Contrairement à l'échec de Meech, où les esprits s'étaient échauffés, l'échec de Charlottetown m'a paru comme un soulagement et le début d'une détente. Assez, la Constitution !

Le premier ministre était serein, je dirais même dégagé. Mais il devait s'occuper d'un autre sujet − le statut de Mario Dumont au comité de direction du parti après sa campagne du côté du camp du NON. Dumont avait été un fidèle de l'orthodoxie « allairiste » et l'Accord de Charlottetown n'allait aucunement dans la direction du rapport Allaire. Pour certains militants libéraux, sa dissension était compréhensible et prévisible. Ce qui était inacceptable fut sa campagne pour le NON. Certains, au parti et au caucus, voyaient cela comme une « trahison ». Bourassa ne pouvait pas rester indifférent.

À la réunion du comité de direction du PLQ suivant le référendum, Bourassa décida de confronter Mario Dumont sur sa démarche. Le débat se fit devant environ 30 personnes. Il était clair que le chef du parti n'allait pas passer l'éponge sans une forme de sanction. La solidarité et la loyauté sont des ingrédients essentiels à la survie d'un parti. Comme ancien directeur général du parti, je comprenais sa position. On peut être en désaccord avec son parti, mais on ne travaille pas contre lui.

Dumont, voyant la persistance du chef, a demandé une pause-santé. Quelques minutes plus tard, nous apprenions qu'il avait quitté les lieux pour aller donner une conférence de presse dans un autre endroit pour annoncer son départ du PLQ. Nous aurions préféré un autre dénouement, mais, en rétrospective, il était difficile de concilier les convictions de Mario Dumont avec celles du chef et ses responsabilités pour assurer l'unité de sa formation. Jean Allaire a ensuite fait la même constatation que Dumont. Les deux se sont donc unis pour former un nouveau parti, l'Action démocratique du Québec (ADQ), qui serait du prochain rendez-vous électoral[53].

À quelques jours de Noël, le premier ministre et son entourage se réunirent pour une soirée des fêtes. Nous étions tous exténués en raison des évènements des derniers mois. Bourassa était néanmoins satisfait que nous puissions passer à autre chose même si la signature d'une entente constitutionnelle ne s'était pas concrétisée. Mais il avait gagné son combat et il allait continuer de bâtir le Québec dans le Canada. Maintenant, il pouvait se concentrer sur ses priorités qui demeuraient toujours les mêmes – l'économie et l'emploi.

Le samedi avant la fin de la session d'automne de l'Assemblée nationale, je reçus un appel du premier ministre qui m'annonça une nouvelle à laquelle je ne m'attendais pas : « Les médecins pensent que c'est revenu. » Il n'aimait pas prononcer le mot « cancer ». Il m'informa qu'il subirait des examens au début du mois de janvier. Il se préparait à rejoindre sa famille à Miami pour la période des fêtes. Contrairement au premier diagnostic de septembre 1990, où je ressentais la fragilité du premier ministre, j'ai immédiatement constaté qu'il était fortement ébranlé. Pas de doute : à la veille de partir pour la Floride, Robert Bourassa était bouleversé.

Pour la première fois, je réalisais que le temps n'était plus le fidèle allié d'autrefois de Robert Bourassa et qu'un nouvel épisode de son combat contre le cancer venait de s'inscrire à l'ordre du jour de la quatrième année du mandat de son gouvernement.

_____

CHAPITRE 11

L'HÉRITAGE ET LA SUCCESSION

AU DÉBUT DE JANVIER 1993, ROBERT BOURASSA SE REND DE nouveau à Bethesda pour évaluer la nature de la récidive de son cancer de la peau. Il me demande d'informer la vice-première ministre Lise Bacon et Claude Ryan de sa situation. Quelques jours plus tard, le diagnostic est confirmé : c'est sérieux, et il devra subir des traitements à l'interleukine-2. Il s'agit d'un nouveau traitement expérimental qui s'avérera très exigeant, beaucoup plus qu'il ne le prévoyait.

J'avoue que cette nouvelle m'a grandement bouleversé. Je sentais une profonde inquiétude dans sa voix. Je ne trouvais pas les mots pour le réconforter et, étant donné qu'il n'était pas porté à exprimer ses émotions, j'ai aussi fait preuve de retenue. J'observais chez lui le malaise qu'il éprouvait à informer ses proches de la récidive du cancer. J'ai tenté de l'encourager, mais je le sentais vulnérable et fragile émotivement, beaucoup plus qu'en septembre 1990 lors du premier diagnostic de cancer.

Il se rendit comme prévu en Floride y rejoindre sa famille pour la période des fêtes. Encore une fois, il décida de ne pas déléguer ses pouvoirs, ce qui voulait dire que son chef de cabinet et son entourage seraient responsables du bon fonctionnement et des communications du gouvernement en son absence. Lise Bacon présiderait à nouveau le Conseil des ministres et assurerait les autres responsabilités protocolaires associées à la fonction de vice-première ministre. La situation était toutefois fort différente de la précédente. En 1990, nous étions en début de mandat et les spéculations concernant l'état de santé du chef du gouvernement étaient centrées sur son rétablissement et son retour à la direction du gouvernement.

En ce début d'année 1993, nous entamions la quatrième année de notre mandat, normalement une année électorale. Il n'était pas surprenant que des rumeurs aient déjà commencé à circuler sur la possibilité que le premier ministre ne se représente pas et que la course à sa succession débute rapidement. Contrairement à 1989, où le chef de cabinet et le PLQ étaient en pleine préparation électorale, j'étais davantage en mode gestion de l'État tout en sachant qu'il y avait deux grands dossiers à l'horizon – les négociations avec les employés du secteur public et parapublic et le renouvellement, ou non-renouvellement, de la clause dérogatoire concernant l'affichage commercial. La date de tombée de ce dernier dossier était prévue pour le 22 décembre 1993, soit cinq ans après l'adoption de la loi 178 en 1988. Les préparatifs électoraux n'étaient donc pas prioritaires.

De plus, bien au-delà de mes responsabilités professionnelles, j'avais développé une relation d'amitié encore plus profonde avec Robert Bourassa. Nos conversations ne se limitaient
pas seulement aux dossiers, aux stratégies et aux tactiques
politiques. Nous échangions sur des sujets relatifs à sa santé,
son moral et l'après-politique. Bref, des sujets personnels et
humains. Malgré ses réticences à parler de ces questions, Bourassa était préoccupé par les questions touchant directement
sa famille et ses proches.

Depuis 1990, il était devenu le grand-père de Mathieu, le
premier enfant de son fils François. Il redécouvrait ce qu'était
la paternité, la sienne ayant été hypothéquée par le fait qu'il
était devenu, à 36 ans, le plus jeune premier ministre de l'histoire du Québec. Son petit-fils occupait le centre de sa vie
personnelle. Combien de fois m'a-t-il téléphoné un vendredi
ou un samedi en me disant que sa femme Andrée et lui étaient
les « gardiens désignés » pour la soirée ? Lorsque Mathieu perdait un jouet, c'était une « priorité d'État » de le retrouver.

Par ailleurs, je me souviens de la conversation que nous
avions eue quand nous étions dans l'avion en direction de
Toronto pour une rencontre officielle avec le premier ministre
Bob Rae, en janvier 1992. Il était en rémission de son premier
cancer et il était en bonne forme. Durant ce vol, il m'avait
confié qu'il ne pensait pas se représenter aux prochaines
élections. La possibilité d'une récidive du cancer durant une
campagne électorale le préoccupait. Tout en reconnaissant la
« bête politique » qu'était Bourassa, j'avais toutefois ressenti
que ce constat était réel et sincère. Il aimait toujours la joute
politique et, n'eût été l'incertitude associée au cancer, il croyait
qu'il pouvait remporter un cinquième mandat et une troisième

victoire consécutive. Nous n'étions pas en avance dans les sondages, mais il restait du temps et nous savions que le temps, en politique, est un allié. Toutefois, il n'avait plus la même assurance en raison de son état de santé.

Graduellement, la conversation avait bifurqué sur l'héritage qu'il laisserait. En premier lieu, il avait parlé de la baie James, le traité de libre-échange et le virage technologique. Il croyait avoir fait de l'économie l'enjeu principal sur l'échiquier politique du Québec, et il avait évoqué une économie moderne tournée vers l'avenir avec une main-d'œuvre hautement qualifiée. Il avait également abordé la question des universités, même s'il était parfois critique du système scolaire d'après la Révolution tranquille.

Il était fier de ses réformes sociales, comme l'assurance maladie, l'aide juridique, le Conseil du statut de la femme et la Charte des droits de la personne, ainsi que d'avoir fait du français la langue officielle du Québec. C'est à ce moment que je lui ai rappelé qu'il restait une ombre au bilan : « Comment se peut-il que l'auteur de la Charte des droits puisse reconduire la clause dérogatoire ? » Ce à quoi il m'avait répondu, sans hésitation : « On va l'enlever. » J'ai alors interprété cette réponse comme étant un « mandat » prioritaire en vue de son héritage.

Donc, le début de 1993 n'annonçait pas une année électorale normale. Pour moi, l'état de santé de Bourassa et son héritage étaient les priorités et au centre du travail de son entourage et du programme du gouvernement. La vice-première ministre, les cinq présidents des comités ministériels, le secrétaire général et l'entourage immédiat du premier ministre étaient bien au fait de ces objectifs. L'élection et, dans le cas où il tirerait sa révérence, l'éventuelle course à la succession viendraient plus tard. De toute façon, on se disait que Bourassa allait revenir.

LE COMITÉ DE GESTION

Lors de son premier combat contre la maladie, la gestion quotidienne du gouvernement avait été confiée à la vice-première ministre, au bureau du premier ministre et au secrétaire général, Bourassa n'ayant cependant jamais délégué ses pouvoirs exécutifs. La structure était souple et le contact quotidien et régulier avec le premier ministre nous permettait de poursuivre la gestion de l'État sans trop de heurts. Mais, cette fois-ci, le contexte d'une année électorale nécessitait une approche plus structurée et plus formelle.

Le premier ministre, conscient des spéculations à son sujet, reconnaissait l'importance de la discipline et de la solidarité. Pour cette raison et avec son accord, j'ai mis en place (le mardi soir, la journée précédant la réunion du Conseil des ministres) «le comité de gestion informel en l'absence de M. Bourassa» qui comprenait Lise Bacon, Claude Ryan, Gérard D. Levesque, Daniel Johnson, le président du comité ministériel en matière du développement régional, Marc-Yvan Côté, et le président du comité juridique, Gil Rémillard. Le conseiller exécutif Jean-Louis Dufresne était responsable des suivis et Sylvie Godin demeurait la principale porte-parole du gouvernement. Ces réunions ne se sont pas déroulées sans tensions, mais, dans l'ensemble, elles furent conformes aux attentes de Robert Bourassa.

Autant le premier mandat de Bourassa s'était déroulé dans une période de croissance économique où les négociations avec le secteur public s'étaient terminées par une entente avec des hausses de salaire bien accueillies par les syndicats, autant le deuxième mandat s'est passé dans le cadre d'une récession économique où les finances publiques étaient durement touchées. Avec des déficits annuels en croissance, le gouvernement avait dû procéder à des compressions et des transferts de responsabilités vers les municipalités, ce qui a occasionné des hausses de taxes. C'est dans ce contexte que le gouvernement a entrepris les négociations avec ses employés. Le président du Conseil du trésor allait en avoir plein les bras.

Le gouvernement a aussi pris une décision stratégique au début de 1993. Au lieu d'attendre la session d'automne pour traiter de la question linguistique, et compte tenu des préparatifs qui étaient déjà en cours à la fin de 1992, le gouvernement a préféré agir à la session de printemps et légiférer en juin, soit six mois avant l'échéancier de cinq ans de la clause dérogatoire sur l'affichage commercial prévu dans la loi 178 et prescrit dans la Constitution de 1982.

Le ralentissement de l'économie était un enjeu important. En 1987-1988, le Québec avait fortement appuyé, et de façon déterminante, l'entente sur le libre-échange conclue entre le Canada et les États-Unis. Depuis, des négociations avaient commencé pour inclure le Mexique. Dans les deux cas, le Québec avait son représentant à la table des négociations avec le responsable fédéral. L'entente, négociée sous la présidence de George Bush père et du premier ministre Mulroney, a été complétée sous la gouverne du nouveau président Bill Clinton et du nouveau premier ministre canadien (à la fin de 1993),

Jean Chrétien. Bourassa suivait le déroulement des négociations de près avec les différents ministères responsables.

Finalement, le gouvernement a aussi décidé de procéder à une ambitieuse réforme du Code civil – la première depuis l'Acte de Québec de 1774 –, sous l'habile direction du ministre de la Justice Gil Rémillard. Il a aussi permis l'ouverture des commerces le dimanche, projet piloté par le ministre de l'Industrie et du Commerce, Gérald Tremblay. Le prochain budget du ministre des Finances Gérard D. Levesque serait vraisemblablement son dernier et son plus exigeant. Bref, l'année 1993 se présentait comme une année encore remplie de défis et, possiblement, de surprises.

Robert Bourassa reprit la direction du Conseil des ministres en mars 1993.

CLAUDE RYAN ET L'HÉRITAGE

En 1974, le gouvernement Bourassa avait adopté la loi 22 faisant du français la langue officielle du Québec. La communauté anglophone et certaines communautés culturelles, particulièrement la communauté italienne, s'étaient opposées aux dispositions de cette loi qui empêchait les parents immigrants d'inscrire leurs enfants au secteur anglophone. Un tel contexte avait donné naissance à un système de «classes clandestines» afin d'accueillir les enfants de ces communautés[54]. Ce développement s'est poursuivi à la suite de l'arrivée au pouvoir du PQ et après l'adoption de la loi 101.

Lors de l'élection de 1985, le PLQ s'était engagé à régler ce dossier des élèves dits «illégaux». Le nouveau ministre de l'Éducation et de l'Enseignement supérieur, Claude Ryan, fut responsable de trouver une solution. En 1986, au moyen d'une clause humanitaire pour permettre l'admissibilité des «illégaux» à l'école anglaise, Ryan parvint à régulariser leur situation sans heurts[55]. Ce fut une décision qui ne devait pas constituer un précédent et qui ne devait pas remettre en question les dispositions de la loi 101.

Lorsque le premier ministre a confié la responsabilité de l'application de la Charte de la langue française à Claude Ryan, j'ai applaudi à son choix, car si un ministre pouvait régler la question de la langue et de l'affichage commercial, c'était bien lui. Toujours méthodique et rigoureux, Ryan connaissait bien le dossier linguistique depuis son passage à la direction du journal *Le Devoir*. Il faut reconnaître qu'il favorisait toute démarche visant à renforcer la place et l'usage du français. En s'opposant à certaines dispositions de la Charte de la langue française lors de son adoption, en 1977, il favorisait une approche plus consensuelle que restrictive. Pour lui, tout était «dans la façon de faire».

En décembre 1988, il fut solidaire de la décision du gouvernement Bourassa. Lors du débat à l'Assemblée nationale, il souleva que le choix de la langue en matière d'affichage commercial n'était pas une question de liberté d'expression. Il se ralliait donc à l'utilisation de la clause dérogatoire pour une période de cinq ans. Ainsi, Ryan croyait que toute libéralisation de la Charte de la langue française pouvait se réaliser par des consultations et de la pédagogie. Il comprenait l'attachement profond des Québécois à leur langue et à la Charte, mais il croyait que, fondamentalement, le Québec était aussi attaché à la Charte des droits de la personne.

En décembre 1992, cela faisait maintenant plus de quatre ans que la loi 178 avait été adoptée. Ryan fut responsable de l'application des règlements de cette loi. J'ai travaillé étroitement avec lui et son entourage. Maintenant, le ministre avait une plus grande responsabilité – celle de revoir le bien-fondé de la loi qu'il avait défendue. Sa pensée avait évolué depuis vers une plus grande libéralisation de la loi. Il croyait qu'une solution politique, sans avoir recours à la clause dérogatoire, était possible. Il comprenait que c'était aussi la volonté de Robert Bourassa. En se donnant un plan de travail qui comportait des audiences publiques en commission parlementaire, la demande d'un avis au Conseil de la langue française et la création d'un groupe de travail constitué d'experts externes et de hauts fonctionnaires, Ryan a dirigé ce dossier potentiellement explosif d'une main de maître.

Comme chef de cabinet de Bourassa, j'avais la responsabilité de suivre cette démarche en étroite collaboration avec le nouveau chef de cabinet de Ryan, Martial Fillion. Celui-ci connaissait la volonté du premier ministre de modifier la loi sans avoir de nouveau recours à la clause dérogatoire, et il a coopéré pleinement avec le bureau du premier ministre.

Rentré de convalescence à la fin de février, Bourassa m'a demandé des comptes rendus sur le déroulement de ce dossier. Il ne voulait pas donner de directives à Ryan et il connaissait bien ma relation avec lui. Il avait pleine confiance que le ministre arriverait à une solution sans avoir recours à la clause dérogatoire. J'en étais moins certain. Par contre, la collaboration de Martial Fillion a été essentielle pour maintenir le cap sur l'objectif, car, à l'occasion, Ryan se questionnait sur l'ampleur de la libéralisation de la loi. Il ne voulait pas qu'elle soit interprétée comme un recul du français. Il fallait assurer l'obligation et la prépondérance du français et il était bien conscient que ce que nous appelions le « visage français » du Québec serait le critère sur lequel les milieux nationalistes évalueraient le projet de loi. Nous souhaitions surtout éviter la mobilisation de ces milieux dans la rue, comme cela avait été le cas au moment du jugement de la Cour suprême sur l'affichage, à la fin de 1988.

Au printemps, deux évènements furent déterminants quant à notre prise de position. Tout d'abord, un comité des droits de la personne de l'ONU statua sur une plainte concernant la position du Québec, s'opposant à toute restriction ou prohibition d'une autre langue. La position de ce comité rejoignait de plus en plus celle de Ryan – soit la prépondérance du français sans l'interdiction d'une autre langue. Puis, lors d'une rencontre avec le groupe de travail de Ryan, Thomas Mulcair, alors président de l'Office des professions, suggéra que tous les panneaux-réclames des grandes surfaces restent en français uniquement pour assurer le « visage français » du Québec. À titre d'avocat, Mulcair soutenait que cette restriction pouvait se faire sans utiliser la clause dérogatoire et ainsi mettre la loi à l'abri d'une contestation juridique. Après vérification auprès d'avocats constitutionnels, Ryan y a souscrit. Je resterai à ce jour très reconnaissant envers Thomas Mulcair, son intervention ayant été déterminante à un moment critique.

Le Conseil général du PLQ de 1993 a entériné les orientations de la démarche de Ryan. La Commission-Jeunesse, plus nationaliste, les a aussi approuvées. En mai 1993, le projet de loi 86 a été déposé, modifiant la loi 178 concernant l'affichage commercial extérieur et éliminant aussi la Commission de la protection de la langue française pour l'intégrer à l'Office de la langue française.

Claude Ryan a poursuivi son plan de travail jusqu'à l'adoption de la Loi modifiant la Charte de la langue française (la loi 86), le 17 juin 1993. Le PQ s'y est opposé, tout comme les milieux nationalistes. Mais, contrairement à la mobilisation à la suite du jugement de la Cour suprême, en 1988, le Québec était prêt à accepter l'esprit de ce jugement et la nouvelle loi. Pour moi qui avais eu une crise de conscience devant la loi 178, mais qui avais décidé malgré tout de rester en fonction au sein du gouvernement, c'était une réconciliation. Bourassa avait tenu parole et Ryan avait rempli ses engagements. La communauté anglophone l'a aussi reconnu. Depuis le soir du référendum, le 20 mai 1980, je n'avais jamais ressenti autant d'émotion et de fierté. Je croyais avoir fait une différence.

Le consensus dégagé par Ryan a fonctionné jusqu'à maintenant, même lorsqu'un gouvernement péquiste s'est retrouvé au pouvoir. Avec l'appui de Bourassa, la méthode Ryan – préparation rigoureuse, force de l'argument, consultations, écoute et recherche de solutions équilibrées – a porté ses fruits. Je me suis dit qu'en fin de compte, travailler à l'intérieur du gouvernement avait permis d'apporter ce changement.

Robert Bourassa était profondément attaché au Québec. La protection ainsi que la promotion de la langue française étaient aussi centrales dans sa pensée politique que le maintien du Québec dans la fédération canadienne. Il recherchait une solution durable et pour ce faire, il avait besoin de temps. Il avait la profonde conviction que la communauté anglophone devait se sentir chez elle au Québec et que nous devions respecter à tout prix ses droits. En 1988, il m'avait promis que la loi 178 ne serait que temporaire et il a tenu parole. Aujourd'hui, on constate que nous avons fait des progrès tant sur la question du français que sur la cohésion sociale au Québec. Cela fait partie de l'héritage de Robert Bourassa. Je suis fier d'y avoir été étroitement lié.

NÉGOCIATIONS ET BUDGET

Les pourparlers avec les employés du secteur public commencèrent à l'automne 1992 et s'intensifièrent à partir de janvier 1993. Notre principale demande portait sur un effort de réduction des dépenses de 1 % qui pourrait se réaliser par des baisses de salaire ou par une augmentation de la productivité. Contrairement à la coutume, j'ai assisté – mais sans négocier – aux réunions entre le président du Conseil du trésor, Daniel Johnson, et les principaux dirigeants syndicaux. Ma présence aux rencontres avait pour but de démontrer que la position du gouvernement était ferme et que Johnson avait l'appui entier du premier ministre.

Celui-ci a repris du service à temps plein en mars et il a pu se concentrer, avec son ministre des Finances Gérard D. Levesque, sur la préparation du budget 1993. L'économie tournant au ralenti et le déficit étant en hausse, le gouvernement a présenté un budget qui réduisait les dépenses et augmentait les impôts des mieux nantis. Les réactions furent négatives. Une mésentente sur le caractère rétroactif d'une hausse d'impôt pour des hauts salariés a valu au gouvernement une intense désapprobation du monde des affaires, les alliés naturels du gouvernement libéral.

À la fin de la session, le gouvernement avait réussi à adopter la loi 86 sur l'affichage commercial, à approuver la loi 102 qui décrétait les grandes lignes de l'offre gouvernementale (gel des salaires et récupération de 1 % sur la productivité) aux employés du secteur public sans la sanctionner (elle est entrée en vigueur plus tard, à l'été 1993), à adopter sa réforme du Code civil et son budget controversé de même qu'à libéraliser les heures d'ouverture des commerces. Bourassa était satisfait du dénouement de cette session. Les résultats des sondages favorables au gouvernement étaient à la hausse, ce qui permettait aux militants d'envisager le prochain cycle électoral avec optimisme et, possiblement, une troisième victoire consécutive avec Robert Bourassa. Mais ce scénario ne figurait pas dans les plans du premier ministre.

Il pouvait maintenant se concentrer sur les prochaines étapes : son départ et sa succession.

LE DÉPART DE ROBERT BOURASSA

Au cours de l'hiver et lors des consultations sur la question linguistique, au printemps 1993, il serait faux de dire qu'il n'existait pas certaines appréhensions au sein du gouvernement. Malgré le bon fonctionnement du comité de gestion mis en place en l'absence du premier ministre, la même question revenait sans cesse : est-ce que Robert Bourassa dirigera les troupes libérales lors des prochaines élections ? Nous étions « techniquement » en année électorale. Le dossier linguistique, la convalescence du premier ministre et les négociations avaient largement dominé l'échiquier politique, mais les spéculations sur l'avenir de Bourassa ne pouvaient pas être ignorées. Il en était conscient et il trouvait cela normal dans les circonstances. Nous n'étions plus en 1990 et la possibilité que des gens ambitieux convoitent son poste ne le préoccupait aucunement.

À plusieurs reprises, lors de nos conversations de fin de soirée, nous avons parlé de sa succession. Bourassa en souhaitait une qui ne diviserait pas le parti et qui ne romprait pas avec les grandes lignes de son action politique : donner priorité à l'économie et à l'emploi, bâtir le Québec au sein du Canada et maintenir l'équilibre linguistique. Toutefois, nous étions conscients qu'obtenir un troisième mandat ne serait pas une mince tâche. Depuis 1945, seul Duplessis avait réussi ce tour de force. Le principe de l'alternance était bien établi.

Le PQ, sous la gouverne de Jacques Parizeau, n'était pas imbattable. Parfois, je sentais chez Bourassa le désir de faire une ultime course. Force est d'avouer que notre popularité comme gouvernement était à la baisse depuis la crise d'Oka, les effets de la récession économique (1990-1991) et l'échec constitutionnel. De plus, nous étions au pouvoir depuis huit ans. Le désir de changement devient alors un facteur incontournable. Dans les circonstances, il était normal que l'on pense à la succession. Fait à noter, la cote de popularité personnelle de Bourassa était encore à un niveau respectable et les intentions de vote envers le gouvernement se situaient au-delà de 40 %. Bref, on était encore dans la lutte !

Quant aux spéculations concernant les successeurs potentiels, certains noms avaient commencé à circuler, dont ceux de Daniel Johnson, Pierre Paradis, Gérald Tremblay, Gil Rémillard et, peut-être, Lise Bacon. Même le nom du vice-premier ministre fédéral et candidat à la succession de

Brian Mulroney, Jean Charest, fut évoqué. Ce dernier avait vite tué dans l'œuf cette éventualité, indiquant clairement à des proches son désir de poursuivre sa carrière sur la scène fédérale. La vice-première ministre avait fait un bon travail en l'absence du premier ministre Bourassa, mais elle préférait rester près du chef du gouvernement pour assurer son bon fonctionnement.

Lors de nos conversations, Bourassa évaluait les talents et les handicaps de chacun. Il n'avait aucune intention de s'immiscer dans le processus des mises en candidature, mais il était loin d'être indifférent au choix de son remplaçant. Gagner les prochaines élections sous la gouverne de son successeur assurerait son héritage et la poursuite de son œuvre économique.

Sans avoir confirmé sa décision de ne pas briguer les suffrages une dernière fois, il gérait l'État tout en préparant son départ. Le nom de Daniel Johnson comme successeur potentiel était le plus souvent mentionné dans les officines du parti et dans les médias. C'était un secret de Polichinelle qu'il bénéficiait de beaucoup d'appuis au sein du caucus et des militants. Le nom «Johnson» avait une résonance auprès des militants. S'il devenait candidat, nous étions certains qu'il partirait avec une longueur d'avance.

Bourassa connaissait mon passé et mon amitié avec Johnson, et il n'hésitait jamais à le décrire comme une valeur sûre. Leur relation était excellente, mais ils n'étaient pas des amis intimes. Intègre et rigoureux, Johnson maîtrisait fort bien ses dossiers au Conseil des ministres. Comme président du Conseil du trésor, il jouait son rôle avec fermeté et discernement. Bourassa le respectait et estimait sa constance. Cependant, ces qualités ne le rendaient pas nécessairement sympathique ou populaire à l'extérieur du cercle politique. Certains de mes amis hors de la politique, et les médias en particulier, le trouvaient froid, sans charisme et sans compassion. C'était mal le connaître, mais force est de constater que le personnage politique semblait avoir pris le dessus sur le côté humain. Donc, si ce n'était pas Johnson, qui alors ?

À l'été 1993, Robert Bourassa décida qu'il allait faire connaître ses intentions quant à son avenir. Le 14 septembre, il annonça sa retraite de la vie politique dès que le parti aurait choisi un nouveau chef. Les éloges et les bilans n'ont pas tardé à venir. En effet, Bourassa avait un bilan fort respectable selon l'ensemble des analystes. Même ses adversaires lui concédaient des réussites marquantes : son retour comme premier ministre en 1985 après la cuisante défaite de 1976, l'assurance maladie, la baie James, le français comme langue officielle et la Charte des droits de la personne furent ses réalisations les plus mentionnées. Les échecs constitutionnels, la crise d'Octobre, les affrontements avec le Front commun syndical et la crise d'Oka furent toutefois des évènements plus controversés. Dans l'ensemble, le consensus était qu'il avait été un premier ministre marquant.

Sur le plan personnel, j'éprouvais diverses émotions. D'une part, je pensais avoir fait mon boulot et je me disais qu'il était temps de consacrer plus de temps à ma famille. D'autre part, j'avais vécu des moments personnels fort exaltants avec Bourassa, comme nos longs soupers partagés lui et moi au «bunker» – l'édifice G à Québec –, au cours desquels nous parlions de nos familles, des éditoriaux du journal *The Economist* et du baseball de l'époque des Royaux de Montréal qui jouaient au stade Delorimier, non loin du quartier de sa jeunesse. J'ai aussi apprécié nos échanges plus pointus sur les dossiers linguistique et constitutionnel ainsi que les relations avec la communauté anglophone. Ces discussions survenaient souvent lors de nos longues marches régulières sur le toit de l'édifice G, hiver comme été. Bourassa adorait le grand air et le soleil !

Je l'avais connu émotif, parfois au bord des larmes. Je me souvenais à quel point il avait été profondément touché par les paroles de la comédienne Dominique Michel au *Bye Bye* de 1990, lorsqu'elle lui avait souhaité un prompt rétablissement devant des centaines de milliers de téléspectateurs québécois. Jamais plus je ne vivrais dans ma vie aux côtés d'un homme aussi attachant. Robert Bourassa aimait passionnément la politique, une passion qui rejaillissait sur tout son entourage. Je savais qu'il allait profondément s'ennuyer de ce métier. Moi aussi… J'ai réalisé qu'à force de le côtoyer et de travailler avec lui tous les jours, on devenait un peu comme lui.

Je réfléchissais donc aussi à la possibilité d'abandonner mon poste en même temps que lui. Après plus de huit ans de vie active en politique et tous les sacrifices que cela avait exigés de mes proches, il était temps de « rentrer à la maison ». J'avais eu l'honneur de servir un grand premier ministre et d'occuper une fonction au centre des débats importants et des crises politiques déchirantes. Mais pour le moment, je resterais à ses côtés pour assurer la transition.

DANIEL JOHNSON SE PRÉSENTE

À la suite de l'annonce du départ de Bourassa, le comité directeur du parti prépara la tenue d'un congrès à la direction, lequel était prévu pour le début mars. Certains noms ont vite commencé à circuler dans les médias. Sans surprise, celui qui a attiré l'attention dès le départ fut Daniel Johnson.

Sans doute celui-ci avait-il réfléchi à la course à la succession de Bourassa. Tout en étant loyaux et respectueux envers le chef sortant, certains de ses proches partisans s'étaient préparés au départ du chef. Le ministre André Bourbeau et le député de Saint-Louis et adjoint parlementaire de Johnson, Jacques Chagnon, étaient des hommes de confiance du président du Conseil du trésor. Ils m'ont informé des intentions de ce dernier. Johnson annonça sa candidature le 13 octobre 1993 au Musée national des beaux-arts du Québec, sur les plaines d'Abraham. Outre son épouse, Suzanne Marcil, il était accompagné d'une imposante brochette de députés, dont André Bourbeau, le président de sa campagne, et Jacques Chagnon. La présence de l'ancien chef Claude Ryan fut une surprise remarquée, mais aussi un signe de continuité. Il n'était pas surprenant que Ryan préfère Johnson à tout autre candidat, mais la présence d'un ancien chef apportait une aura et une légitimité à sa candidature.

La seule ombre à ce lancement fut, pour les plus nationalistes, la réponse de Johnson à une question d'un journaliste anglophone qui voulait savoir à quel point il était fédéraliste. Sa réponse affirmant qu'il était un Canadien « *first and foremost* » – en premier lieu et avant tout – l'a obligé à s'expliquer dans les jours suivants. Le lendemain, j'ai demandé au premier ministre s'il croyait que Johnson avait commis une bévue. Toujours sensible au vocabulaire, Bourassa me répondit que non, car le mot « Canadien » était plus populaire que le mot « fédéraliste » au Québec. Ah ! Bourassa et le vocabulaire…

D'autres noms se sont mis à circuler. Le ministre de l'Environnement, Pierre Paradis, candidat en 1983 et qui avait terminé en deuxième place devant Johnson, s'est désisté. Ceux des ministres Lucienne Robillard (Éducation), Yvon Picotte (Agriculture) et Gérald Tremblay (Industrie et Commerce) – la candidature la plus sérieuse – ont ensuite fait l'objet de spéculations et d'intérêt[56]. Mais personne n'a toutefois fait le saut. Gérald Tremblay avait été une recrue vedette lors des élections de 1989. Avec son profil économique, il pouvait, davantage que Johnson, représenter le renouveau et le changement pour un gouvernement en quête d'un troisième mandat consécutif. Il était l'auteur de la stratégie économique des «grappes industrielles», du sauvetage de la firme Lavalin et le promoteur de l'ouverture des commerces le dimanche. Tremblay avait certainement songé à faire le saut et les médias ont rapporté que l'ancien chef de cabinet Mario Bertrand était derrière sa candidature. La rumeur a duré quelques jours et lorsqu'il a choisi de ne pas se présenter, nous avons conclu au couronnement de Johnson. Le 11 décembre, Daniel Johnson était déclaré nouveau chef du parti. Dès l'annonce officielle, Bourassa l'a invité à prendre le rôle de «premier ministre en devenir».

Je croyais que l'importance de mon rôle allait graduellement diminuer, mais je me trompais. Le premier ministre Bourassa m'a confié le mandat d'assurer la transition. J'ai été surpris lorsqu'il m'a suggéré de rester en poste auprès du nouveau premier ministre. Il croyait que cela assurerait la continuité et, grâce à mon amitié avec Johnson, il pensait que ce dernier serait ouvert à cette idée. Je fus abasourdi par sa suggestion et je lui ai dit que son successeur devait avoir les coudées franches et choisir son personnel.

Quelques jours avant la période des fêtes, Bourassa me demanda d'accompagner Johnson à un dîner à la résidence du premier ministre canadien au 24, Promenade Sussex, à Ottawa, à la suite de l'invitation du premier ministre Jean Chrétien, élu en octobre 1993, pour discuter de dossiers prioritaires. Jean Pelletier, le chef de cabinet de Chrétien, était présent. Imaginez la scène : le nouveau premier ministre du Canada avec son chef de cabinet (un Québécois et un de mes amis personnels), le futur premier ministre du Québec et le chef de cabinet du premier ministre sortant. C'était du Bourassa tout craché ! Il me voyait déjà comme le futur chef de cabinet de Johnson.

Dans les jours qui ont suivi, le futur premier ministre refusa de désigner le responsable de la transition. Il souhaitait travailler directement avec moi. La date de l'assermentation du nouveau premier ministre fut fixée au 11 janvier 1994. La formation du nouveau Conseil des ministres et la transition se firent durant la période des fêtes.

PERDRE GÉRARD D. LEVESQUE

Avant le couronnement de Daniel Johnson, nous avons appris la triste nouvelle du décès du ministre des Finances Gérard D. Levesque. Il est juste de dire que ce dernier était, avec Claude Ryan, le mentor politique de Daniel Johnson. Vétéran de l'Assemblée nationale (37 ans), parlementaire hors pair et deux fois chef intérimaire du PLQ (1976-1978 et 1981-1983), M. Levesque a succombé à un cancer à la suite d'une récidive. Malgré son jeune âge – 67 ans –, Gérard D., comme on l'appelait, était l'un des plus influents membres du PLQ. Il était la conscience du parti et l'homme de confiance à la fois de Ryan et de Bourassa. C'est lui qui assurait l'autonomie du parti comme force distincte des libéraux à Ottawa et en tant que défenseur de l'identité québécoise sur la scène fédérale. Lors des débats sur la Constitution, en 1981, il a rappelé que notre loyauté première était envers le Québec et, durant le conflit linguistique en 1988, il a évoqué notre responsabilité à titre de défenseurs de la langue française. C'était une lourde perte pour l'ensemble de la classe politique.

Pour ma part, je consultais régulièrement Gérard D. Il était un véritable livre d'histoire. Toujours discret et réservé, je pouvais compter sur lui et je savais pertinemment qu'il agirait pour les intérêts du parti et non pour des considérations personnelles. Son départ fut un dur coup pour nous tous.

VERS LA PROCHAINE ÉLECTION

Avec un nouveau premier ministre et un nouveau Conseil des ministres, nous voilà donc dans la dernière année du mandat remporté en 1989 par le PLQ. Daniel Johnson et moi avons travaillé étroitement durant la période de transition pour mettre en place le nouveau Conseil des ministres. Tout en respectant l'héritage du gouvernement Bourassa, il était impératif que nous donnions un sens au futur gouvernement Johnson. Bourassa était du même avis.

Certains ministres clés sous Bourassa ont choisi de tirer leur révérence de la vie publique, notamment Gil Rémillard, Marc-Yvan Côté, Lise Bacon et Albert Côté. Ce fut donc l'occasion pour Johnson d'inviter certains députés du caucus à faire partie du nouveau Conseil des ministres. J'ai conseillé à

Johnson d'entreprendre cet exercice comme la phase 1 de sa démarche vers le « changement ». Nous devions présenter une équipe renouvelée avec une nouvelle vision. Le PQ se définirait comme le « vrai changement », mais notre défi était de ne pas lui concéder ce terrain par défaut.

Former un cabinet à la suite d'une victoire électorale laisse beaucoup de marge de manœuvre au premier ministre, qui doit tenir compte de plusieurs réalités. Mais ce n'était pas le cas pour Daniel Johnson. Il assurait la continuité et devait gouverner avec une équipe principalement formée par le premier ministre sortant. Il fallait toutefois apporter des modifications marquantes si nous voulions nous présenter comme une équipe renouvelée.

Pour ce faire, il a promu quelques députés à des postes clés – Jacques Chagnon à l'Éducation, Robert Middlemiss à la Sécurité publique, Serge Marcil à l'Emploi, Roger Lefebvre à la Justice et Gaston Blackburn, délégué aux Transports. Ensuite, il a nommé des ministres connus et fiables dans de nouvelles fonctions : André Bourbeau aux Finances, Monique Gagnon-Tremblay à la vice-présidence du Conseil exécutif et ministre déléguée à l'Administration et à la Fonction publique, et André Vallerand au Revenu. Pour assurer une certaine continuité, Claude Ryan demeura aux Affaires municipales. Finalement, il voulait mettre en évidence ceux que nous désignions comme la « nouvelle garde montante » : Gérald Tremblay, Liza Frulla, Lucienne Robillard et Normand Cherry, tous des candidats vedettes en 1989.

Le nouveau premier ministre m'invita à devenir son chef de cabinet, au grand plaisir du premier ministre sortant ! J'ai beaucoup apprécié ce geste de Johnson, tout en lui disant que nous devions prévoir ma relève dès que la nouvelle équipe serait bien en selle. Mes premières tâches furent donc de terminer la composition de son entourage immédiat et de former le comité électoral en vue du prochain scrutin. Je voulais former une équipe qui assurerait à la fois la continuité et le renouveau. Pour ce qui était de la continuité, j'ai recommandé Jean-Louis Dufresne pour faire le suivi des comités ministériels et, comme chef de cabinet adjoint, Jocelyn Dumas, qui avait été le chef de cabinet de Johnson et qui connaissait bien la façon de travailler du nouveau premier ministre, ce qui me permettrait de jouer pleinement mon rôle de conseiller et de préparer le rendez-vous électoral. Le conseiller spécial fut Pietro Perrino, un proche du parti et un organisateur hors pair. Claude Lemieux s'occuperait du caucus et des travaux parlementaires et Sylvia Morin et Martin Geoffrey furent affectés aux communications. J'étais persuadé que cette équipe aguerrie assurerait le bon fonctionnement du cabinet du premier ministre. Johnson, tout comme Bourassa, n'avait pas de comité des priorités.

L'ÉLECTION DE 1994

La formation du comité électoral était primordiale. En étroite collaboration avec le directeur général du PLQ, Pierre Anctil, nous avons mis en place une structure innovatrice ayant pour but de préparer la campagne (organisation, financement et communications), recruter des candidats vedettes et définir l'équipe Johnson comme étant « l'équipe du changement » pour l'avenir du Québec. De plus, il fallait bien cibler l'adversaire afin de mieux illustrer les contrastes entre les deux partis, prévoir la campagne du PQ et préparer le choix électoral à venir. Pour ce faire, j'ai recruté un ancien journaliste de Radio-Canada devenu consultant en communications, Richard Vigneault.

Au début de 1994, les sondages ne nous favorisaient pas, certains nous plaçant 10 points derrière le PQ. Nous savions aussi que la formation d'un tiers parti, l'ADQ sous la direction de Mario Dumont et Jean Allaire, pourrait nous faire perdre des libéraux déçus, des électeurs encore fidèles au rapport Allaire. Nous devions nous préparer plusieurs mois à l'avance. Nous étions donc en période préélectorale dès l'assermentation de Johnson.

Comment représenter le changement après neuf ans de pouvoir? Pour y répondre, nous avons étudié ce qui s'était fait à l'extérieur du Québec au cours d'élections récentes – Bill Clinton aux États-Unis, l'Albertain Ralph Klein et Jean Chrétien, tous trois élus en 1992-1993. Notre premier regard s'est porté sur l'Alberta, dirigée sans interruption par le Parti progressiste-conservateur pendant 22 ans, qui venait de remplacer son premier ministre, Don Getty, par Ralph Klein en 1992 et élire celui-ci le 15 juin 1993. Comment avait-il fait pour incarner le changement? Nous avons rencontré deux conseillers de Ralph Klein que j'avais connus à l'été 1993 lors d'une conférence des premiers ministres en Nouvelle-Écosse – Rod Love et Gordon Olsen.

Leur formule était simple: Daniel Johnson étant différent de Robert Bourassa, il devait être lui-même et imposer son programme, il fallait qu'il se démarque. Durant le peu de temps qu'il vous reste, disaient Love et Olsen, il faut imposer votre style de gouvernance. De plus, toutes les activités gouvernementales et les décisions électorales doivent être en symbiose. Love et Olsen ajoutèrent : « Vous êtes déjà en campagne électorale sans que cette dernière soit déclarée officiellement ! »

En ce qui a trait à l'organisation électorale, nous avons étudié deux autres campagnes réussies, celles de Bill Clinton en 1992 et de Jean Chrétien en 1993. À ma suggestion, le premier ministre Johnson, sa garde rapprochée et moi-même sommes allés visionner le documentaire intitulé *War Room* portant sur la campagne de Bill Clinton qui était projeté au théâtre Rialto, dans le Mile End à Montréal. Ce documentaire démontrait que la gestion d'une organisation électorale ne devait pas se faire derrière des portes closes, mais plutôt de façon ouverte pour éviter de faire campagne en « silos ». L'équipe devait passer avant les individus. C'est ainsi que toutes les opérations de la campagne de Clinton, tant celles des dirigeants que celles des principaux intervenants, avaient étaient préparées dans le *War Room*, une grande salle à aire ouverte.

J'ai aussi consulté Warren Kinsella, responsable du module *Quick Response Team*, un groupe d'intervention tactique de la campagne de Jean Chrétien et de ses principaux stratèges, Eddy Goldenberg et John Rae. Le groupe se consacrait à faire de la recherche sur l'adversaire, à trouver et à exploiter ses erreurs, à analyser les reportages des médias, à leur fournir des informations et à préparer des répliques et des réactions. Ce groupe travaillait 20 heures sur 24 à l'époque. L'ensemble de ces consultations nous a grandement préparés à une campagne innovatrice pour l'époque où nous ne partions pas gagnants, loin de là.

À la mi-février 1994, j'ai quitté, comme prévu, mon poste de chef de cabinet pour me joindre à l'agence de marketing et de publicité BCP à titre de vice-président. Le directeur général du PLQ, Pierre Anctil, est devenu le chef de cabinet du premier ministre, un choix judicieux que j'avais moi-même suggéré avant la période des fêtes. Le premier ministre Johnson avait reconnu les capacités de ce dernier à assumer cette fonction stratégique. Et, à la demande de Johnson, j'ai assumé la direction du comité électoral.

En peu de temps, le gouvernement Johnson a réussi trois bons coups : une entente avec le fédéral concernant la lutte à la contrebande des cigarettes, un accord Québec-Ottawa de 1,5 milliard de dollars sur les infrastructures et une entente interprovinciale sur le commerce intérieur. Nous aurions souhaité une entente administrative avec le fédéral sur la main-d'œuvre, et c'est dans ce but que j'avais accompagné le ministre Serge Marcil à une conférence fédérale-provinciale. Mais le gouvernement Chrétien travaillait déjà à la réforme de l'assurance emploi au pays et n'était pas disposé à conclure une entente bilatérale avec le Québec en cette matière.

Le PQ continuait à mener dans les sondages. L'ADQ était aussi une préoccupation dans notre plan de campagne. Il fallait à tout prix bien définir qui était notre adversaire principal. On avait beau connaître le PQ et son option, nous étions tout de même dans notre neuvième année de pouvoir et notre adversaire représentait davantage le changement que nous. Bref, notre plus grand atout, c'était la limpidité et la fermeté de notre adversaire Jacques Parizeau quant à son option : faire l'indépendance du Québec à tout prix.

C'est alors que notre principal conseiller en communications au comité électoral, Richard Vigneault, eut la brillante idée de qualifier une victoire du PQ et de son chef comme «l'enclenchement» du processus irrévocable vers l'indépendance. En une seule phrase, nous avons ainsi réussi à définir la position de notre adversaire : l'indépendance avant tout, sans possibilité d'en sortir !

Durant l'été 1994, le comité électoral a réussi à dénicher des candidats de marque – l'ancien syndicaliste devenu expert en environnement, Yvon Charbonneau, le président de la Commission des écoles catholiques de Montréal, François Ouimet, le président de l'Office des professions, Thomas Mulcair, une leader de la communauté musulmane de Montréal, Fatima Houda-Pepin, un ancien dirigeant d'Alliance Québec, Geoffrey Kelly, un réputé notaire de la communauté juive, Lawrence Bergman, un conseiller en matière constitutionnelle, Jean-Marc Fournier, et plusieurs leaders en région. Somme toute, une récolte impressionnante pour un parti au pouvoir depuis neuf ans.

La campagne électorale a été déclenchée le 24 juillet en vue des élections le 12 septembre. L'écart entre les deux grands partis rétrécissait depuis le jeu de mots sur «l'enclenchement» de la marche vers l'indépendance. Notre plan de match : représenter le changement avec une équipe renouvelée et un programme innovateur tout en faisant du PQ le parti de l'obsession référendaire. «La véritable indépendance du Québec est une économie prospère», clamait pendant ce temps notre programme électoral axé sur l'économie, qui comprenait entre autres un audacieux plan (pour l'époque) de développement de voitures électriques, tandis que nos publicités soutenaient que le PQ était obsédé par la souveraineté. Le fait que Parizeau ait promis un référendum dès sa première année au pouvoir a grandement aidé notre situation.

En appliquant la structure du *War Room* de Clinton et les méthodes du groupe d'intervention tactique de Chrétien, nous avons mené une campagne énergique et innovatrice. Pietro Perrino, l'organisateur en chef de la campagne, s'est assuré que nos équipes dans les comtés étaient hautement performantes et en symbiose avec les méthodes du *War Room*. L'écart diminuait et le débat des chefs pouvait être déterminant. Nous avions bon espoir que Daniel Johnson pouvait sortir gagnant. Je rappelais aux troupes que la tenue d'un débat télévisé impliquait deux facettes importantes : la négociation de son format et de ses règles avec les réseaux de télévision, et la préparation du candidat. Anctil et moi étions satisfaits du format qui était semblable à celui du débat Bourassa-Parizeau de 1992 et nous voyions qu'il nous favorisait.

La préparation fut une tout autre chose. Contrairement à l'approche de Bourassa, en 1992, alors que ce dernier refusait des répétitions et faisait la plupart de ses préparatifs seul en échangeant par téléphone avec ses collaborateurs, Johnson a eu une série de répétitions puis une session avec un grand nombre de collaborateurs, jusqu'à 16 heures le jour du débat. Il en est résulté une surdose de préparation avec des montagnes de données. Le débat n'a pas eu l'effet souhaité sur notre campagne. Un match nul n'était pas suffisant dans notre stratégie.

La campagne s'est aussi terminée par un match nul quant au vote populaire (PQ 44,8 %, PLQ 44,4 %), mais le PQ l'emporta avec un gouvernement majoritaire. Tout de même, la faible marge de 0,4 % nous a démontré à quel point notre plan de campagne avait été efficace. L'ADQ obtint 6 % du vote populaire et, selon nos analyses, sa récolte s'était surtout faite au détriment de Johnson et du PLQ. Mince consolation : nous avions repris tous les comtés anglophones perdus à la faveur du Parti égalité en 1989[57]. Visiblement, la loi 86 avait produit ses effets. L'Assemblée nationale du Québec serait composée de 77 députés du PQ, 47 députés du PLQ et 1 député pour l'ADQ, en la personne de Mario Dumont.

Dans les derniers jours de la campagne, Johnson croyait que la victoire était toujours possible. Le soir de la défaite et avant son discours pour concéder la victoire, alors que nous étions réunis avec des proches dans le bureau du premier ministre situé dans l'édifice d'Hydro-Québec à Montréal, j'ai pu observer son côté émotif. Il était profondément attristé par le verdict de la population. En compagnie de son chef de cabinet, Pierre Anctil, j'ai toutefois vu un Johnson se ressaisir rapidement lorsqu'on lui a rappelé que le prochain rendez-vous serait de toute importance et qu'il allait jouer un rôle déterminant pour l'avenir du Québec. Malgré ma propre déception, j'étais très fier de cette campagne et de la performance de mon chef. Ce n'était pas le moment de se retirer et de s'enfermer dans nos émotions.

Dès mes débuts en politique, je me suis fait un devoir d'éviter les regrets. Quand on subit un revers, on se retrousse les manches et on fonce de nouveau. En rétrospective, je reconnais cependant que la défaite de Daniel Johnson m'a attristé. Même s'il n'avait été que neuf mois au pouvoir, c'était suffisant pour constater qu'il avait les qualités requises et le tempérament pour être un très bon premier ministre. De tous les chefs du PLQ que j'ai servis, Daniel Johnson est aussi le seul de ma génération (seules deux années nous séparent). Mais, au soir de la défaite, nous n'avons pas eu beaucoup de temps pour penser à cela. Jacques Parizeau avait d'autres plans.

UN DÉFI NOUS ATTEND

Jacques Parizeau devint le 26e premier ministre du Québec. Sa victoire confirmait son engagement à tenir un référendum sur l'indépendance dans moins d'un an. Daniel Johnson avait fait une bonne campagne – certains disaient qu'il l'avait gagnée –, mais c'était tout de même le PQ qui était de retour au pouvoir. Des victoires morales ne veulent pas dire grand-chose. Lorsque Johnson a concédé la victoire à Parizeau, il parlait à la population non seulement comme le premier ministre sortant, mais comme le futur président du comité du NON. La campagne du prochain référendum était déjà commencée et tout un défi nous attendait. Encore plus grand qu'on le pensait.

Troisième partie

L'après

CHAPITRE 12

POURSUIVRE L'ENGAGEMENT

La période suivant l'élection de 1994 a été l'occasion de me concentrer sur mon nouveau défi dans le secteur privé et de poursuivre mon engagement pour des causes qui me tenaient à cœur. Malgré mon retrait de la politique active et de l'appareil gouvernemental, la politique demeurait toujours au centre de mes champs d'intérêt et mon nouvel employeur, la firme de marketing et de communications BCP, m'a laissé l'entière liberté de continuer à défendre mes convictions politiques dans différents forums[58]. Il faut dire que son propriétaire, Yves Gougoux, était lui-même un homme engagé dans différentes causes.

J'ai beaucoup apprécié sa confiance à mon égard, d'autant plus que lors de la recherche d'un emploi après mon départ du « bunker », j'ai vite constaté la réserve des dirigeants du monde des affaires à l'égard des rôles de gestionnaire, de stratège et de communicateur qu'un ancien chef de cabinet de premier ministre peut apporter aux entreprises du secteur privé. Un chasseur de têtes m'a même rapporté la réticence d'un patron d'une grande banque à m'embaucher parce que mon affiliation politique n'était pas celle du nouveau gouvernement au pouvoir.

Mon long passage en politique m'avait en quelque sorte préparé au marketing. Participer à une campagne électorale s'apparente beaucoup au lancement d'un nouveau produit dans le but de s'emparer de la plus grande part de marché. Dans un cas comme dans l'autre, l'objectif est de gagner la confiance de l'électeur ou du consommateur. En affaires comme en politique, il y a des stratégies et des tactiques pour attirer et graduellement gagner l'appui du citoyen ou du consommateur. Innover et m'adapter à de nouveaux défis faisaient partie de mon ancien univers politique et il en irait de même chez BCP. De concert avec mon collègue au bureau du premier ministre Jean-Louis Dufresne, j'ai aussi créé une firme spécialisée en gestion de crise, en conseil stratégique et en gestion de la réputation sous le nom de BCP Consultants. Malgré un changement radical dans mon rythme de vie, je me sentais bien dans mes nouvelles fonctions et j'avais des heures de travail plus convenables à une vie de famille. Je savais bien, cependant, que l'appel de la politique reviendrait tôt ou tard.

Un référendum sur l'indépendance étant au premier plan de l'actualité et une campagne référendaire à venir m'ont gardé en contact avec le PLQ. En vertu de la loi référendaire du Québec, le PLQ serait responsable de former la coalition du NON et dirigerait la future campagne. Malgré notre défaite électorale de septembre 1994, nous avions mené une campagne

innovatrice sur le plan organisationnel et nous étions persua-
dés qu'un référendum nous favoriserait. Cette fois-ci, je voyais
toutefois mon rôle comme celui d'un bénévole et non comme
celui d'un permanent, comme je l'avais été en 1980 et en 1992.

LE NOUVEAU PAYSAGE POLITIQUE

Brian Mulroney et Robert Bourassa n'étaient plus au pouvoir.
À Ottawa, Jean Chrétien était le nouveau premier ministre
depuis son élection, en 1993, et le chef de l'opposition officielle était le leader du Bloc québécois Lucien Bouchard.
Pour la première fois de son histoire, l'opposition à Ottawa
était dirigée par un parti voué à l'indépendance du Québec.
Le Parti progressiste-conservateur (PCC), avec son nouveau
chef Jean Charest, ne comptait que deux députés à la
Chambre des communes. Les réformistes (le Reform Party)
étaient désormais la nouvelle force conservatrice au Canada,
mais aucun de ses députés ne venait du Québec.

Perdre le pouvoir aux mains du PQ, après neuf ans à la tête
du Québec, n'a pas remis en question le leadership de Daniel
Johnson. Les militants libéraux avaient apprécié sa performance lors de la campagne de 1994. Le nouveau premier
ministre, Jacques Parizeau, n'a pas hésité à amorcer le processus
associé au référendum. Il avait promis de le faire à l'intérieur
de la première année de son premier mandat.

À l'extérieur du Québec, la question constitutionnelle ne
mobilisait pas les forces fédéralistes. Le gouvernement
Chrétien s'était fait élire grâce à un programme où la création
d'emplois et l'assainissement des finances publiques étaient

prioritaires. L'élection de Parizeau et la présence de Lucien Bouchard comme chef de l'opposition à Ottawa allaient toutefois imposer le sujet de l'indépendance du Québec à l'ordre du jour de la classe politique canadienne. Durant la campagne de 1994, nous avions vu juste lorsque nous avions décrit l'approche de Jacques Parizeau sur la souveraineté. Il avait le mérite d'être clair : son objectif était de séparer le Québec du Canada, il n'était pas question d'un référendum pour négocier un nouveau pacte fédéraliste.

LE PRÉRÉFÉRENDUM QUÉBÉCOIS

La fièvre souverainiste de la période post-Meech avait beau être à la baisse de façon importante, la réalité restait la même – le Québec était encore exclu de la Constitution de 1982. Avec Mario Dumont et la nouvelle ADQ qui était en faveur du rapport Allaire, trois partis étaient représentés à l'Assemblée nationale et nous pouvions prévoir que la question de l'indépendance resterait au centre du débat politique.

À la demande de Johnson, j'ai repris du service à titre de bénévole dans le comité stratégique préréférendaire et ensuite au *War Room* du comité du NON. J'étais associé à la préparation du plan de match en vue du référendum et à la mobilisation de la coalition fédéraliste québécoise pour l'organisation d'une action commune. Contrairement à 1980, où le PQ avait gouverné pendant quatre ans et où la possibilité d'une réforme constitutionnelle était dans l'air advenant que le Québec dise NON à l'indépendance, il s'était passé cinq ans depuis l'échec de l'Accord du lac Meech et trois ans depuis le rejet de l'Accord de Charlottetown. Mobiliser les fédéralistes québécois serait un plus grand défi qu'en 1980. Il n'y avait pas de projet constitutionnel du côté fédéral.

En peu de temps, j'ai réalisé que l'harmonie et l'enthousiasme ne dominaient pas au sein des forces fédéralistes. Le PLQ venait de perdre les élections et n'avait pas de véritable projet constitutionnel. Le gouvernement Chrétien ne voulait rien entendre de la réforme constitutionnelle. Et Jean Charest, à la tête du Parti conservateur avec seulement deux députés, était le chef du cinquième parti en importance à la Chambre des communes.

À l'opposé, le camp souverainiste s'attendait à profiter des échecs constitutionnels et du statu quo fédéraliste, ce qui pesait lourd contre les forces fédéralistes. Cependant, l'indépendance n'avait pas l'appui de la population à l'hiver 1995, ce qui a amené le Bloc québécois de Lucien Bouchard à carrément remettre en question un référendum à court terme.

Le gouvernement Parizeau lança une série de commissions régionales en vue de mousser l'intérêt en faveur de l'indépendance du Québec. À la suite de ces consultations, il a négocié une entente avec le Bloc québécois et l'ADQ pour élaborer la base de l'éventuel projet de souveraineté devant être présenté au référendum. Ce projet prévoyait que le Québec ferait une offre de partenariat économique et politique à Ottawa avant de déclarer son indépendance. Un délai d'un an était accordé au Canada. Le référendum était donc prévu à l'automne 1995 avec Jacques Parizeau, Lucien Bouchard et Mario Dumont comme principaux porte-paroles.

À l'été 1995, des médias ont fait état d'une rencontre privée tenue le 14 juin entre une quinzaine d'ambassadeurs de la Communauté économique européenne et le premier ministre

Jacques Parizeau au cours de laquelle ce dernier aurait comparé les Québécois à «des homards jetés dans l'eau bouillante après une victoire référendaire[59]». Le gouvernement péquiste, par la voix du vice-premier ministre Bernard Landry, a formellement nié que Parizeau ait tenu de tels propos. Cela eut pour effet de rallier les forces fédéralistes. L'image de «l'enclenchement» que nous avions utilisée lors de la campagne électorale de 1994 me revenait à l'esprit.

Malgré cette controverse, le PQ et ses alliés dictaient la ligne d'action politique, ce qui n'était pas le cas lors du référendum de 1980. En février de cette année-là, le premier ministre Trudeau venait d'être réélu à la tête du pays en raflant 74 des 75 circonscriptions du Québec. Claude Ryan était le nouveau chef du PLQ et avait développé un projet constitutionnel ambitieux et emballant. En 1995, le contexte était très différent: Chrétien formait un gouvernement majoritaire, mais Lucien Bouchard détenait la majorité des sièges au Québec, ayant fait élire 54 députés sur une possibilité de 75, Johnson venait de perdre les élections et son parti n'avait pas de programme constitutionnel. Même si l'option fédéraliste menait dans les sondages, les forces du OUI semblaient avoir le vent dans les voiles.

Il faut se rappeler qu'à l'automne 1994, la santé de Lucien Bouchard fut mise à rude épreuve. Victime de la fasciite nécrosante, communément appelée «bactérie mangeuse de chair», sa vie était en danger et les médecins durent lui amputer une jambe. Cette épreuve émut au plus haut point la population, qui salua son courage. Au moment où il reprit du service pour la cause souverainiste, il était prévisible que sa présence serait un facteur émotif et positif pour la campagne du OUI.

Il fallait donc innover et sortir des sentiers battus. Nous avons recruté comme porte-parole et dirigeant principal du comité du NON le député Michel Bélanger, anciennement de la commission Bélanger-Campeau. Le PLC se tourna aussi vers l'ancienne ministre du gouvernement Bourassa Lucienne Robillard, défaite à l'élection de 1994, mais élue au fédéral (dans la circonscription de Saint-Henri–Westmount) en février 1995 lors d'une élection partielle. Ces deux porte-paroles se joignirent à Jean Charest et au président du comité du NON, Daniel Johnson, pour défendre l'option fédéraliste. Malgré cela, je voyais que nous n'étions pas dans une situation aussi avantageuse qu'à l'époque de Trudeau et Ryan, en 1980.

LA CAMPAGNE DE 1995

La campagne fut officiellement lancée le 1er octobre en vue de la tenue du référendum le 30 octobre 1995. Au départ, les sondages favorisaient le camp du NON dans des proportions allant de 55 % à 45 %. Certains au comité du NON croyaient qu'avec la « prime de l'urne » traditionnellement favorable au PLQ et aux fédéralistes, le résultat pourrait être similaire à celui de 1980. Nous étions confiants. Trop, en fait, comme nous l'avons constaté quelques jours plus tard.

Lors d'un ralliement de départ pour le NON, un député homme d'affaires montréalais, Claude Garcia, avait tenu des propos controversés. Il affirma que le NON ne devait pas seulement « gagner », mais « écraser » le OUI. Ces paroles furent mal reçues dans les médias et dans la population. Les organisateurs du NON ont dû atténuer le sens de ses propos et tenter de limiter les dégâts, mais ce fut un très mauvais départ. Nous paraissions trop sûrs et trop arrogants.

Quelques jours plus tard, le premier ministre Parizeau réalisa un coup d'éclat en annonçant la nomination de Lucien Bouchard comme «négociateur en chef avec le Canada» à la suite d'une victoire éventuelle du OUI. Dès lors, Bouchard devint le personnage central de la campagne, la présence de Parizeau se faisant plus discrète par la suite. Techniquement, Bouchard restait le numéro 2 de la campagne du OUI, mais sa présence sur les tribunes et l'accueil que les foules lui réservaient étaient sans équivoque : il était devenu le numéro 1. Sa présence sur le terrain et son charisme ont transformé la campagne en un concours de personnalités. Plus populaire que Parizeau et Dumont, personne dans le camp du NON ne pouvait rivaliser avec Bouchard. La preuve en est que lors des groupes de discussion organisés par le camp du NON, les intervenants lui pardonnaient ses excès de langage ou ses contradictions. Bref, avec l'incident Garcia et l'arrivée de Bouchard dans son nouveau rôle, la campagne avait pris un nouveau virage. La victoire du NON n'était plus assurée.

Les organisateurs du camp du OUI avaient bien évalué l'influence de Bouchard. Lors d'une rencontre de négociations en vue d'un débat (j'étais avec Pierre Anctil), les organisateurs du OUI (Jean Royer et l'ancien journaliste devenu conseiller spécial Jean-François Lisée) insistaient pour tenir un débat où les deux principaux chefs à l'Assemblée nationale seraient accompagnés de ceux à la Chambre des communes. C'était étrange comme formule pour une campagne reposant sur la loi référendaire du Québec : Johnson et Chrétien contre Parizeau et Bouchard ! Notre plan de match pour le débat des chefs était à l'image des débats de 1992 et 1994 – Johnson contre Parizeau –, ce qui ne plaisait pas au camp du OUI. La présence de Bouchard et ses qualités de tribun dans un débat formel ne nous plaisaient pas davantage. Résultat : impossible d'en arriver à une entente. Donc, fait inusité, il n'y aurait pas de débat entre les présidents des comités du OUI et du NON dans cette campagne dont l'enjeu était de loin le plus important pour l'avenir du Québec depuis 1980.

Les sondages du début, favorables au NON, se sont vite transformés en notre défaveur. Certains de nos sondages quotidiens donnaient l'avance au OUI. Sa campagne était teintée d'enthousiasme et de créativité. Ses publicités, axées sur l'avenir et le rêve, contrastaient avec la nôtre qui avait comme message « NON à la séparation ». Le rêve contre le statu quo. Après les échecs constitutionnels des dernières années, la campagne du OUI représentait l'espoir et le changement.

Les 10 derniers jours de la campagne furent déterminants. Une crise éclata au sein du camp du NON, le 20 octobre, lorsque Johnson évoqua l'éventuelle reconnaissance du Québec comme société distincte dans une réforme constitutionnelle si le NON gagnait. Il fut ensuite contredit, le même jour, par le premier ministre Chrétien. Selon ce dernier, cette campagne portait sur la séparation et rien d'autre. Je peux vous assurer que ce week-end fut consacré à atténuer les divergences dans le camp du NON. J'étais inquiet quant au dénouement du référendum. Nous étions loin de l'enthousiasme – et de la confiance quant aux résultats – vécu en 1980.

Pendant la dernière semaine d'une campagne, il est courant de mobiliser les militants et d'organiser des rassemblements. C'est aussi le moment où les chefs des deux camps présentent leurs derniers messages à la population. Cette dernière semaine fut l'une des plus excitantes, mais aussi l'une des plus étranges de l'histoire du Québec et du Canada. Nous étions loin d'une fin de campagne normale.

Le premier ministre Chrétien savait lire les sondages et il était inquiet. D'un ton grave, il s'est adressé à la nation et a fait valoir l'enjeu du choix à venir et l'importance de faire avancer le Québec à l'intérieur du Canada. Sans promettre une réforme constitutionnelle, il a parlé de changement et, en contradiction avec ses propres paroles quelques jours plus tôt, il a fait mention du caractère distinct du Québec! La réplique n'est pas venue du premier ministre du Québec, mais plutôt du négociateur en chef et chef de l'opposition à Ottawa, Lucien Bouchard. Il a fait valoir à son tour l'exclusion du Québec lors du dernier changement constitutionnel au pays en 1982, et le rejet de l'Accord du lac Meech en 1990. Situation peu banale, ce ne sont donc pas les principaux chefs des partis à l'Assemblée nationale qui se sont adressés directement aux électeurs québécois en cette fin de campagne référendaire: dans les faits, tout l'argumentaire sur l'avenir du Québec a été défendu par des parlementaires de la Chambre des communes à Ottawa!

D'autres moments forts ont aussi marqué les derniers jours de la campagne. Le président américain Bill Clinton a indiqué sa préférence pour un Canada uni[60]. S'ajouta à cette intervention un grand rassemblement mis sur pied par le ministre fédéral des Pêches et Océans, Brian Tobin, de concert avec l'homme d'affaires montréalais Phil O'Brien, le vendredi 27 octobre, où des milliers de Canadiens se déplacèrent, Place du Canada à Montréal, pour témoigner leur appui à la cause fédéraliste. Ce fameux *love-in*, comme on l'a appelé, ne faisait pas partie de la stratégie du camp du NON et il existe encore aujourd'hui une controverse sur son bien-fondé, tant dans le camp du NON que dans celui du OUI !

À la veille du référendum, le chef de cabinet de Parizeau, Jean Royer, m'invita à prendre un café à l'hôtel Intercontinental, dans le Vieux-Montréal. Je le connaissais et nous avions une bonne relation depuis l'époque où j'étais le chef de cabinet de Bourassa. Se disant confiant de la victoire le lendemain, il me demanda si Daniel Johnson serait prêt à appuyer une motion qui certifierait le résultat en faveur du OUI. Il m'indiqua que d'autres personnalités associées au camp fédéraliste seraient prêtes à le faire. Je l'informai que je n'étais pas autorisé à répondre à sa proposition. Compte tenu de nos sondages internes, qui indiquaient la possibilité d'une victoire du NON, j'ai refusé d'aller plus loin, signalant que je ne voulais pas spéculer sur les intentions de Johnson. Ironie du sort, tout juste avant de quitter Royer, je me suis tout de même permis de lui dire qu'advenant une victoire du OUI, le lendemain soir, il était important que le premier ministre du Québec prononce un discours inclusif et rassembleur. Je lui ai dit cela, bien sûr, sans aucune prémonition des fameuses paroles que Jacques Parizeau allait prononcer sur «l'argent et le vote ethnique» 24 heures plus tard !

Lors de la soirée référendaire, j'étais l'invité de la CBC, en compagnie de trois autres commentateurs, pour analyser les résultats[61]. Avant de me rendre en studio, j'ai consulté deux personnes – le sondeur Grégoire Gollin et Robert Bourassa. Gollin prédisait que le score serait de 51 % pour le NON et de 49 % pour le OUI. Pas trop rassurant ! Étant donné que ce dernier avait fait une prédiction assez précise le soir de l'élection de 1989, j'ai choisi de prendre ses prévisions au sérieux. Bourassa était plus optimiste : il donnait 53 % au NON.

Lorsque le OUI est passé momentanément devant le NON au cours de la soirée, j'ai profité d'une pause pour donner un coup de fil à l'organisateur en chef dans notre camp, Pietro Perrino. Calme, il m'a répondu de ne pas m'inquiéter, qu'il prévoyait une hausse importante du NON en Outaouais, sur l'île de Montréal et de « belles surprises » dans la ville de Québec.

Le NON remporta finalement une victoire serrée de 50,6 % contre 49,4 % pour le OUI (Gollin avait encore eu raison) et, une fois de plus, le Québec restait divisé sur son statut. Les malheureux propos du premier ministre Parizeau, le soir du référendum, attribuant la défaite du OUI « à l'argent et au vote ethnique » ont ajouté au lourd climat de la soirée et au fait que la question nationale du Québec n'était pas résolue. Personne n'est rentré à la maison heureux à la suite de l'exercice référendaire. Personnellement, j'avoue que les propos du premier ministre Parizeau ainsi que son ton m'ont rappelé qu'il y avait encore du chemin à faire pour comprendre la complexité de la diversité québécoise.

Comme nous avions l'habitude de le faire quand il était premier ministre, Robert Bourassa et moi avons fait le point au téléphone en fin de soirée. Il avait suivi le déroulement de la campagne de très près en plus de participer, avec Claude Ryan, à un évènement pour faire valoir l'importance de rester dans le Canada. Il me confia qu'il avait été surpris que le vote ait été si serré. À son avis, jamais plus les astres ne seraient aussi bien alignés en faveur du OUI advenant le cas d'un autre référendum. Les récents échecs pour renouveler la Constitution, la mobilisation sans précédent des forces souverainistes, les fortes personnalités à la tête du camp du OUI : pour lui, des conditions aussi favorables ne se reverraient jamais. Le temps était maintenant venu de passer à autre chose.

Pour ma part, je crois que si le référendum s'était tenu une semaine plus tôt, le camp du NON aurait perdu. La dernière semaine – avec l'intervention de Clinton, le discours de Chrétien, le *love-in* et tout le battage médiatique que cela a entraîné – a eu un impact majeur sur le taux de participation : plus de 93,5 % des électeurs avaient voté, du jamais-vu ! De toute évidence, la campagne s'était gagnée durant le dernier week-end.

En rétrospective, je constate que le résultat de cette campagne fut le produit d'une « tempête parfaite ». Tout d'abord, les échecs constitutionnels de 1982, 1990 et 1992 ont été interprétés par plusieurs comme un rejet du Québec. Puis, à ce sentiment s'ajoutait le fait que le OUI avait un chef charismatique et influent en la personne de Lucien Bouchard, tandis que le NON n'avait pas cet atout. Enfin, comme le Québec sortait d'une deuxième récession en moins de 15 ans, cela ne valorisait pas l'argumentaire économique du camp du NON.

Cette courte victoire des forces fédéralistes plaçait aussi l'enjeu de l'avenir du Québec à l'avant-plan de l'échiquier politique canadien. L'arrivée de Lucien Bouchard au poste de premier ministre du Québec, en 1996, et le recrutement du politologue et professeur Stéphane Dion comme député et ensuite ministre des Affaires intergouvernementales et président du Conseil privé de la reine par le gouvernement de Jean Chrétien, en 1997, ont davantage polarisé le débat durant la période postréférendaire. La décision du gouvernement Chrétien d'adopter la Loi sur la clarté en juin 2000 (avec l'obligation pour le gouvernement du Québec d'avoir une question claire sur l'indépendance et que le résultat du référendum ait une majorité déterminante, soit plus que 50 % plus 1) a eu pour effet de garder la question nationale au cœur de l'actualité politique.

Bref, après plus d'un quart de siècle d'efforts pour modifier la Constitution canadienne avec l'appui du Québec, on constatait que le problème restait entier. L'année 2015 a marqué le 20ᵉ anniversaire du référendum de 1995 et le 35ᵉ anniversaire de celui de 1980. Le PQ est revenu au pouvoir en 1995, mais le Québec n'a pas eu d'autre rendez-vous référendaire. Le PLQ, de son côté, fut au pouvoir de 2003 à 2012, mais n'a pris aucune initiative pour lancer une nouvelle ronde de négociations constitutionnelles.

LE POSTRÉFÉRENDAIRE

J'étais prêt à tourner la page. La précampagne référendaire et mon rôle de bénévole m'ont valu plusieurs invitations de la part des médias francophones et anglophones du pays. En plus d'être analyste le soir du référendum de 1995, j'ai commenté la démission surprise de Jacques Parizeau le lendemain du référendum et je suis devenu un commentateur assidu du côté fédéraliste lorsque Lucien Bouchard a quitté Ottawa pour devenir premier ministre du Québec. De 1996 à 2000, j'ai multiplié les entrevues dans les médias comme spécialiste de la scène politique au pays.

Les changements politiques ne se sont pas limités au PQ. Du côté du PLQ, Johnson devait faire face à un vote de confiance, comme le prescrivent les statuts du parti à la suite d'une défaite électorale. Comme il avait livré une solide performance aux élections de 1994 et gagné le référendum de 1995, il était en bonne position pour remporter ce vote. Au congrès des membres, en 1997, il a obtenu 80,3 % des appuis. Vraisemblablement, il allait être l'adversaire de Lucien Bouchard au prochain rendez-vous électoral.

Le 2 mars 1998, Daniel Johnson a toutefois créé une surprise générale en annonçant sa retraite de la politique active. Cela a eu l'effet d'un véritable électrochoc politique au PLQ. Il faut se rappeler que le gouvernement péquiste était dans la quatrième année de son mandat. On s'attendait que Lucien Bouchard déclenche des élections avant la fin de l'année. Le départ de Johnson pavait la voie à l'arrivée au Québec et au PLQ de Jean Charest, à l'époque chef du PCC à Ottawa. C'était d'ailleurs ce que souhaitait Johnson, qui voyait en Charest le meilleur rempart contre un éventuel référendum sur l'indépendance et le plus important atout pour préserver l'unité canadienne. Cette magnanimité de Johnson m'a d'ailleurs incité à affirmer dans les médias qu'il avait choisi « le pays avant sa carrière et le parti ».

Les changements à la direction du Québec, le départ de Daniel Johnson et l'arrivée de Jean Charest à la tête du PLQ m'ont d'ailleurs fourni beaucoup de matière pour accroître ma présence médiatique. C'était nouveau pour moi, car lorsque nous sommes derrière la scène, en politique, il est préférable de rester à l'écart des médias.

Grâce à Robert Bourassa, j'avais entretenu des relations avec des journalistes, des chroniqueurs et des éditorialistes. J'en suis venu à apprécier leur travail et à comprendre les pressions sur le monde des médias. Participer à différentes tribunes médiatiques m'a fourni l'occasion de rester en contact avec la politique au Québec et au Canada. Bref, mon expérience dans ce domaine contribuait au débat public au-delà du combat politique[62].

« TU PRENDRAS UN COGNAC ! »

Le 2 octobre 1996, j'appris sans surprise la triste nouvelle du décès de Robert Bourassa. À la fin de juin de la même année, Bourassa avait subi une autre récidive de son cancer. La population était au courant de la détérioration de son état de santé depuis quelques semaines. Je restais toujours en contact avec lui et, parfois, avec des membres de sa famille pour prendre de ses nouvelles. Je connaissais toutefois la gravité de sa situation et les choses n'allaient pas s'améliorer.

L'été fut difficile. Sa santé se détériorait. On se parlait moins souvent, mais cela ne l'empêchait pas de commenter l'actualité. Lors de nos conversations téléphoniques, j'évitais de lui poser trop de questions sur son état de santé. Ces conversations me bouleversaient et je peux imaginer qu'il en était ainsi pour lui aussi. Je savais que mon ami menait le combat de sa vie – très probablement son dernier. Il n'était pas nécessaire d'en parler.

Rentrant à la maison le soir de la fête du Travail, en septembre 1996, un message téléphonique de M. Bourassa m'attendait. Sa voix n'était pas la même. Fervent amateur de baseball, il m'appelait pour me saluer et pour me dire qu'il écoutait la partie des Expos à la radio. «On se parlera demain», dit-il.

Durant le mois de septembre, on m'informa qu'il était aux soins palliatifs. Le dernier vendredi de septembre, la famille m'invita à venir le voir à l'Hôpital Notre-Dame vers l'heure du souper. J'étais accompagné de sa directrice des communications, Sylvie Godin, dont il appréciait le bon jugement et la force de caractère. Elle et moi avons travaillé de très près avec M. Bourassa durant les nombreuses crises, et le lien d'amitié était bien établi entre nous trois.

Il m'a alors répété à quel point il était satisfait d'avoir «évité la rupture» concernant l'avenir du Québec. Au moment de quitter sa chambre, je me retrouvai un moment seul avec lui. Il me dit alors, en me faisant un signe de la main: «Tu prendras un cognac!» À 23 heures, ce même vendredi soir, une fois rentré à la maison, j'ai suivi la directive de mon premier ministre et j'ai bu un cognac en pensant à l'ami. J'ignore encore aujourd'hui s'il voulait que je trinque à son œuvre ou à lui. Je n'ai jamais repris de cognac depuis.

Dans les jours qui ont suivi son décès, c'est avec une peine profonde dans l'âme que j'ai eu à témoigner dans les médias de l'homme qu'il était et de sa carrière. Penser qu'il ne serait plus au bout du téléphone en fin de soirée, qu'il ne serait plus accessible pour des conseils, que je n'entendrais plus son rire, qu'il ne serait plus invité à des soirées politiques entre amis, tout cela allait terriblement me manquer. J'ai d'ailleurs eu du mal à contrôler mes émotions lors de mes interventions auprès des journalistes. Quelques jours après ses funérailles, mon ami Jean Pelletier m'a confié qu'il n'avait jamais vu autant de douleur sur un visage que sur le mien au moment de la sortie du cercueil de la basilique Notre-Dame menant l'ancien premier ministre à son dernier repos. De toute évidence, Robert Bourassa était devenu plus qu'un ami.

LES MÉDIAS ET LA POLITIQUE AMÉRICAINE

En l'an 2000, j'ai décidé d'étendre mes champs d'intérêt pour l'analyse politique en renouant avec mes premières amours – la politique américaine et les élections présidentielles. Je me suis donc rendu aux États-Unis pour faire du porte-à-porte, distribuer des tracts, poser des affiches et mobiliser des gens pour qu'ils participent à des rassemblements lors de la primaire du New Hampshire en faveur du candidat démocrate Bill Bradley. Un tel engagement était plutôt inusité, car peu de Canadiens font du porte-à-porte aux États-Unis ! Ma présence sur le terrain m'a permis d'acquérir une expérience de premier plan. C'était un véritable laboratoire politique. Ce fut aussi le début d'un rôle accru dans les médias (beaucoup moins exigeant, je dois le dire, que de faire de la politique active !) pour parler cette fois de la politique chez nos voisins du Sud, ce qui m'a valu le titre de « spécialiste de la politique américaine[63] ».

Depuis, j'ai participé, sur le terrain, à la primaire du New Hampshire, à la campagne de John Kerry en 2004 et à celles de Barack Obama en 2008 et 2012, tout en étant analyste dans les médias québécois et canadiens sur les questions relatives aux élections présidentielles et à celles de mi-mandat. L'arrivée de Barack Obama sur la scène politique américaine était, à mon avis, unique en soi. À titre d'analyste à la SRC, j'avais assisté au congrès des démocrates en 2004, à Boston, où Obama avait prononcé un discours qui avait capté sur-le-champ l'imagination des congressistes, des médias et de la population américaine. J'étais alors en compagnie du sondeur Jean-Marc Léger. À la fin de son allocution, nous étions tous les deux bouche bée. Nous sommes exclamés : « Voici un futur président des États-Unis ! » Kerry a été choisi candidat à l'issue de ce congrès, mais tout le monde n'en avait que pour Barack Obama.

C'est ainsi qu'au moment de la course à l'investiture démocrate suivante, en 2008, au moment où tous les yeux étaient rivés sur la favorite Hillary Clinton, j'ai plutôt opté pour la candidature d'Obama, qui, à mon avis, représentait un vent de changement plus profond. Comme Québécois et Canadien, j'ai choisi de faire du bénévolat au New Hampshire, au Vermont et en Virginie pour lui. L'effervescence autour d'Obama m'a fait revivre mon rêve de jeunesse, lors de l'annonce de la candidature à la présidence de Robert F. Kennedy en 1968[64].

La nature de mon engagement se situait donc maintenant davantage du côté de la politique américaine et des médias[65]. Cela allait changer quand un ami de longue date et ancien président de la Commission-Jeunesse du PLQ, Michel Bissonnette, me téléphona un dimanche matin ensoleillé de la mi-septembre 2007, au moment où je faisais tout bonnement une marche dans mon quartier. J'allais avoir un autre rendez-vous avec la politique québécoise…

LE RETOUR DE JEAN CHAREST

Ma première rencontre avec Michel Bissonnette remonte à mars 1986, à l'époque où j'occupais le poste de directeur général du parti. Jeune étudiant, il fut désigné comme mon adjoint, mais ce fut pour une courte durée, car le poste de permanent auprès de la Commission-Jeunesse était vacant. Michel a postulé et obtenu l'emploi. Au fil des années, j'ai suivi son évolution. Brillant stratège et habile communicateur, il fut le président de la Commission-Jeunesse de 1989 à 1991 lorsque celle-ci a pris un virage que Bissonnette a qualifié de « souverainiste » et que Bourassa a interprété comme du « néo-fédéralisme ». Nationaliste, mais résolument fédéraliste, Michel était le digne héritier de la pensée développée par Claude Ryan dans son texte intitulé *Québec d'abord*, publié en septembre 1981.

Depuis, Michel avait entrepris une fructueuse carrière dans le monde des affaires, plus précisément dans le domaine de la production télévisuelle. Tout comme moi, il était devenu un observateur intéressé, mais éloigné, de l'action politique. Ayant repris du service comme bénévole et conseiller du premier ministre Charest en 2007, il m'informa que celui-ci souhaitait me parler. Je lui demandai pourquoi et, à ma grande surprise, il m'informa que son chef de cabinet Stéphane Bertrand était sur le point de quitter ses fonctions pour relever un défi dans le secteur privé et que le premier ministre voulait explorer la possibilité de m'offrir le poste. Étant sous le choc de cette nouvelle proposition, j'ai indiqué à Michel que je désirais réfléchir avant de parler au premier ministre. Par respect pour Jean Charest, je lui ai dit : « On ne dit pas non à un premier ministre à la légère. »

En avril 2007, Jean Charest venait de remporter un deuxième mandat, mais ce fut le premier gouvernement minoritaire élu dans l'histoire du Québec (en fait, depuis 1878). De plus, l'opposition officielle était dirigée par Mario Dumont et son équipe de 41 députés. Le PQ était maintenant devenu, pour la première fois depuis 1970, un tiers parti et son chef, André Boisclair, avait quitté ses fonctions à la suite de l'élection. En plus de remporter l'élection avec une minorité de sièges à l'Assemblée nationale, le PLQ avait récolté seulement 33 % de l'appui de la population, du jamais-vu pour un gouvernement élu. Le chef du parti devant subir un vote de confiance à la suite d'une élection et compte tenu des résultats décevants, nous pouvions prévoir des remises en question.

Après mûre réflexion, Charest décida qu'il voulait poursuivre son parcours comme premier ministre. C'est dans ce contexte que Bissonnette avait pris contact avec moi en ce dimanche matin. Nous nous sommes rencontrés quelques jours plus tard. Michel m'a convaincu que Charest voulait faire des changements importants dans son entourage et dans sa façon de faire. Il souhaitait me consulter et il envisageait de changer la dynamique au sein du parti et du gouvernement. À la fin de la soirée, je conclus avec Michel qu'une rencontre avec le premier ministre allait de soi. Mais je n'étais pas disposé à reprendre du service à temps plein. J'étais heureux dans le monde des affaires, du bénévolat et des médias.

Je n'étais pas un proche de Jean Charest, mais j'estimais l'individu. Il fut le porte-parole le plus percutant du NON lors du référendum de 1995. J'avais eu quatre rencontres personnelles avec lui : à la veille du Sommet de Rio avec Robert Bourassa, lors d'une soirée entre amis chez l'ancien président du PLQ Robert Benoît après sa nomination comme vice-premier ministre de Kim Campbell, lors d'une rencontre préparatoire au référendum en 1995 et une autre fois pour m'inviter à faire partie du comité Sirois chargé de recruter des candidatures de marque en vue de l'élection de 1998[66].

J'avais donc rencontré Jean Charest à différentes époques de sa carrière : comme ministre fédéral, chef du PCC, vice-premier ministre du Canada et chef du PLQ. Cette fois-ci, il occupait le poste de premier ministre du Québec. C'était un homme charmant, sans prétention. Je me souviens d'une conversation que j'avais eue avec Robert Bourassa en 1993 lorsque Charest s'était présenté à la succession de Brian Mulroney. Bourassa avait alors vanté ses talents de tribun et son brillant avenir comme éventuel futur premier ministre du Canada et, qui sait, peut-être du Québec.

À son arrivée au Québec comme chef du PLQ, Charest avait dû s'adapter à la politique québécoise qui exige d'un chef de formation fédéraliste un équilibre entre le nationalisme québécois et la défense des intérêts supérieurs du Québec au sein de la fédération. Il faut avouer qu'il avait fait cette transition par étapes. En 1998, il avait dépassé les appuis (43,56 %) accordés au premier ministre Bouchard (42,87 %), même si ce dernier fut élu. Charest était au départ, en 1998, un internationaliste et un fédéraliste convaincu. Lorsqu'il fut élu en 2003 comme premier ministre, nous pouvions dire que sa transition en politicien québécois, avec les nuances que cela comporte, était complète. Il restait ouvert à l'international et était toujours résolument fédéraliste, mais il avait un discours nettement plus québécois.

De 2003 à 2007, le gouvernement Charest a donné la priorité aux dossiers de la santé, des finances publiques, de la création d'emplois et du fonctionnement du fédéralisme canadien. Il fut à l'origine du Conseil de la fédération, du

Fonds des générations du gouvernement du Québec et d'initiatives internationales en matière environnementale. Ses relations avec le monde syndical n'ont toutefois pas été fructueuses et certaines décisions comme la hausse des frais de garderie et l'impartition des fonctions de l'État ont semé la controverse.

Trois jours après ma discussion avec Michel Bissonnette, j'ai rencontré Jean Charest. C'était un vendredi midi à sa résidence de Westmount. Il était en bonne forme, malgré le résultat de la dernière élection, et m'a reçu avec sa gentillesse habituelle. D'entrée de jeu, il m'a demandé d'évaluer la situation, de lui donner l'heure juste et de ne pas hésiter à formuler des critiques. Je lui ai dit qu'à mon point de vue, les Québécois ne connaissaient pas le «vrai Jean Charest», que l'image qu'il projetait dans les médias, celle d'un politicien parfois en colère ou abrasif, était loin d'être conforme à celle du Jean Charest que je connaissais personnellement. C'est alors que je lui ai dit en anglais: «*Let Charest be Charest.*» En d'autres mots, laisse voir l'homme de famille profondément humain, l'homme de compassion et le politicien studieux et rigoureux. Je lui ai expliqué qu'il fallait corriger le tir et que la situation d'un gouvernement minoritaire pouvait lui en fournir l'occasion.

Nous avons ensuite parlé du contexte d'un gouvernement minoritaire. Ayant étudié de près la dynamique de ce type de gouvernement comme observateur et étudiant sous Pearson (1963-1968) et Trudeau (1972-1974), j'ai conclu que le gouvernement Charest devait favoriser le dialogue et le compromis avec les partis d'opposition. Je lui ai signalé que les formules française et américaine de la «cohabitation» pourraient nous inspirer. Sur certains dossiers, nous pouvions faire alliance avec l'ADQ et sur d'autres, avec le PQ. Personne ne souhaitait une élection à court terme. Nous devions imposer non seulement notre programme, mais aussi notre style de gouvernance et présenter le «vrai Charest».

Quant au PLQ comme formation politique, je l'ai décrite en des termes assez cassants. Nous n'étions plus le carrefour des idées, mais plutôt une formation d'organisateurs et de bailleurs de fonds. Bref, une sorte de «club social». Quand j'ai utilisé cette expression lors d'une entrevue dans les médias, je sais que cela a froissé certains militants, mais c'était mon constat.

J'ai alors senti que tout était sur la table, qu'il était prêt à se battre, à gagner le vote de confiance des militants et plus tard reprendre les rênes d'un gouvernement majoritaire. C'était encourageant. En quittant sa résidence, j'ai accepté de me réengager activement, mais dans un rôle externe au gouvernement et comme bénévole. Au Conseil général du PLQ suivant, Michel Bissonnette et moi sommes devenus des conseillers invités du comité de direction du parti avec comme mandat de conseiller le premier ministre. En réalité, il fallait prévoir une élection d'ici 18 à 24 mois.

Sous la direction de Bissonnette, un groupe s'est formé, dont l'ancien député devenu directeur général du parti, Karl Blackburn. Ce dernier allait jouer un rôle semblable à celui que j'avais exercé lors de mon passage à la direction générale du parti. C'était un directeur général politique. Des conseillers proches du premier ministre, Mario Lavoie et Hugo D'Amours, se sont joints au groupe. Une recrue fort importante s'est ajoutée par la suite. À la suggestion d'un ami journaliste, Ian MacDonald, on m'informa que Daniel Gagnier, un haut cadre de la compagnie Alcan, avait pris sa retraite et pourrait être disposé à reprendre du service. Je connaissais Gagnier depuis qu'il avait occupé le poste de chef de cabinet du premier ministre ontarien David Peterson, en 1990, au moment où j'occupais les mêmes fonctions avec Robert Bourassa. Rassembleur et bon stratège, il avait le profil parfait pour être le nouveau chef de cabinet du premier ministre. Avec la permission de Jean Charest, j'ai tâté le terrain auprès de Daniel pour voir ses disponibilités. À ma grande surprise, il ne refusa pas. Je dois dire que je ne lui avais pas donné beaucoup de chances d'exprimer ses réserves! À ma suggestion, Charest lui a téléphoné pour l'inviter à son bureau. Le lendemain, il accepta grâce aux talents de persuasion de Jean Charest et devint le nouveau chef de cabinet du premier ministre. Ce fut un choix judicieux.

Jean Charest semblait avoir retrouvé le « goût » de faire de la politique, comme ce fut le cas à d'autres moments de sa carrière. Il était engagé, toujours studieux, plus souriant en public et faisait preuve d'un plus grand sens de l'humour lors de nos réunions en privé. Les sondages ont démontré en très peu de temps que les électeurs appréciaient ce « nouveau et vrai » Charest. C'est alors que je lui ai dit : « Jean, tu es notre *comeback kid!* » (l'homme du retour).

À la suite du rapport de Pierre Marc Johnson, présenté en octobre 2007, sur l'effondrement d'un viaduc à Laval, le gouvernement Charest lança un vaste programme de renouvellement des infrastructures. En mars 2008, il remporta un vote de confiance au congrès du PLQ avec un résultat de plus de 97 % (le plus haut score jamais atteint alors par un chef de parti au Québec). La « cohabitation » s'installa aussi à l'Assemblée nationale. Le premier ministre y démontra sa combativité en qualifiant Mario Dumont de « girouette », une image qui a nui au chef de l'opposition. Bref, l'enthousiasme régnait avec une remontée dans les sondages et l'appui massif des militants du parti. Le gouvernement était bien en selle et le chef ragaillardi. Il manquait seulement ce que Bissonnette appelait le « rêve ». La décision, à la suite des résultats décevants de 2007, de réduire la taille du Conseil des ministres et d'établir le principe de la parité femmes-hommes avait la faveur de la population. Le taux d'approbation à l'endroit du gouvernement était maintenant à la hausse.

À la fin de septembre 2008, le premier ministre Charest présenta le Plan Nord devant le Conseil général du parti. Il s'agissait d'un vaste projet de développement des ressources naturelles et des infrastructures dans le Nord québécois dans une optique de développement durable, en partenariat avec les Premières Nations. Cinquante pour cent du territoire visé par le Plan Nord serait à l'abri du développement industriel. Ce projet était présenté comme le projet d'une génération semblable au développement de la baie James sous Robert Bourassa. C'était le « rêve » que Bissonnette avait évoqué. Charest avait compris : la table était donc mise pour une élection.

Au départ, le plan de match du groupe de Bissonnette ne prévoyait pas d'élections à court terme, car il privilégiait plutôt un rendez-vous électoral après les élections fédérales. Mais, entre-temps, le premier ministre Stephen Harper, minoritaire, choisit de devancer l'élection fédérale à date fixe – prévue en 2010 – au mois d'octobre 2008. Ensuite, le premier ministre Charest nous consulta pour savoir s'il devait déclencher des élections après celles du fédéral. Des préparatifs étaient en marche à tout hasard. Malgré certains avis, dont le mien, lui conseillant d'attendre, le premier ministre décida d'aller de l'avant.

À la suite de la réélection de Stephen Harper, Charest annonça ses intentions. Nous partions avec une longueur d'avance. Michel Bissonnette présida la campagne et on me confia, avec l'avocat Pierre Pilote, la tâche de négocier le débat des chefs. Le 8 décembre, le premier ministre Charest était réélu pour un troisième mandat et il avait obtenu un gouvernement majoritaire. Il avait fait le bon pari. On pouvait dire : « Mission accomplie. »

Jean Charest demeure un des politiciens les plus naturels que j'ai rencontrés. De plus, il est profondément un homme de famille. D'ailleurs, avec son épouse Michelle Dionne et leurs trois enfants, il représente le plus bel exemple de conciliation politique-famille que j'ai pu connaître.

NÉGOCIER AVEC LES MOHAWKS

Reprendre du service auprès de Jean Charest fut en quelque sorte pour moi un retour aux sources. S'engager en politique permet de partager toutes sortes de moments, de réaliser des changements et de faire une différence. Le premier ministre avait réussi à nous inspirer et à nous engager de nouveau.

En mai 2008, alors que je séjournais à Vancouver, le chef de cabinet Daniel Gagnier me téléphona pour m'informer que la communauté mohawk de Kahnawake s'opposait à la construction de l'autoroute 30, à proximité de la réserve. Les Mohawks alléguaient que le tracé passait sur des terres leur appartenant. Le grand chef Michael (Mike) Delisle indiqua son intention d'engager des négociations avec les gouvernements de Québec et d'Ottawa concernant les terres associées à la Seigneurie du Sault-Saint-Louis et sur la question de l'autoroute 30. Pour ce faire, les Mohawks exigeaient que je sois nommé négociateur du gouvernement du Québec. Cette demande m'a surpris, car je faisais partie du gouvernement Bourassa lors de la crise amérindienne en 1990. Mais, selon Gagnier et les responsables au Conseil exécutif du gouvernement, cela ne semblait pas être un obstacle aux négociations.

Pour bien commencer mon mandat, j'ai décidé de prendre contact avec l'ancien mandarin du gouvernement québécois, Louis Bernard. Ce dernier avait servi sous les gouvernements Lévesque, Bourassa et Parizeau. C'était un homme respecté et il fut le principal négociateur de l'entente Gagnon-Tremblay – MacDougall sur l'immigration, en 1991. Je savais qu'il avait auparavant négocié une série de 10 ententes concernant le transport et la sécurité publique avec la communauté mohawk à la suite de la crise d'Oka. J'étais ravi qu'il accepte de m'accompagner et les Mohawks l'étaient aussi. L'ancien ministre délégué aux Affaires autochtones, Geoffrey Kelly, s'est joint à notre équipe.

Les pourparlers ont débuté à l'été 2008 avec le grand chef Delisle, le négociateur fédéral John Lemieux (un ami et collègue étudiant à l'école Cardinal-Newman et au Collège Loyola), Louis Bernard et moi. Malgré mon passé avec les Mohawks, nous avons pu faire des progrès à la table des négociations. Le chef Billy Two Rivers avait toutefois la mémoire longue et il ne s'est pas gêné, lors d'une conversation en marge des négociations, de critiquer le gouvernement Bourassa et mon rôle en 1990. Mais nous étions en 2008 et les temps avaient changé.

J'ai dû abandonner ce mandat à l'automne 2009 lorsque le gouvernement Charest m'a nommé délégué général du Québec à New York. Les négociations allaient toutefois bon train et à la demande du grand chef Delisle, Daniel Gagnier, qui avait quitté ses fonctions comme chef de cabinet du premier ministre en septembre 2009, m'a remplacé aux côtés de Louis Bernard. En 2011, les travaux de construction de l'autoroute 30 ont été exécutés ; celle-ci passait à proximité de Kahnawake sans objections du conseil de bande. Les négociations avaient réussi à éliminer un litige.

DEVENIR DÉLÉGUÉ GÉNÉRAL

C'est Pierre Arcand, le nouveau ministre des Relations internationales, qui avait suggéré au premier ministre Charest de me nommer à New York au poste de délégué général du Québec. C'est une fonction prestigieuse, car les États-Unis sont – et de loin – notre principal partenaire économique. Le bureau de New York a été ouvert en 1940 et il est le plus ancien de ceux représentant le Québec à l'étranger (celui de Paris fut créé en 1961). Ma connaissance de la politique américaine a certainement influencé la suggestion du ministre.

Lorsqu'on me proposa ce poste, j'ai dû tenir compte de deux facteurs importants pour moi. D'abord, Esther Bégin, avec qui je partageais ma vie, devait s'interroger sur sa propre carrière de journaliste. Étant elle-même une amoureuse des États-Unis, elle m'a non seulement encouragé à relever le défi, mais elle a aussi décidé de m'accompagner à New York. Tout au long de mon mandat, elle s'est avérée une partenaire exceptionnelle pour réaliser la mission qui nous attendait. Elle s'est rapidement intégrée à son nouveau rôle et elle a saisi avec beaucoup de doigté les exigences et les subtilités de la vie quotidienne américaine.

Être délégué général du Québec signifiait que je reprenais du service au sein de l'appareil gouvernemental. Je devais donc faire un choix entre le poste de délégué général et mes activités auprès d'organismes communautaires ainsi que mes responsabilités dans le secteur privé. C'était là le second élément à considérer. J'en suis venu à la conclusion que représenter le Québec à New York (avec aussi la responsabilité du bureau du Québec à Washington), et ce, à la demande du premier ministre et de son ministre, était un défi tout à fait emballant que je ne pouvais refuser.

Le 23 septembre 2009, le gouvernement du Québec me nomma officiellement délégué général à New York. Ma nomination, bien qu'à saveur partisane, fut bien accueillie même par l'opposition. J'étais fier de représenter le Québec dans un poste diplomatique. Je pensais à mon père, cet immigrant qui était passé par Ellis Island, à New York, pour entrer en Amérique.

Le poste de délégué général est stratégique et économique avant tout. Cela dit, il est impossible de faire avancer nos dossiers sans une connaissance profonde du système politique américain. Tout en étant une fédération, comme le Canada, le système américain est beaucoup plus complexe et les compétences sur un même sujet sont souvent partagées à différents paliers. On peut donc faire des efforts pour vendre de l'énergie à un État voisin comme celui de New York, mais la reconnaissance formelle de l'hydroélectricité comme énergie renouvelable relève d'une législation fédérale.

Le bureau de Washington, dépendant de celui de New York, exige de travailler à la fois au palier des États et à celui du gouvernement fédéral si on souhaite être efficace. Pour ce faire, il faut collaborer étroitement avec le réseau des consulats canadiens en sol américain et avec l'ambassade du Canada à Washington. Nous avons des objectifs communs – faciliter les échanges commerciaux, présenter nos capacités énergétiques comme une source fiable pour les besoins de nos voisins, réduire les délais à la frontière et assurer une bonne coopération en matière de sécurité. C'est dans cet esprit que j'ai collaboré avec l'ambassadeur du Canada à Washington, Gary Doer (qui, fait inusité, s'est déplacé de Washington pour venir me visiter à la résidence du délégué du Québec à New York, un geste fort symbolique), et le consul général canadien à New York, John Prato, qui est devenu un ami.

Le ministre Arcand m'avait mandaté pour mettre en vigueur son plan stratégique pour les États-Unis[67]. Au-delà des questions sur l'économie, l'énergie hydroélectrique, l'environnement et la sécurité, il faut aussi faire la promotion de la culture et des produits québécois. Il faut dire que la culture québécoise constitue un excellent outil de promotion en diplomatie. Que ce soit un spectacle de Robert Lepage, un concert du chef d'orchestre Yannick Nézet-Séguin au prestigieux Lincoln Center, la présentation d'un film de Denis Villeneuve au MoMA, une prestation des Violons du Roy à Carnegie Hall ou encore celles d'Angèle Dubeau et d'Alain Lefèvre ou des concerts de Simple Plan et d'Arcade Fire, tout cela fournit de belles occasions de réseautage auprès de l'élite new-yorkaise. Les réceptions à la résidence en compagnie de ces artistes étaient toujours très appréciées des New-Yorkais. Nos artistes constituent les meilleurs ambassadeurs du Québec à l'étranger.

Sitôt en poste, j'ai aussi insisté pour que les médias sociaux fassent partie intégrante des moyens de communication de mon équipe afin de développer des liens avec nos partenaires américains. Aujourd'hui, l'ensemble du réseau des représentations du Québec à l'étranger est présent sur Twitter et Facebook ou leurs équivalents locaux. Les médias sociaux constituent un puissant « égalisateur » en matière d'action diplomatique : une personne bien branchée peut avoir autant d'impact que des organisations puissantes et bien pourvues. Il faut décentraliser notre action et permettre à nos représentants à l'étranger de se faire connaître via les médias sociaux. Et voilà toute l'importance de la diplomatie numérique !

Très tôt au cours de mon mandat, j'ai reçu la visite du sous-ministre de la Sécurité publique, Robert Lafrenière, en mission à New York afin de discuter avec les autorités policières de la ville du trafic d'armes transitant par la réserve mohawk d'Akwesasne, qui longe les frontières du Québec, de l'Ontario et de l'État de New York. Nous avons alors organisé une rencontre avec Rose Gill Hearn, grande patronne du Department of Investigation (DOI), l'escouade anticorruption de la Ville de New York. D'entrée de jeu, Rose Gill Hearn prit le soin de décrire l'origine et le rôle de son organisme, créé pour combattre la corruption dans le secteur de l'industrie de la construction. Comme ce problème se trouvait justement au cœur de l'actualité québécoise, nous l'avons écoutée attentivement. Lors du déjeuner qui suivit à la résidence du délégué, Robert Lafrenière et moi en sommes vite venus à la conclusion que cet organisme pourrait servir d'inspiration au gouvernement du Québec. En février 2011, Québec créait l'Unité permanente anticorruption (UPAC), inspirée du modèle new-yorkais et dirigée par Robert Lafrenière. Rose Gill Hearn a d'ailleurs assisté à la conférence de presse, à Montréal, marquant son lancement officiel. Comme quoi, les idées n'ont pas de frontières!

Le premier ministre Charest souhaitait également mettre de l'avant le projet d'un train rapide entre New York et Montréal. Ce fut un sujet d'actualité lors de ma nomination à cause du programme du président Obama pour établir un réseau national de trains à haute vitesse. À la suite des interventions de la Délégation du Québec à New York, le gouvernement du Québec a nommé l'ancien ambassadeur Raymond Chrétien pour explorer avec nos voisins du Sud la possibilité d'un prédédouanement à partir de Montréal pour le trajet Montréal-New York[68]. Finalement, en 2011, Jean Charest a présenté le Plan Nord sur des tribunes de New York et de Washington.

Inspirés par la doctrine de Paul Gérin-Lajoie élaborée durant la Révolution tranquille et qui préconise la promotion des compétences du Québec partout dans le monde, le Québec et ses délégations assurent une présence internationale soutenue et productive. Sous Charest, toutefois, cette doctrine fut élargie : non seulement nous intervenions dans nos champs de compétence provinciale et sur le plan international, mais nous devions aussi innover dans nos compétences partagées avec Ottawa. Pour cette raison, le Québec a pris des initiatives en matière d'environnement en s'associant à la Californie (la Bourse du carbone) et à d'autres États américains (notamment le Vermont) pour faire la lutte aux gaz à effet de serre. Dans ce contexte, le concept d'État fédéré a pris tout son sens.

Pendant mon séjour à New York, j'ai aussi investi beaucoup d'efforts pour élargir nos réseaux existants. Des amis du Québec tels Garry Douglas, président du North Country Chamber of Commerce, et Noel Lateef, PDG du Foreign Policy Association, furent pour moi des alliés indéfectibles. Nos soirées-causeries avec des responsables bien branchés de la politique américaine, tels Howard Dean (ancien gouverneur du Vermont et candidat aux primaires démocrates pour l'élection présidentielle américaine), Ron Christie (ex-attaché politique du vice-président Dick Cheney et du président George W. Bush) de même que des journalistes du magazine *Forbes*, du *New York Times* et du *Wall Street Journal* ont permis aux ministres québécois en tournée dans la Grosse Pomme d'être plongés au cœur de la dynamique de la politique américaine. Avec le programme de bourses Fulbright Awards[69], j'ai finalement contribué à instaurer une chaire d'études sur le Québec à la State University of New York (SUNY-Plattsburg), une première pour les États fédérés.

C'est dans ce contexte stimulant que j'ai servi le Québec à New York et à Washington. Ce cadre de travail était d'autant plus motivant que les autorités, dont le premier ministre et son ministre des Relations internationales, m'ont laissé une grande liberté d'action, ce qui n'est pas anodin dans le monde diplomatique. Cette autonomie m'a également permis de prononcer de nombreuses conférences tant à New York qu'à Washington (dont une conférence à la demande du professeur

Charles F. Doran, de l'Université John Hopkins, ancien proche collaborateur de Robert Bourassa pendant ses années d'enseignement dans cet établissement), de mettre en ligne une centaine de billets sur mon blogue de délégué et d'intervenir dans les médias québécois sur des sujets chauds de l'actualité américaine.

En 2012, je suis revenu au Québec avec le sentiment du devoir accompli. J'ai accepté de gérer la campagne philanthropique du plus grand complexe universitaire francophone au monde – les Hautes Études commerciales (HEC), Polytechnique Montréal et l'Université de Montréal – sous le chapeau de Campus Montréal.

Comme je l'ai expliqué, je suis issu du système d'éducation anglophone mais, au fil des ans, j'ai travaillé à promouvoir le Québec, son caractère francophone, le respect de ses minorités et ses intérêts supérieurs. De la politique à la diplomatie et maintenant à la philanthropie, en passant par l'enseignement, le bénévolat, les affaires et les médias, ce Québec ouvert sur la diversité m'a permis de réaliser un parcours fort enrichissant et toujours rempli d'espoir. Cela reste le sens profond de mon engagement.

CHAPITRE 13

LE TANDEM BOURASSA-RYAN

Quelques réflexions sur mon engagement

DÈS MES PREMIÈRES ARMES EN POLITIQUE, J'AI TOUJOURS voulu me faire élire à l'Assemblée nationale. Et, malgré ma défaite aux élections de 1985 dans la circonscription de Mercier, je n'avais pas renoncé à ce rêve. Je resterai toujours admiratif devant ceux qui se portent candidats aux élections, peu importe leur affiliation. Le destin m'a plutôt amené à jouer un rôle qui m'a permis d'accéder à l'antichambre du pouvoir, d'être au centre de la prise de décisions et, par conséquent, de me retrouver au cœur de nombreux combats politiques.

Pour moi, atteindre et exercer le pouvoir n'était pas une fin en soi. Je persiste à croire que nous devons faire de la politique pour deux raisons : améliorer le sort de nos concitoyens et, grâce à nos actions, faire une différence. Pour y parvenir, il faut d'abord le vouloir et agir selon nos croyances et nos convictions. Dans notre système parlementaire, l'engagement en politique passe souvent par l'adhésion à un parti politique. J'ai choisi mon parti, le PLQ, je m'y suis engagé à titre de bénévole ou en tant qu'employé (à la permanence) et je m'y suis dévoué avec ferveur.

J'ai milité au sein du PLQ principalement à cause de ses valeurs, de son histoire et de ses objectifs. Son pragmatisme m'a aussi séduit. Cela m'a permis de jouer au fil des années un rôle de premier plan durant une période turbulente de notre histoire où les questions touchant l'identité du Québec étaient au centre des débats.

Que ce soit sur les plans stratégique et organisationnel ou lors des périodes de crise, j'ai pu observer à quel point la politique, en démocratie, sort grandie de l'engagement d'une multitude d'individus prêts à travailler sur le terrain pour motiver et mobiliser les électeurs. Ce fut donc une expérience très valorisante et enrichissante de savoir qu'on peut influencer les grands enjeux de la société et faire une différence dans notre vie collective. Je ne regrette pas d'avoir emprunté ce parcours. Dans les pages qui suivent, j'ai choisi de partager quelques observations sur certains moments marquants de mon cheminement.

BOURASSA, AU-DELÀ DE LA POLITIQUE

Commençons d'abord par Robert Bourassa avec qui j'ai collaboré étroitement pendant plus de 10 ans. J'ai connu le chef de parti et le premier ministre mais, au-delà du personnage politique, il y a aussi l'homme, l'homme de famille, l'ami et son influence. Je tiens aussi à souligner plus particulièrement sa relation avec Claude Ryan dont la collaboration a grandement contribué à maintenir la cohésion et la solidarité au sein de la société québécoise à un moment critique de notre histoire. Finalement, je terminerai en partageant mes observations sur les grands enjeux électoraux et sur l'évolution de la culture politique du Québec.

J'ai évoqué le côté persuasif de Robert Bourassa lorsqu'il m'a recruté comme directeur général du PLQ et aussi son style de gestion accessible et non hiérarchique. J'ai aussi mentionné ses graves problèmes de santé dans les moments où le Québec vivait des crises et ses grandes réalisations en tant que premier ministre. Mais tous ceux qui l'ont côtoyé quotidiennement vous parleront plus particulièrement de la personne et de l'être qu'il était. Son œuvre restera la préoccupation des historiens et des médias.

Je me souviens surtout de l'ami, de la personne généreuse, de sa loyauté et de son côté profondément humain. Ses détracteurs vous diront que son charme faisait partie d'un calcul stratégique pour imposer sa volonté ou pour éviter l'hostilité à son égard. Ce n'était pas le cas, car j'ai découvert, au cours d'évènements apolitiques, son côté authentique et sa volonté d'aider ceux qui étaient dans le besoin. C'était un social-démocrate dans l'âme.

Robert Bourassa était loyal envers ses amis, ses collaborateurs, et cela, sans partisanerie politique. Il l'était envers des membres de l'opposition qui sollicitaient à l'occasion son aide politique sur un dossier; il l'était aussi à l'égard de quelqu'un qui avait besoin d'un coup de main après avoir eu des ennuis de santé ou des revers de carrière. Il était toujours accessible et rappelait personnellement les gens en disant, sans plus de formalités: «Bonjour, c'est Robert Bourassa!» Au fil des années, lors des conférences auxquelles j'ai participé, j'ai rencontré de nombreuses personnes qui conservaient de lui un souvenir ou une anecdote à partager. Je peux affirmer, encore aujourd'hui, que le fait d'avoir travaillé avec lui constitue ma meilleure carte de visite.

Travailler aussi étroitement avec un premier ministre est très exaltant, mais à la fois fort exigeant en matière d'énergie, de temps et de résilience. Robert Bourassa le savait et s'informait même auprès de mes proches pour savoir si je dormais bien! Sa grande humanité a été fondamentale dans ma relation avec lui.

J'ai surtout travaillé de près avec lui durant les années éprouvantes de sa maladie, de 1990 à 1996. J'ai remarqué au fil du temps qu'il me téléphonait de moins en moins tard en soirée et que les sondages le préoccupaient beaucoup moins. Durant son dernier mandat (1990-1994), il venait à son bureau montréalais seulement s'il avait des rendez-vous, préférant travailler de sa résidence d'Outremont. Il avait horreur des agendas surchargés. Très souvent, il n'avait que trois ou quatre rendez-vous à l'horaire pour toute une semaine! Il voulait se garder une marge de manœuvre, avoir du temps pour ses longues conversations téléphoniques qu'il affectionnait tant et pour réfléchir. Il était incontestablement le seul maître de son temps. Malgré l'énorme pression associée à ses fonctions, je ne l'ai jamais vu réagir avec impatience ou colère: flegmatique, il cachait bien ses sentiments.

Sa famille était au cœur de sa vie quotidienne. Lorsque la porte de son bureau était fermée pendant une heure, en après-midi, c'était en raison d'une conversation téléphonique avec sa chère Andrée ou avec l'un de ses enfants, Michelle et François. Dès sa naissance, en 1990, son petit-fils Mathieu était devenu le centre de son univers. Trois ans plus tard, en 1993, son deuxième petit-fils, Simon, s'est ajouté à la joie qu'il avait d'être grand-papa[70]. Lorsqu'il a dû subir des traitements à l'hôpital contre le cancer, son épouse dormait dans sa chambre, à ses côtés. Il a toujours mis sa famille en dehors de l'espace public mais, sans sa famille, Robert Bourassa n'aurait jamais pu réussir en politique. Il me l'a dit à quelques reprises.

Sa maladie l'a profondément affecté dans l'exercice de sa gouvernance politique, mais jamais au risque de commettre une erreur de jugement ni de mettre en péril les intérêts du Québec. Comme j'ai pu le constater, il a aimé la joute politique jusqu'à la fin. Il m'a confié lors de la soirée du référendum de 1995, après la mince victoire du NON, qu'il serait prêt à reprendre du service, et même à jouer un plus grand rôle, s'il y avait un autre référendum.

La maladie était toutefois un combat d'un tout autre ordre. Durant ses deux périodes de rémission, il craignait toujours un possible retour de la maladie. Très souvent, nous parlions d'un dossier important ayant des répercussions électorales puis, tout à coup, nous revenions sur son inquiétude devant la possibilité d'une récidive du cancer. Cela dit, il restait toujours intéressé par les débats politiques, même après avoir quitté la vie politique, en janvier 1994.

Parfois, je le taquinais en lui disant qu'il préparait un autre retour et que son successeur devrait se tenir sur ses gardes! Bourassa s'inspirait davantage des politiciens européens, particulièrement français, que de ceux des États-Unis où l'élection du président est limitée à deux mandats. À ma suggestion, il acceptait d'emblée de prononcer des conférences après s'être retiré. Il était particulièrement fier de sa nomination à la Chaire Jean Monnet de l'Université de Montréal car, outre la politique, c'est l'enseignement qui le motivait le plus.

Après une conférence prononcée à mon invitation, en juin 1996, à l'édifice Au-Pied-du-Courant, qui abrite le siège social de la Société des alcools du Québec à Montréal, je l'ai raccompagné à sa voiture. Il était heureux de sa soirée au cours de laquelle il avait pris la parole devant une trentaine de gens d'affaires. Il estimait que ses commentaires et réflexions étaient encore pertinents dans le débat public. Il avait déjà fait un bilan de sa carrière avec des professeurs de l'Université de Montréal et, qui sait, peut-être que celui qui est devenu le 22e premier ministre du Québec aurait-il écrit ses mémoires.

Malheureusement, quelques jours plus tard, il m'annonçait pour la troisième fois qu'il était de nouveau atteint du cancer. Il était 20 heures, un dimanche soir, lorsqu'il m'a dit : « C'est revenu. » Il m'avoua que le cancer avait atteint son cervelet et avait comme conséquence d'affecter sa démarche. Ce n'était pas bon signe.

Il m'a informé, avec sa manière méthodique habituelle, que l'Hôpital Notre-Dame allait diffuser un communiqué le lundi suivant à cet effet, et qu'il travaillait à la rédaction du communiqué en question avec le directeur des communications de l'établissement, Jacques Wilkins. C'était du Bourassa classique : gérer la nouvelle !

Après toutes ces années, son œuvre et son influence sont restées au centre de ma pensée et de ma façon de faire de la politique. Je dirais même dans ma façon de vivre tout court. Bourassa m'a déjà dit qu'il n'avait jamais de rancune et que cela l'aidait à mieux dormir[71]! C'était une évidence quand on le voyait en action. Encore aujourd'hui, il est rare que je passe une journée sans penser à lui.

LA RELATION RYAN-BOURASSA

J'ai eu le privilège de servir trois premiers ministres et cinq chefs de parti et cela m'a fait voir de près la profondeur de l'engagement de chacun. Au début de la rédaction de ce livre, je savais que deux personnages seraient au centre de mon témoignage : Robert Bourassa et Claude Ryan. Pour cette raison, je me permettrai d'élaborer sur la nature de leur relation et à quel point elle fut déterminante pour la cohésion de la société québécoise à un moment de grande turbulence.

J'ai collaboré étroitement avec chacun et je considère que leur capacité à travailler ensemble a démontré à quel point les intérêts supérieurs du Québec ont été au cœur de leur engagement politique respectif ainsi que de leurs relations personnelles. Ryan quitte la direction du parti, Bourassa le remplace, mais ce n'est pas une brisure. C'est la continuité, seuls les rôles ont changé.

Durant les années où Claude Ryan était à la tête du PLQ, il y a eu des moments de tension entre les deux hommes. Ryan souhaitait prendre ses distances de l'époque Bourassa, même si leurs divergences n'étaient pas grandes. Ryan et Bourassa étaient cependant dévoués à promouvoir ce qu'ils appelaient les intérêts supérieurs du Québec. Ils étaient des fédéralistes convaincus tout en étant sensibles au nationalisme québécois. Ils croyaient que l'État avait un rôle important à jouer pour protéger la langue française. Et ils croyaient aussi tous deux en un Canada basé sur la dualité linguistique, le Québec étant le foyer principal de la francophonie canadienne.

Lorsque Bourassa a repris la direction du PLQ, en 1983, plusieurs croyaient que les jours de Ryan étaient comptés. Malgré leurs affinités sur leur vision et leur pensée politiques, peu de gens pensaient qu'ils pouvaient faire bon ménage. C'était mal connaître Bourassa et sa capacité d'inclusion. Au contraire, Bourassa a invité Ryan à rester dans son entourage et lui a confié un rôle de premier plan, ce qui ne faisait pas toujours l'unanimité au sein du caucus libéral. Quand Bourassa redevint premier ministre, en 1985, il nomma Ryan au poste de ministre de l'Éducation, de l'Enseignement supérieur et de la Science. Au cours des deux mandats, parmi les dossiers les plus épineux et les plus exigeants, on remarquait la présence et l'influence de Ryan.

De 1985 à 1994, certains vous diront que Ryan fut le ministre le plus influent auprès du premier ministre. Je le crois sincèrement. C'était connu, au Conseil des ministres, que très souvent Bourassa invitait «Monsieur Ryan», comme il l'appelait toujours, à se prononcer sur des dossiers de grande envergure en dehors de son champ de responsabilités. Sur des questions touchant la langue et la Constitution, les conseils de Ryan pouvaient parfois être déterminants. On l'a vu durant les épisodes du rapport Allaire et de l'affichage commercial.

Bourassa n'a jamais gardé de ressentiment envers Ryan pour le traitement que celui-ci lui avait réservé durant les mois précédant les élections de 1981. Bourassa était prêt à jouer, au besoin, un rôle effacé dans un futur gouvernement Ryan, ce qui avait été rejeté par ce dernier. Plus tard, quand Bourassa a repris le pouvoir, il savait qu'il avait besoin de Ryan dans son équipe. Ryan a beaucoup apprécié par la suite le respect dont le premier ministre a témoigné à son égard. Il m'a dit à plus d'une reprise que Bourassa lui avait donné une leçon de vie. Il avait raison et il est devenu un collaborateur d'une grande loyauté au cours des deux mandats de Bourassa.

Je dirais qu'ils étaient aussi à leur façon des amis, mais cette amitié s'est exprimée dans une relation professionnelle avant tout. Jamais ils ne se sont tutoyés ou même appelés par leurs prénoms. Connaissant les liens étroits entre le premier ministre et moi-même, Ryan était des plus respectueux à mon endroit et très souvent le plus fidèle collaborateur. C'était peut-être sa façon de manifester sa solidarité et sa proximité avec Bourassa. Pour ce dernier, Ryan était sa caution «nationaliste». Il savait que perdre Ryan sur une question identitaire serait un coup dur pour le gouvernement, peut-être même fatal. Mais je crois que cette relation allait plus loin qu'un simple accommodement, car ils étaient très souvent du même avis sur le contenu. Ils se parlaient rarement au téléphone, mais leurs chefs de cabinet le faisaient constamment. Ryan a eu deux chefs de cabinet durant le deuxième mandat de Bourassa : André Fortier et Martial Fillion. Je peux affirmer sans réserve que nos relations se sont déroulées sans frictions, et toujours en mode solution.

Lorsque M. Bourassa fut frappé par la maladie, il a souhaité que je tienne M. Ryan informé de son état de santé afin d'assurer une stabilité s'il devait abandonner son poste. Lors de la récidive du cancer, en 1996, Ryan le visitait régulièrement. Ses visites à M. Bourassa, hors des heures de visite à l'étage des soins palliatifs de l'Hôpital Notre-Dame, étaient connues de tout le personnel. Les échanges, semble-t-il, allaient bien au-delà de la politique. Tous les deux étaient croyants à leur manière et des proches des deux hommes m'ont confié que la religion et la spiritualité, entre autres, étaient au cœur de leurs conversations. En cette matière, ils peuvent être qualifiés de libres penseurs et de progressistes.

Ce fut, selon moi, un des grands tandems dans l'histoire du Québec. Malgré des styles différents et parfois des divergences sur les tactiques, ils étaient en symbiose quant à la défense des intérêts supérieurs du Québec et ils croyaient fermement que l'avenir du Québec comme société francophone était plus prometteur à l'intérieur du Canada. Leur collaboration dans la poursuite de ces objectifs passait avant tout.

J'ai servi deux hommes différents tant par leur style que par leur tempérament. Parfois, je fus le lien entre les deux, quelquefois un confident. Je peux témoigner qu'ils ont été du même avis sur les grandes questions touchant le Québec et son avenir et qu'une telle harmonie nous a bien servi comme société.

L'HOMME ET SON PARTI

Le directeur général d'un parti politique se doit d'être le défenseur d'un parti fort et autonome. C'est la nature même du mandat. Mais, au-delà des mots, l'attitude du chef et de ses principaux collaborateurs, tout comme les attentes des militants, compte beaucoup. Robert Bourassa a milité dès sa jeunesse au sein du PLQ. Il a été le premier militant de la base à devenir chef de son parti, une fonction qu'il a occupée durant plus de 18 ans. Cette longue affiliation mérite qu'on s'y arrête et j'ai donc choisi de partager la façon dont il le gérait.

Sa direction s'inspirait d'un profond respect des militants. Pour lui, ils étaient la source de son engagement politique. Il souhaitait qu'au sein du parti, les militants puissent être au cœur des débats sur les grands enjeux de notre société. Lui-même avait été au centre des débats comme militant et président de la Commission politique du parti. Bourassa dirigeait le PLQ en disant : « Les gouvernements passent, mais le parti reste. » Pour lui, le parti devait représenter sa coalition de base et il tenait à ce que la base militante soit représentative des différentes composantes de la population. Sous sa direction, le nombre de membres du parti est demeuré au-dessus de la barre des 125 000.

Comme chef et premier ministre, il évitait de participer aux débats de son parti lors des conseils généraux et des congrès. Il respectait l'autonomie de pensée de sa formation. Il a cependant dû intervenir directement lors du Conseil général élargi sur la langue d'affichage commercial, en 1988, et lors du congrès spécial des membres sur l'Accord de Charlottetown, en 1992, pour assurer la cohésion et la solidarité du parti. Certes, dans ces deux cas, certains membres importants ont quitté le parti, mais l'essence de la coalition du parti (grâce à certains compromis politiques) est demeurée intacte. En tant que premier ministre, il soutenait que sa responsabilité allait au-delà du parti et cette position explique son intervention directe lors de ces deux évènements.

Aujourd'hui, le nombre de militants est à la baisse et on remarque en général une absence de grands débats lors des congrès des partis politiques. On note aussi un vieillissement des participants. Les organisateurs de tels rassemblements semblent plus enclins à afficher des images de cohésion et d'harmonie au détriment du militantisme actif.

Robert Bourassa a cru qu'un parti fort quant au militantisme, et autonome quant à la pensée, constituait des atouts pour atteindre le pouvoir et rester pertinent dans la gouvernance. Lors de sa course à la direction de 1970, il a écrit qu'«un parti politique n'existe que par la participation la plus entière de ses militants à la prise de décisions du parti et à l'élaboration de ses grandes politiques». C'est ainsi qu'il a dirigé son parti. Je partage entièrement cette vision.

L'ÉCONOMIE ET LA QUESTION IDENTITAIRE : LES GRANDS ENJEUX

Chaque campagne électorale se déroule dans un contexte qui lui est propre. L'insatisfaction envers le gouvernement, le désir de changement et l'attrait des différentes figures politiques jouent des rôles déterminants dans tout contexte électoral. Je l'ai constaté à chacune des élections auxquelles j'ai participé activement.

Au Québec, depuis la Révolution tranquille, deux enjeux ont principalement dominé l'échiquier politique – des projets reliés à l'économie et des questions touchant la question identitaire. Les élections qui se déroulent autour de l'économie impliquent des mesures pour augmenter la création d'emplois et des grands projets de développement économique tels que la baie James et le Plan Nord. Celles sur la question identitaire portent surtout sur l'affirmation de notre identité nationale et particulièrement sur des mesures pour répondre à la sécurité linguistique et culturelle. Il est juste de dire que lorsqu'une élection se joue sur des enjeux économiques, le PLQ en sort généralement victorieux. Quand les questions identitaires en constituent l'épicentre, le PQ est alors favorisé.

Prenons le cas du PQ quand il a accédé au pouvoir la première fois, en 1976. Le contexte politique était généralement défavorable au gouvernement Bourassa. La question linguistique avait divisé son propre gouvernement et sa base anglophone et allophone avait rejeté en général la loi 22, qui faisait du français la langue officielle. Ajoutons un autre conflit sur le plan linguistique, au fédéral cette fois, avec les Gens de l'Air, où un groupe de pilotes s'étaient opposés aux restrictions du gouvernement Trudeau quant à l'usage du français dans l'aviation commerciale canadienne. Il s'est donc créé un climat propice à la montée du PQ et à sa victoire, le 15 novembre 1976.

En 1994, la victoire du PQ avec Jacques Parizeau fut attribuée en grande partie au mécontentement des électeurs à la suite des échecs constitutionnels de 1990 et 1992 et à la scission au sein des forces fédéralistes. Dans les cas des élections de 1976 et de 1994, le PQ s'était engagé à faire un référendum sur l'indépendance du Québec – l'arme ultime en ce qui concerne les questions identitaires.

Il serait toutefois simpliste de conclure que le PLQ est un parti qui a l'économie pour seul objectif. Bien au contraire, le progrès économique que préconise le PLQ est grandement associé à l'identité propre du Québec. Les institutions économiques dont nous nous sommes dotés au fil du temps avaient pour but de renforcer cette identité par le progrès et la force économique. La création d'Hydro-Québec, en 1944, et la nationalisation en 1963 de toutes les compagnies privées d'électricité du Québec avec le slogan *Maîtres chez nous*, l'établissement de la Caisse de dépôt et placement pour gérer notre Régime des rentes et la Société générale de financement (aujourd'hui Investissement Québec) sont des exemples de liens entre l'économie et le facteur identitaire. Une économie prospère était un facteur déterminant pour notre sécurité culturelle et notre affirmation nationale.

Le grand projet de la baie James a renforcé notre capacité énergétique et fut un outil de développement économique grâce aux régions. Lorsque Robert Bourassa a fait un retour en politique, en 1983, il a présenté une vision économique basée sur l'exploitation de nos ressources naturelles (l'abondance de l'eau) et la haute technologie comme outils de développement de la force économique du Québec. Il a notamment publié deux livres: *L'énergie du Nord: la force du Québec* (1985) et *Le défi technologique* (1985).

Lorsque des discussions se sont engagées sur le traité de libre-échange avec les États-Unis et, plus tard, avec le Mexique, le Québec avait un représentant auprès de la délégation canadienne pour défendre ses intérêts – un précédent qui s'est reproduit sous le gouvernement Charest lors des négociations avec l'Union européenne. Bref, le discours économique du PLQ est fortement imprégné d'une approche foncièrement québécoise.

Sur des questions identitaires plus directement reliées à la culture et à la langue, le PLQ a aussi, au fil des ans, fait ses devoirs. Sous le gouvernement de Jean Lesage, on a créé le ministère de la Culture et établi un bureau du Québec à Paris.

La doctrine Paul Gérin-Lajoie s'est ajoutée comme une composante essentielle pour défendre et promouvoir nos champs de compétence sur le plan international (francophonie internationale sous Bourassa, représentation à l'Organisation des Nations Unies pour l'éducation, la science et la culture – UNESCO – sous Charest), et ce, pour tous les gouvernements qui ont suivi. Sous le gouvernement Bourassa, le français est devenu la langue officielle du Québec. Depuis, en matière de francophonie internationale, le Québec joue un rôle de premier plan, et cela, tant sous des premiers ministres libéraux que péquistes.

Cette capacité à relier des questions économiques à des préoccupations identitaires a bien servi le PLQ au cours de son histoire. Ce parti est la seule formation politique qui existait avant la création de la Confédération canadienne, en 1867. Trois autres principaux partis de notre histoire – l'Union nationale, le PQ et l'ADQ – sont issus de scissions au sein du PLQ. Force est de reconnaître que le PLQ est le seul parti à avoir été présent à tous les grands moments de notre histoire.

Depuis le début du 21e siècle, les questions identitaires ont joué un rôle plutôt secondaire. L'économie et l'insatisfaction envers les gouvernements ont été des éléments plus déterminants dans le choix des électeurs. Il est à noter que le PLQ a gagné quatre des cinq élections depuis 2003. On peut donc s'attendre à ce que le discours économique – l'héritage de Jean Lesage, de Robert Bourassa et de Jean Charest – reste central et prioritaire pour le PLQ. Mais cela ne doit pas se faire au détriment des questions identitaires.

LA « NOUVELLE » CULTURE POLITIQUE

L'histoire du Québec au sein du Canada est remplie de moments déterminants dans l'évolution de notre société. Mais, depuis la Révolution tranquille, c'est-à-dire depuis le début du Québec moderne, il est juste de dire que la culture politique s'est grandement transformée. Certes, la notion de survivance restait entière, mais l'affirmation et l'épanouissement du Québec émergeaient avec l'arrivée d'un nouveau gouvernement, en 1960, et ses nombreuses réformes. Ce ne fut pas le fruit d'une seule élection – celle de « l'équipe du tonnerre » de Jean Lesage –, mais bien du travail des forces progressistes de la société civile qui s'opposaient à la « grande noirceur » du régime Duplessis. L'avenir allait se jouer sur l'économie et l'affirmation du fait français, et la réforme constitutionnelle était vouée à donner une plus grande place au Québec à l'intérieur de la Constitution canadienne.

Mon parcours s'est déroulé dans ce contexte. La montée du PQ a mis cette nouvelle réalité au centre du débat politique. Des réformes, des projets économiques, des lois linguistiques, des démarches constitutionnelles et des référendums ont changé la culture politique qui avait dominé l'échiquier politique jusqu'en 1960. Le Québec était moins sur la défensive et se portait plus souvent à l'offensive avec ses demandes.

Bourassa faisait souvent référence à l'esprit de ruse et de prudence des Normands pour décrire la tendance à faire des réformes tout en maintenant l'équilibre dans la société. Il citait parfois Daniel Johnson (père) qui disait que « le Québec est prêt à donner tous les coups de pied au fédéral, sauf le dernier », voulant dire par là que les Québécois n'iraient jamais jusqu'à briser leur lien avec le Canada. Le Québec de la Révolution tranquille allait agir en s'engageant sur la voie du parlementarisme, de la diplomatie, de la négociation et de la démocratie, et non pas sur le repli et l'isolationnisme.

Depuis la Révolution tranquille, on constate que la culture démocratique s'imprègne davantage au Québec. Si on se servait des institutions démocratiques, avant la Révolution tranquille, pour protéger le Québec et son caractère francophone, désormais on se sert de la démocratie pour faire des débats de fond – particulièrement sur les choix économiques, l'environnement, la langue et la Constitution – et pour faire progresser le Québec.

L'obsession pour la démocratie a concrétisé la démarche de René Lévesque pour l'indépendance. L'adoption par Robert Bourassa de la Charte des droits de la personne, en juin 1975, a consacré ce virage vers une culture de démocratie active.

Ce qui est remarquable au Québec – et je l'ai constaté tout au long de mon parcours politique –, c'est le fait que nous avons traité des questions qui déchirent souvent des sociétés et provoquent des affrontements violents en utilisant des voies démocratiques et pacifiques, contrairement à ce qui se passe ailleurs. On le fait à l'Assemblée nationale ou par référendum. Bien sûr, il y a eu l'épisode du FLQ dans les années 1960. Mais, depuis la crise d'Octobre, nos institutions ont pris le dessus. Et aujourd'hui, personne ne doute de l'importance de régler nos questions identitaires par l'entremise de nos institutions politiques. J'ai eu le privilège de participer pleinement à ce processus pendant plus de 30 ans.

Mon engagement politique a commencé avec des idéaux et des convictions. Je croyais dès le départ au rôle important de l'État et à l'importance des libertés individuelles, mais avec un souci pour la collectivité, et à la nécessité de créer de la richesse économique pour ensuite la partager dans une optique de justice sociale. Je considère cela comme une vision progressiste de notre société et, après mon long parcours, je demeure aussi idéaliste qu'au début et je continue à croire en cette vision.

CHAPITRE 14

REGARD SUR L'AVENIR

JE NE SUIS PAS INDIFFÉRENT AUX DÉFIS D'AUJOURD'HUI. Malgré mon long parcours en politique, je reste toujours aussi intéressé, mais de façon plus effacée, aux débats politiques québécois et canadiens. On peut tirer des leçons du passé, mais on ne doit pas en être prisonnier.

Le Québec change et son avenir sera influencé par des enjeux tant économiques, technologiques que sociaux. Notre défi démographique reste encore aussi pertinent au 21e siècle qu'il le fut à la fin du siècle dernier, sans oublier la place centrale qu'occupent la question identitaire du Québec français et le statut constitutionnel du Québec. Ces questions peuvent nous apparaître comme de vieux débats, mais elles demeureront toujours dans le paysage politique.

LE DÉBAT IDENTITAIRE

La question identitaire a conditionné tous les grands débats et toutes les élections depuis la Révolution tranquille. Le dossier linguistique a été au centre de la montée du nationalisme moderne et de l'option de l'indépendance du Québec. Force est de reconnaître que des gestes ont été faits au fil des années par les gouvernements du PLQ et du PQ qui ont changé les choses, mais il reste que la question de la langue sera toujours une préoccupation existentielle au Québec. Quant à la question nationale, j'ai vécu des moments de grande polarisation et aussi de grande déception. Les deux principales formations politiques se distinguent encore surtout par leur option constitutionnelle. On ne peut pas affirmer que cela disparaîtra à court terme, bien au contraire.

LA QUESTION LINGUISTIQUE : DURABILITÉ ET FRAGILITÉ

Dès la Révolution tranquille, la modernisation de la société québécoise avait pour but d'établir un État francophone, progressiste et plus autonome en Amérique du Nord. Nous pouvions prévoir que la défense du français irait de pair avec les progrès économiques et sociaux de notre société. Nous l'avons constaté lors de l'arrivée au pouvoir de Jean Lesage et de son équipe, en 1960. En 1970, le nouveau premier ministre Robert Bourassa a dû intervenir pour assurer la présence du français à l'usine General Motors de Sainte-Thérèse.

Les gouvernements successifs ont choisi de légiférer sur le statut du français et de mettre en place des dispositions pour protéger et renforcer la place du français au Québec dans plusieurs secteurs de notre vie collective. Malgré les efforts louables des politiciens à Ottawa pour assurer une plus grande place au français dans l'appareil gouvernemental canadien, les partis politiques à l'Assemblée nationale ne pouvaient rester indifférents aux revendications des forces vives québécoises concernant l'usage du français dans les contextes économique, social, culturel et politique sur notre territoire.

La loi 22, qui faisait du français la seule langue officielle du Québec, puis la Charte de la langue française, qui a étendu la présence du français dans plusieurs secteurs d'activité, ont établi le statut et la place du français dans le Québec moderne. De tels gains ne se sont pas faits sans heurts : le monde des affaires et la communauté anglophone furent les premiers à ressentir les effets de la démarche gouvernementale, et il y a eu de la résistance chez certains groupes. Des causes sur l'usage du français se sont retrouvées devant les tribunaux et certaines dispositions de nos lois linguistiques furent ajustées en conséquence. Dans certains cas, je fus directement interpellé. Le jugement de la Cour suprême en 1988 sur l'affichage commercial a provoqué le dernier grand débat à avoir polarisé le Québec en matière linguistique. La clause dérogatoire, à la suite de ce jugement, a permis une pause temporaire pour assurer la place du français dans l'affichage commercial. La loi 86, en 1993, a décrété la prédominance et l'obligation d'afficher en français, mais sans interdire d'autres langues ; elle fut la dernière loi linguistique d'envergure au Québec.

Cela ne signifie pas que les inquiétudes à l'égard de la fragilité et de la survie du français sont chose du passé. Bien au contraire, avec la montée de la technologie – sans compter l'usage omniprésent de l'anglais sur Internet et dans les réseaux sociaux –, la vigilance reste de mise. Ce qui a changé, c'est la présence d'un consensus entre la classe politique et la société en général sur le fait qu'il y a eu un réel progrès ces dernières années et que le Québec doit rester un État français au sein de l'Amérique du Nord. Ce consensus inclut la notion que le français est désormais la langue commune au Québec.

Parlant de progrès réels, on constate que le fait français au Québec se porte relativement bien. Au-delà de 90 % des Québécois affirment pouvoir soutenir une conversation en français et 89 % le parlent majoritairement au travail. De 2001 à 2011, les transferts linguistiques vers le français ont augmenté de 34,7 % à 40 % ; vers l'anglais, il y a eu une baisse (de 34 % à 29,9 %[72]). Le bilinguisme chez les anglophones est en hausse constante (de 59 % en 1991 à 70 % en 2006[73]). Ce dernier constat était un souhait, en 1982, lorsque j'ai joint Alliance Québec. À l'avenir, les questions linguistiques doivent être traitées dans un esprit de «gagnant-gagnant».

Le dossier linguistique s'étant retrouvé au centre des débats politiques de 1960 jusqu'aux années 1990, je crois que cela s'atténuera au cours des prochaines années, car le consensus sur les objectifs est ferme et durable. Les affrontements et les conflits du passé ont fait place au dialogue, à l'inclusion, à la modération et à la valorisation quant à la place du français, sans toutefois faire disparaître certaines préoccupations. La communauté anglophone accepte généralement ce consensus, tout en étant aux aguets en ce qui concerne la vitalité de ses institutions et de ses droits. Comme le français occupe la troisième place des langues parlées en Amérique du Nord, après la prépondérance de l'anglais et la croissance de l'espagnol, nous devons rester vigilants.

LA QUESTION NATIONALE

Si la question linguistique fait consensus sur plusieurs aspects, la question nationale ne fait pas l'unanimité et demeure centrale dans le débat politique. Malgré la montée d'une troisième force au Québec (l'ADQ, puis la Coalition Avenir Québec – CAQ), il reste que le PLQ et le PQ furent les seuls partis à former des gouvernements depuis 1970. À l'exception de 2007-2008, ces deux partis furent aussi les seuls à former l'opposition officielle.

Je m'étais engagé en politique active en grande partie à cause de la question nationale, mais les deux référendums sur l'avenir du Québec (1980 et 1995), le rapatriement unilatéral de la Constitution (1982) et les échecs successifs pour tenter de réintégrer le Québec dans la famille constitutionnelle canadienne ont fait en sorte que la question nationale est loin d'être résolue. J'ai servi Robert Bourassa, qui a toujours voulu faire de l'économie l'enjeu principal de son activité politique. Mais la question nationale est restée déterminante au cours de son passage en politique. Je l'ai accompagné pour faire avancer les intérêts du Québec avant tout, et cela, en restant membre de la fédération canadienne. Je peux dire la même chose de Daniel Johnson et de Jean Charest.

Si nous n'avons pas résolu la question constitutionnelle, nous avons tout de même fait des progrès dans le fonctionnement du fédéralisme canadien et le développement du Québec au sein de la fédération. Certains changements peuvent se faire par des amendements à la Constitution et d'autres par des ententes administratives. Le Québec que j'ai connu enfant, dans les rues du quartier montréalais de Rosemont et sur les bancs d'école, a évolué. Nous avons fait des progrès réels sur les plans économique (création de la Caisse de dépôt et placement pour gérer le Régime des rentes du Québec, Hydro-Québec), social (l'assurance maladie), culturel (ministère de la Culture et la création d'institutions culturelles), et aussi éducatif (création du ministère de l'Éducation, l'amendement constitutionnel pour la composition des commissions scolaires linguistiques) et politique (la reconnaissance du Québec comme une nation par le Parlement canadien).

Sur le plan politique, les ententes sur l'immigration négociées en 1978 et en 1991 prennent toute leur importance pour faire face à notre défi démographique et elles sont presque constitutionnelles – aucun changement ne peut se faire sans le consentement du Québec. Depuis, nous avons signé des ententes administratives concernant la formation de la main-d'œuvre qui nous donnent la maîtrise du dossier avec compensation financière. En 2004, une entente qualifiée de fédéralisme asymétrique[74] fut signée en matière de santé.

Sur le plan international, notre présence dans l'Organisation internationale de la francophonie et notre représentation au sein de l'Organisation des États américains et à l'UNESCO sont la preuve de notre capacité à jouer un rôle accru hors de nos frontières. Cette présence s'est accentuée aussi avec notre réseau de bureaux à l'étranger. J'ai pu le constater lorsque j'ai été délégué général du Québec à New York. De plus, sous Bourassa, la participation du Québec fut déterminante dans la négociation de l'Accord de libre-échange avec les États-Unis, qui fut remplacé plus tard par l'ALENA, lequel inclut le Mexique. Je rappelle que c'est grâce à l'initiative du Québec et de Jean Charest auprès de la France que le processus menant à une entente de libre-échange entre l'Union européenne et le Canada a été engagé. L'ancien premier ministre Pierre Marc Johnson était le représentant du Québec à la table des négociations.

Sur le plan national, le premier ministre Charest fut l'instigateur du Conseil de la fédération, qui regroupe les 10 provinces et permet des actions concertées des États fédérés du Canada. De plus, nous conservons la propriété de nos ressources naturelles et notre capacité de les développer avec tout le potentiel que cela comporte, comme le stipule l'AANB de 1867. Finalement, le programme de péréquation est reconnu constitutionnellement, ce qui assure notre capacité de fournir des services à notre population au moins équivalents à ceux qu'on trouve ailleurs au pays.

Bref, tous ces progrès ont été réalisés à l'intérieur de la fédération canadienne en conformité avec la pensée des Lesage, Bourassa, Johnson, Charest et Ryan qui consistait à bâtir le Québec à l'intérieur du Canada. Pour eux, cette option était la meilleure pour assurer notre sécurité économique.

Même si la question nationale continue de nous diviser, j'ai toujours été respectueux de l'option de l'indépendance du Québec. Cela dit, même si les partisans de la souveraineté soutiennent qu'elle est faisable, je crois que la question la plus pertinente demeure aujourd'hui celle que posait Michel Bélanger lors de la commission Bélanger-Campeau en 1990 : « Est-elle souhaitable ? » Mon parcours politique me convainc que l'avenir du Québec est plus prometteur à l'intérieur du Canada et que le fédéralisme canadien est un système fonctionnel. Nous pouvons toutefois prévoir que l'indépendance du Québec continuera d'être un enjeu dans un avenir rapproché.

Depuis l'élection de 1994, la question de l'indépendance du Québec n'a plus joué un rôle aussi déterminant que dans les élections précédentes et, depuis, le PQ ne s'est pas engagé à tenir de référendum au cours d'un prochain mandat lors d'une campagne électorale. Pour la première fois depuis les années 1970, l'appui à l'option indépendantiste n'est pas intergénérationnel[75]. Nous verrons si, aux prochaines élections québécoises (prévues en 2018), le PQ s'engagera à tenir un autre référendum sur l'indépendance.

DES ENJEUX SANS PARTISANERIE

Bien au-delà des questions identitaires, certains enjeux de société continueront de susciter des divergences et des débats animés entre les partis politiques. Qu'on pense, par exemple, aux questions reliées à l'économie, à l'environnement, à l'assainissement des finances publiques et à l'avenir des programmes sociaux.

J'ai cependant l'intime conviction que d'autres enjeux cruciaux pour l'avenir du Québec et la qualité de notre démocratie dépassent la partisanerie politique. Cela inclut la nécessité de recruter plus de femmes en politique, d'attirer plus de jeunes pour participer à l'activité politique, de travailler plus étroitement avec les communautés autochtones du Québec, de tirer avantage de nos relations à l'international, de reconnaître les bienfaits de la diversité au sein de la population québécoise et de promouvoir un retour à une plus grande civilité politique dans nos débats de société. Ce sont des sujets dont je traite régulièrement dans les conférences que je prononce et les cours que je donne à l'université.

PLUS DE FEMMES EN POLITIQUE ET DANS LA FONCTION PUBLIQUE

Selon mon expérience comme directeur général du PLQ et ensuite comme chef de cabinet, je peux confirmer que les femmes souhaitant être candidates aux élections font face à des obstacles réels. Malgré des progrès tangibles en ce qui concerne la présence des femmes dans l'enceinte du pouvoir, il reste qu'elles sont encore sous-représentées à l'Assemblée nationale et au Conseil des ministres, peu importe les formations politiques[76].

Le recrutement demeure difficile, car la politique est souvent encore aujourd'hui un *Old Boy's Club*. Il faut donc faire l'effort pour non seulement recruter des femmes dans des postes d'influence et de pouvoir, mais aussi les accompagner et les intégrer dans le processus de décision des partis politiques et à l'Assemblée nationale.

Je dois beaucoup à Louise Robic, qui fut la présidente du PLQ au début des années 1980, pour mon engagement en politique. Responsable de la soirée des «Yvettes» lors du référendum de 1980, elle a fait des efforts déterminants pour assurer la place des femmes en politique québécoise. J'ai aussi eu le privilège de travailler avec la première vice-première ministre du Québec, Lise Bacon, qui fut une présence rassurante pour la population du Québec, particulièrement lors des absences du premier ministre Bourassa pour cause de maladie. C'est à elle que nous devons le Conseil du statut de la femme et la Loi sur le statut de l'artiste. Je fus aussi associé à la nomination de la première femme au poste de ministre des Finances et présidente du Conseil du trésor, Monique Gagnon-Tremblay, qui fut aussi responsable de la Loi instituant le patrimoine familial. Je suis fier également d'avoir joué un rôle déterminant lors de l'entrée en fonction de la respectée Monique Jérôme-Forget, qui a occupé les postes de ministre des Finances et de présidente du Conseil du trésor. Elle fut aussi responsable de la Loi sur l'équité salariale. Je peux ajouter le profond respect que j'ai également eu à l'égard de Solange Chaput-Rolland et de son rôle lors du référendum de 1980, ainsi qu'envers Thérèse Lavoie-Roux comme première ministre de la Santé et des Services sociaux. Il y a eu également l'arrivée de Liza Frulla et de Lucienne Robillard comme nouvelles recrues durant le dernier gouvernement Bourassa et qui ont joué des rôles déterminants dans les domaines de la culture et de l'éducation.

Au cours de mon mandat comme chef de cabinet, j'ai eu l'occasion de collaborer étroitement avec des dirigeantes hors pair de la fonction publique. Trois d'entre elles ont joué des rôles-clés dans leur secteur respectif : Françoise Bertrand, qui a été la première femme présidente et directrice générale de Télé-Québec, Diane Wilhelmy, sous-ministre aux Affaires intergouvernementales canadiennes, et Michelle Courchesne, sous-ministre à la Culture et aux Communications. L'apport de ces femmes dans les politiques gouvernementales fut remarquable. Elles ne représentaient malheureusement qu'une infime minorité au sein de la fonction publique à l'époque. Depuis, bien sûr, elles sont plus nombreuses.

Il s'agit là de signes encourageants, mais ce n'est pas assez. Comme société, nous n'avons pas réussi à attirer un nombre accru de femmes en politique. Certes, le premier ministre Jacques Parizeau a fait un effort important en décrétant le principe de la parité au sein du comité des priorités de son conseil des ministres, en 1994. Jean Charest a appliqué le même principe à son conseil des ministres en 2007. Oui, nous avons élu la première femme première ministre en la personne de Pauline Marois. Ce sont des progrès réels, mais beaucoup de chemin reste à parcourir.

Je reconnais qu'attirer des femmes en politique est plus difficile que de recruter des hommes, mais il faut redoubler d'ardeur pour augmenter leur nombre. Certains disent qu'il faut leur offrir des circonscriptions assurées, ou avoir un nombre déterminé de femmes candidates et faire le recrutement en conséquence. Mais certaines femmes ne souhaitent pas de traitement de faveur. Il faut être conscient du faible nombre de candidatures féminines tout en reconnaissant qu'il n'y a pas de formule magique.

Nous devons aussi faire des efforts supplémentaires en nous assurant de leur confier des rôles importants et décisionnels au sein des formations politiques et des gouvernements. Être sensible à la situation actuelle et adopter des mesures correctrices seraient déjà un pas dans la bonne direction. Il faut que les dirigeants des partis en fassent une priorité et qu'ils se donnent des outils pour augmenter le nombre de femmes dans les années à venir.

FAIRE PARTICIPER LES JEUNES

La Commission-Jeunesse du PLQ (composée des 16-25 ans) détient 33 % des voix dans toutes les instances du parti et j'en suis fier. Un tel poids permet la participation des jeunes dans les prises de décisions et ajoute à la vitalité du parti. J'avoue qu'au fil des ans, composer avec cette réalité n'a pas toujours été de tout repos. Mais j'ai constaté que la participation des jeunes, parfois conflictuelle, gardait notre formation pertinente, dynamique et orientée vers l'avenir. Un parti qui se renouvelle passe obligatoirement par l'engagement des jeunes : c'est la formule pour assurer la pérennité d'une formation politique. Il incombe toutefois aux dirigeants du parti d'être respectueux de l'engagement des jeunes et de s'assurer qu'ils ont les outils nécessaires pour exercer pleinement leurs responsabilités et se faire entendre. Robert Bourassa passait régulièrement du temps avec les membres de la Commission-Jeunesse hors des caméras. Discuter de politique un vendredi soir avec le premier ministre avait un effet motivateur sur les troupes. Bourassa y tenait.

J'ai eu le privilège de travailler avec des jeunes qui ont animé nos débats à l'interne et qui nous ont gardés branchés sur les enjeux propres à leur génération. C'est grâce en partie à la Commission-Jeunesse du PLQ si, en 1998, le parti a fait un virage déterminant, à un moment critique, sur l'environnement et le défi démographique. Encore aujourd'hui, je ne rate jamais l'occasion d'un rendez-vous, d'un café ou d'un lunch avec des jeunes, peu importe leur affiliation politique. C'est une excellente façon de prendre le pouls de ce qu'ils pensent. J'ai grandement confiance en eux et en l'avenir.

Lorsque j'étais directeur général du parti, ma porte était toujours ouverte afin de maintenir un dialogue constant avec les jeunes. Comme chef de cabinet, j'ai bénéficié des conseils d'un jeune militant, Claude Béchard, qui fut responsable des dossiers de la jeunesse au sein du cabinet du premier ministre, et d'une jeune militante, Nathalie Normandeau, qui fut une attachée politique associée aux communications. Les deux ont plus tard choisi de se porter candidats aux élections; ils se sont fait élire et furent nommés ministres[77].

Aujourd'hui, les jeunes m'apparaissent plus individualistes que lorsque j'étais en politique active. Toutefois, leur confiance, leur audace, leur ouverture et leurs capacités me convainquent plus que jamais de l'importance de leur engagement. Les sensibiliser à l'importance de l'activité politique sera un grand défi pour l'ensemble des partis.

TRAVAILLER ÉTROITEMENT AVEC LES AUTOCHTONES

J'ai vécu deux expériences avec les Mohawks au cours de ma carrière – la crise d'Oka en 1990 et la négociation de leurs revendications relativement à la Seigneurie du Sault-Saint-Louis, en 2008-2009. Mon constat est que nous devons maintenir avec eux un dialogue continu, et non seulement lors des litiges ou des situations de crise. En ce qui concerne la crise d'Oka, en rétrospective et avec ce que l'on sait aujourd'hui, je crois que notre gouvernement et les autorités locales auraient pu être davantage proactifs envers les Mohawks pour éviter que cela dégénère en affrontement, comme on l'a vécu le 11 juillet 1990 et dans les semaines qui ont suivi.

Trop longtemps, nos gouvernements ont agi sans se soucier des impacts de nos politiques sur les Premières Nations. Certes, nous cohabitons à l'intérieur des mêmes frontières, mais nous pourrions faire tellement plus en partenariat avec eux pour développer le Québec. Nous partageons le même territoire, les mêmes ressources naturelles ainsi que plusieurs objectifs communs – développer le territoire québécois et bâtir l'avenir dans le respect et la dignité de chacun. Mais il existe encore des écarts importants entre nous en matière de justice, de société, d'éducation, d'économie, d'emploi et de gouvernance. Le dialogue est essentiel si nous voulons un avenir plus harmonieux et plus rentable avec eux.

Pourtant, nous avons des exemples où le dialogue et les négociations peuvent produire des résultats qui avantagent l'ensemble du Québec et certaines communautés autochtones. Pensons à la Convention de la Baie-James et du Nord québécois et à la Paix des Braves. La participation des Cris et des Inuits est essentielle pour le développement du Nord québécois. Le gouvernement Couillard a d'ailleurs signé une entente sur l'exploitation forestière et sur la création d'une aire protégée de 9 000 km² avec le Grand conseil des Cris, en juillet 2015. Et le prochain défi sera le développement du Plan Nord.

Des perspectives d'avenir avec les communautés autochtones sont donc incontournables si nous souhaitons construire une société plus juste, plus prospère et plus intégrée. Cette réalité dépasse la politique ; il s'agit maintenant d'un enjeu social. Le récent rapport de la Commission de vérité et de réconciliation du Canada concernant les sévices vécus pendant des années par les anciens élèves des pensionnats autochtones sera l'occasion d'entretenir un nouveau dialogue, qui, je l'espère, sera constructif. Pour faire avancer les discussions, il faudra que les différents interlocuteurs reconnaissent que le progrès ne peut pas se limiter exclusivement aux revendications du passé, mais qu'il passe aussi par le développement de solutions pour l'avenir. Bref, un avenir prospère et plus juste que le Québec ne peut vraiment espérer avoir sans un partenariat avec les communautés autochtones.

LA SCÈNE INTERNATIONALE

J'ai souligné l'importance de la doctrine Gérin-Lajoie adoptée en 1965 pour accroître notre présence sur la scène internationale. Pendant cette même décennie, la tenue à Montréal de l'Expo 67 a aussi grandement contribué à sensibiliser le Québec à l'importance de développer ses relations internationales de façon structurée et professionnelle. Au moment de l'Expo, je venais de terminer mes études au Collège Loyola. Je me souviens vivement de l'effervescence engendrée par la visite chez nous des plus grands leaders du monde entier. J'ai vu à quel point, aussi, les Québécois se sont ouverts à l'étranger, voyageant d'un pavillon à l'autre grâce à un « passeport » leur donnant accès à toutes les expositions.

En matière de relations internationales, le Québec, en tant qu'État fédéré, est unique en soi parce qu'il fonde son action sur le développement de relations multisectorielles avec les pays hôtes. Nos relations n'en sont que plus riches. Je l'ai vécu lors de mon séjour à New York et à Washington.

Notre présence aux États-Unis, au Mexique, en Asie, en Afrique, en Amérique Latine et auprès d'organismes internationaux nous fournit des tribunes, des forums et des occasions de toutes sortes pour faire valoir nos décisions stratégiques. Le savoir et la mobilité doivent être au cœur de nos choix futurs sur le plan international.

Les accords récents de reconnaissance mutuelle Québec-France, à titre d'exemple, ont permis à 2 000 travailleurs français et québécois de se trouver des emplois stables et bien rémunérés sur leur territoire d'accueil. Il est dans l'intérêt du Québec de conclure avec d'autres États de tels partenariats en matière de compétences et de qualifications professionnelles au cours des prochaines années.

LA RICHESSE DE LA DIVERSITÉ

L'une des grandes richesses du Québec est, à coup sûr, sa communauté anglophone et son apport au développement. J'ai eu la chance de travailler de très près avec les membres de cette communauté lors des moments de grande tension linguistique. J'ai pu constater à quel point les anglophones sont attachés au Québec et tiennent à son progrès. Malgré les différends au fil des années, tous s'entendent sur le fait qu'ils font partie intégrante de notre société.

On peut dire la même chose de nos diverses communautés culturelles. Leur capacité à s'intégrer et leur apport à notre diversité font du Québec un modèle pour d'autres sociétés occidentales. Grâce à mon père et à ma mère, et aussi à mes années d'études et d'enseignement, j'ai eu le grand privilège de partager le quotidien d'une multitude d'anglophones et d'allophones. J'ai pu voir à quel point ils sont des Québécois à part entière.

Le Québec évolue et l'immigration est essentielle à notre avenir économique et démographique. Le Québec a été la terre d'accueil de mon père originaire de l'Italie et de ma grand-mère originaire de l'Irlande du Nord. C'est ici qu'ils ont choisi de vivre et de fonder leur famille. Mais ils n'étaient pas les premiers. Le Canada, y compris le Québec, est considéré comme un pays exemplaire pour l'accueil et l'intégration de ces nouveaux venus et leur progéniture.

On sait que la diversité et l'intégration ne sont pas des automatismes. Trop souvent, on constate que certains ont de la difficulté à s'adapter à leurs nouvelles réalités et les statistiques démontrent une plus grande proportion de chômeurs chez les nouveaux arrivants. D'autres, pour des raisons culturelles et religieuses, ont du mal à se familiariser avec la mixité occidentale. Les récents débats sur les accommodements raisonnables et la charte de la laïcité reflètent aussi les difficultés de la société d'accueil à accepter certains groupes d'immigrants.

Bon an, mal an, le Québec accueille autour de 50 000 immigrants. Il s'agit là d'un apport incontournable à notre avenir collectif. Certains sont d'avis que ces nouveaux arrivants doivent adhérer sans réserve aux valeurs de la société d'accueil. D'autres croient que nous devons reconnaître les différences et que l'intégration des immigrants doit constituer un effort de part et d'autre. Mon père et ma grand-mère maternelle sont restés profondément attachés à leurs origines et à leur culture respective, mais ils ont fait l'effort de s'intégrer à leur société d'accueil et ont encouragé leurs enfants à faire de même.

Composer avec la diversité – je dirais même la célébrer – représente un défi complexe pour une société. Mais nous devons en faire l'effort. Il faut s'en donner les moyens. Parfois, cela passe par l'école, parfois par le milieu du travail ou encore par les groupes sociaux communautaires. En fin de compte, nous sommes tous des êtres différents. Et je crois que c'est une excellente chose!

De plus, il existe une préoccupation grandissante devant la radicalisation d'individus par d'autres groupes ou par l'intermédiaire d'Internet. Au pays, les autorités (fédérales, provinciales, municipales) ont posé des gestes concrets récemment pour contrer ce phénomène. C'était là reconnaître implicitement que la diversité apporte non seulement une richesse, mais aussi son lot de défis. À mon avis, il faut à tout prix lutter contre toutes les formes d'intolérance. Et, pour ce faire, ne jamais succomber au populisme du moment.

Je crois surtout qu'il faut envisager l'immigration comme un phénomène à long terme : les générations qui suivent s'identifient davantage à la société d'accueil et à ses valeurs. Ils veulent y contribuer et faire une différence. J'en suis un exemple.

LA CIVILITÉ POLITIQUE

Quand je compare mes années actives en politique à la situation actuelle, je constate que le débat politique est beaucoup plus conflictuel et manque souvent de civilité dans les échanges sur les grands enjeux. Pourtant, les différends étaient aussi profonds à d'autres époques. On n'a qu'à se rappeler les débats opposant les Trudeau, Lévesque, Bourassa et Parizeau pour constater que les échanges portaient sur les idées, non sur les personnes. Dénigrer l'adversaire et la personne était l'exception. Le but, c'était de faire triompher son idée.

Aujourd'hui, je remarque qu'on est en voie d'« américaniser » les débats. Très souvent, les attaques sont davantage dirigées vers les personnes que sur les idées. Est-ce dû au nouveau paysage médiatique qu'offrent les nouvelles en continu et à l'arrivée des réseaux sociaux? Est-ce à cause d'un plus grand dogmatisme entre les formations politiques? Est-ce que l'utilisation de la publicité négative fait en sorte qu'attaquer son adversaire personnellement est plus rentable politiquement? Je l'ignore, mais on commence à en ressentir les effets. De plus en plus de gens se désengagent de la chose politique, les taux de participation aux élections diminuent et la rigueur dans les débats est de moins en moins la norme.

Je tiens à donner des exemples de ce que j'appelle la civilité politique. Robert Bourassa et Jacques Parizeau étaient diamétralement opposés sur l'avenir du Québec, mais ils avaient un objectif commun – faire progresser le Québec. Trois évènements démontrent à quel point ces deux hommes ont agi dans les intérêts supérieurs du Québec: le soir de l'échec de l'Accord du lac Meech quand Parizeau a tendu la main à « son premier ministre »; le partage des textes reliés à l'Accord de Charlottetown pour assurer que le gouvernement et l'opposition officielle avaient la même information avant de réagir devant les médias; le partage de l'information privilégiée concernant l'entente entre le Québec et le fédéral sur l'harmonisation de la TPS et de la TVQ.

Sur ce dernier point, d'ailleurs, le premier ministre Bourassa avait même demandé au sous-ministre des Finances de l'époque, Claude Séguin, d'aller rencontrer le chef de l'opposition officielle chez lui, à sa résidence privée d'Outremont, afin qu'il puisse lui expliquer les tenants et aboutissants de la démarche du Québec entourant l'harmonisation des deux taxes. Bourassa avait eu cet égard pour Jacques Parizeau avant même que la démarche ne soit rendue officielle par une déclaration du ministre des Finances à l'Assemblée nationale! Parizeau a ensuite pris soin de téléphoner à Bourassa pour lui dire qu'il était d'accord avec l'orientation du gouvernement, tout en l'informant qu'il pourrait exprimer certaines réserves en public. À mon avis, tout cela a enrichi le débat public et a fait honneur à notre démocratie.

Lors de son discours inaugural, le 20 janvier 1961, le président John F. Kennedy avait dit que «la civilité n'est pas un signe de faiblesse». Il a prononcé ces mots au cœur même de la guerre froide pour susciter le dialogue avec l'adversaire du jour, l'URSS. S'il y a eu un temps où les enjeux étaient sérieux pour l'humanité, c'est bien à ce moment. Or, Kennedy préconisait le dialogue, le respect et la négociation.

J'ai vécu les échanges entre Bourassa et Parizeau, ceux entre Ryan et Lévesque et ceux entre Trudeau et Lévesque. Il est difficile d'avoir des personnalités politiques aux divergences plus profondes, mais leurs échanges se sont toujours déroulés dans le respect des personnes, des idées et des institutions. Mon plus grand souhait pour les années à venir, après un parcours si riche en expériences, serait un retour à une plus grande civilité. La partisanerie politique est un moyen, mais elle ne doit pas être une fin en soi. L'objectif en démocratie, ce n'est pas de détruire l'adversaire, mais de débattre les idées pour améliorer la société et la vie de nos concitoyens. C'est de cette façon qu'on en sort tous gagnants. En effet, comme le disait Kennedy, la civilité n'est pas un signe de faiblesse.

POURQUOI PAS ?

LE RENOMMÉ PUBLICITAIRE ET PIONNIER AU QUÉBEC, Jacques Bouchard, fondateur de la firme BCP, disait qu'« il vaut mieux durer que briller ». J'aime bien dire que mon engagement et mon parcours, depuis la fin des années 1960, sont avant tout des exemples de longévité. J'ai commencé ma carrière avec des convictions concernant l'avenir du Québec et ses composantes, et la place du Québec au Canada. Mes convictions, fondamentalement, n'ont jamais faibli.

Mon engagement et mes actions ne se sont pas limités à une brève période de ma vie. Depuis au moins quatre décennies, engagement et action sont au cœur de mon existence. De plus, j'ai eu l'honneur et le privilège de vivre des moments exaltants avec des gens qui m'ont aidé à croître et qui ont enrichi ma vie. Si, dans ce livre, j'ai surtout relaté mon expérience avec des personnalités marquantes de notre histoire moderne, le but n'était toutefois pas de minimiser l'apport des Québécois de toutes les régions qui m'ont accompagné dans ce formidable parcours. L'expression est galvaudée, mais j'ai été à même de le constater : la politique est avant tout un travail d'équipe.

Je dis souvent de Claude Ryan qu'il fut un mentor de vie, de Robert Bourassa un mentor politique, de Daniel Johnson un ami fidèle et de Jean Charest un homme déterminé qui m'a fait revenir en politique active alors que je croyais avoir définitivement tourné la page. Si j'avais à décrire chacun d'eux en quelques mots, je dirais :

Ryan : intégrité personnelle et intellectuelle ;

Bourassa : visionnaire, force de caractère et humain ;

Johnson : droiture et sens de l'État ;

Charest : résilience et détermination.

Dans ce témoignage, j'ai voulu partager certains moments de ma jeunesse et raconter les faits saillants de ma vie active en politique. Certes, ce n'est pas exhaustif et mon devoir de réserve risquera d'en décevoir certains. Mais j'ai choisi de relater les grands enjeux de l'évolution du Québec, depuis la Révolution tranquille jusqu'à aujourd'hui, de façon ouverte et sans règlements de comptes – ce n'est pas mon style. Le Québec reste avant tout une terre prometteuse d'un avenir et de rêves sans limites. L'ouverture à la différence, à l'inclusion et à l'acceptation de la diversité sont de plus en plus nos marques de commerce. Il restera toujours de la place pour l'amélioration, mais je crois que nous sommes sur le bon chemin.

Après toutes ces années, je demeure un éternel idéaliste. Et je suis encore plus optimiste pour l'avenir.

Je vous laisse sur une citation qui m'a grandement inspiré toute ma vie durant et qui vient de George Bernard Shaw, un dramaturge irlandais, mais aussi un pacifiste, un anti-conformiste et un provocateur. Une citation que mon héros de jeunesse, Robert F. Kennedy, ne manquait jamais de répéter. Elle demeure à mes yeux encore entièrement pertinente :

Certains voient les choses telles qu'elles sont et disent « pourquoi » ? Je rêve des choses qui n'ont jamais existé en disant « pourquoi pas[78] ? »

Mes parents, Camille et Irene, la journée de leur mariage, en 1935.

Mon père, Camille Parisella, dans sa cordonnerie, en compagnie de deux employés, au début des années 1950.

Avec mes élèves, devant la Colline du Parlement à Ottawa, en 1976.

Devant les médias avec Robert Bourassa, lors de l'annonce de ma candidature dans la circonscription de Mercier aux élections de 1985.

Dans le bureau de Robert Bourassa, à la veille de son départ à titre de premier ministre du Québec, le 10 janvier 1994.

Entouré de Claude Ryan, Robert Bourassa et Daniel Johnson, le 10 janvier 1994.

Jean Charest en visite à New York, en juin 2011, pour la promotion du Plan Nord.

Accompagné de représentants du Foreign Policy Association et du premier ministre Jean Charest, venu expliquer le Plan Nord à New York, en juin 2011.

Peu de temps après ma nomination à titre de délégué général du Québec à New York, en compagnie du ministre québécois des Relations internationales, Pierre Arcand, du sénateur de l'État de New York, Charles Schumer, et du président de la Chambre de commerce du North Country, Garry Douglas.

Notes

1. Ce discours peut être visionné ici :
   https://www.youtube.com/watch?v=QPIj3LrNKss

2. Il faut préciser que René Lévesque s'était inspiré de la méthode de l'ancien chef du PLQ, Georges-Émile Lapalme, qu'il admirait et qui avait redéfini la pensée politique de son parti en 1950 en créant la Fédération libérale du Québec.

3. Mon mémoire de maîtrise porta sur la crise scolaire de Saint-Léonard de 1968. Je me suis intéressé aux rôles joués par les différents groupes de pression de l'époque – ceux voués à la promotion de la cause du français et ceux qui se consacraient à la défense des intérêts de la communauté anglophone. Ce sujet d'étude constituera une des trames de fond de mon engagement politique à venir.

4. À cette époque, tous les parents du Québec avaient le choix entre envoyer leurs enfants à l'école française (surtout catholique) ou anglaise (en partie protestante et catholique). La très grande majorité des parents francophones choisissaient l'école française. Le secteur francophone faisait peu d'efforts pour attirer les enfants dont la langue maternelle n'était pas le français. Le secteur anglophone fut graduellement le premier choix de plusieurs communautés culturelles après la Seconde Guerre mondiale. J'ai fréquenté l'école élémentaire St. Brendan's, à Rosemont, et ensuite l'école secondaire Cardinal-Newman, sur le Plateau Mont-Royal.

5. À l'ère de Facebook et des réseaux sociaux, j'ai repris contact au cours des dernières années avec plusieurs de mes anciens élèves. Je suis fier lorsqu'ils me disent à quel point j'ai pu influencer leur cheminement. L'une de mes étudiantes m'a raconté que les simulations de débats qu'on faisait en classe l'avaient incitée à poser davantage de questions sur un diagnostic de cancer reçu des années plus tard, ce qui l'a amenée à faire un meilleur choix de traitement et lui a en fin de compte sauvé la vie.

6. René Lévesque fut d'abord élu à l'Assemblée nationale sous la bannière du PLQ en 1960, puis réélu en 1962 et en 1966. Sous la bannière du PQ, il a été défait en 1970 et en 1973 et fut finalement élu en 1976.

7. Selon le démographe Robert Maheu, un peu plus de 200 000 personnes ont quitté le Québec pour d'autres provinces entre 1976 et 1981, dont 131 500 anglophones.

Comparativement aux statistiques antérieures, il estime que, «toutes choses étant égales par ailleurs», un tiers de ces départs tout au plus pourrait directement être attribué à l'adoption de la loi 101, soit un surplus de quelque 43 500 départs, essentiellement entre 1977 et 1979 (retour aux chiffres habituels de migrations d'anglophones vers d'autres provinces dès 1980). Source: Maheu, Robert. «L'émigration des anglophones québécois», in *Cahiers québécois de démographie*, vol. 12, n° 2, octobre 1983. URL: http://erudit.org/revue/cqd/1983/v12/n2/600510ar.pdf

8. Ce comité Québec-Canada était sous la direction de Michel Gratton, député du PLQ de la circonscription de Gatineau.

9. Les autres membres de ce comité étaient Lina G. Allard, coordonnatrice, Yves Bériault, Claude Forget, Ghislain Fortin, François Lacasse, Louis Lebel, Pierre-Paul Proulx, André Tremblay, secrétaire et John Trent. S'est ajouté plus tard Yvan Allaire.

10. Comme enseignant à la Commission des écoles catholiques de Montréal, ma convention collective me donnait la possibilité d'obtenir un congé sans solde. Je l'ai demandé pour la période de janvier à juin 1980 et ma requête fut acceptée.

11. Les propositions du Livre beige ratissaient large. Elles prévoyaient l'adoption d'une charte constitutionnelle des droits et libertés, la réforme des institutions politiques, dont le remplacement du Sénat par un conseil fédéral inspiré du modèle allemand, une nouvelle répartition des pouvoirs et une nouvelle formule d'amendement à la Constitution.

12. Les caméras de télévision ont fait leur entrée à l'Assemblée nationale en novembre 1977.

13. Voici un extrait du discours de Trudeau: «Bien sûr, mon nom est Pierre Elliott Trudeau. Oui, Elliott, c'était le nom de ma mère, voyez-vous. C'était le nom des Elliott qui sont venus au Canada il y a plus de 200 ans. C'est le nom des Elliott qui se sont installés à Saint-Gabriel-de-Brandon où vous pouvez encore voir leurs tombes au cimetière, il y a plus de 100 ans, c'est ça les Elliott. Et puis mon nom est québécois, mon nom est canadien aussi, et puis c'est ça mon nom.»

14. J'ai tout de même décidé de prolonger mon congé sans solde pour la durée de l'année scolaire 1980-1981, à la suggestion d'un dirigeant de la CECM.

15. Pour m'accompagner dans les rouages de l'organisation électorale (la mobilisation, la sortie du vote et le travail de porte-à-porte), j'ai pu compter sur les précieux conseils de bénévoles chevronnés. À ce titre, mon mentor fut Jacques «Jim» McCann. La présidente du PLQ Louise Robic, Renée Desmarais et Diane Fortier, de la circonscription de Robert-Baldwin, et des militants œuvrant auprès des communautés italienne, grecque et anglophone tels Sam Capozzi, Paul Pantazis, Rita De Santis et George Holland furent aussi pour moi d'un grand soutien.

16. Le nombre de sièges à l'Assemblée nationale est passé de 110 à 125 lors de l'élection suivante.

17. Le troisième candidat à l'investiture était Paul-André Tétrault, un conseiller municipal d'Outremont qui bénéficiait de l'appui de la machine locale du PLC.

18. Jacques Chagnon était permanent au PLQ et responsable de la région de la Mauricie en 1980-1981. Il est devenu par la suite député de Westmount–Saint-Louis en 1985 avant d'occuper les fonctions de ministre dans différents ministères, puis de devenir président de l'Assemblée nationale.

19. Une récession économique avait forcé le gouvernement Lévesque à revenir sur les conventions collectives signées avant le référendum de 1980 en décrétant une réduction de 18 % dans les salaires des employés du secteur public.

20. Même si Robert Bourassa bénéficiait d'appuis importants auprès des jeunes, la direction de la Commission-Jeunesse avait tout de même soutenu la candidature de Daniel Johnson.

21. Le 13 septembre 1970, Jean Masson, alors étudiant au cégep de Limoilou, est élu président de la Fédération des jeunes libéraux avec un programme prévoyant son abolition et la création d'une Commission-Jeunesse intégrée à un Parti libéral réformé, mais à la condition que les jeunes de moins de 25 ans disposent du tiers de votes, enchâssant ainsi le pourcentage des votes exercés par les étudiants libéraux au congrès à la direction de janvier 1970. De concert avec Lise Bacon, alors présidente de la Fédération libérale du Québec, et avec la complicité discrète de Robert Bourassa malgré une forte opposition de son entourage immédiat, la Commission-Jeunesse était créée lors du congrès de septembre 1971. En dépit de certaines critiques sur cette situation incongrue, la Commission-Jeunesse a bien servi les intérêts du PLQ et de la démocratie au Québec puisqu'en plus de contribuer aux débats, elle a réussi au fil des années à intéresser des milliers de jeunes à la chose politique.

22. Après le référendum de 1980 et le rapatriement unilatéral de la Constitution, le PQ a effectué un virage radical en modifiant l'article 1 de son programme sur la souveraineté-association pour éliminer le volet de l'offre d'une « association » avec le Canada et ne garder que le volet « souveraineté ». Lévesque s'y opposait.

23. Les cinq autres ministres démissionnaires furent Denis Lazure, Gilbert Paquette, Denise Leblanc-Bantey, Jacques Léonard et Louise Harel.

24. Cette équipe était constituée d'un homme d'affaires de Québec, Gilles Richard, à titre d'organisateur en chef et de Marcel Tremblay (devenu plus tard conseiller municipal à Montréal) en tant qu'adjoint. La responsabilité des communications était assurée par le jeune et talentueux Stéphane Bertrand de la Commission-Jeunesse. La directrice de la Commission des communautés culturelles du PLQ Eleni Bakopanos (future députée du PLC à la Chambre des communes) fut responsable des communautés grecque et portugaise. Enfin, mes amis et anciens collègues d'Alliance Québec ont eu la consigne de venir me donner un coup de main dans la circonscription.

25. Le député de Saint-Laurent nouvellement élu Germain Leduc avait cédé son siège à Bourassa, qui fut finalement élu dans cette circonscription le 20 janvier 1986.

26. À l'époque, la stratégie du PQ fut de mettre en évidence des dossiers visant à créer une atmosphère de scandale et de suspicion à l'égard du gouvernement Bourassa. La commission d'enquête sur le crime organisé (CECO, 1972) et la commission Cliche sur l'exercice de la liberté syndicale dans l'industrie de la construction (1974) ont entre autres contribué à alimenter ce climat.

27. Le président du Canadien National avait justifié l'absence de francophones parmi les 17 vice-présidents de l'entreprise qu'il dirigeait en disant qu'ils n'avaient pas nécessairement les compétences requises pour occuper ces postes.

28. En marge d'une grève des étudiants en sciences politiques de l'Université McGill, un mouvement composé de groupes communautaires et de syndicalistes fut lancé pour accroître la présence du français sur le campus.

29. En 1974, le député John Ciaccia s'était opposé à la loi 22. Issu de la communauté italienne, et non pas anglophone, Ciaccia disposait d'un peu plus de marge de manœuvre pour rester solidaire du gouvernement.

30. On verra plus loin que l'opposition à l'Accord du lac Meech allait bien au-delà de la loi 178. Pour certains, celle-ci n'était en fait qu'un prétexte pour s'opposer à l'entente.

31. Le Nouveau-Brunswick a élu à l'automne 1987 un nouveau premier ministre, Frank McKenna, qui, dès son élection, a remis en question l'appui à l'Accord du lac Meech de son prédécesseur Richard Hatfield. L'ancien premier ministre Trudeau s'y est aussi opposé en 1987.

32. On connaît la suite : ce registre a été aboli par le gouvernement conservateur de Stephen Harper. Le gouvernement québécois s'est toutefois engagé à créer son propre registre.

33. Peu après l'incendie de Saint-Basile-le-Grand, Benoit Morin, secrétaire général et greffier du Conseil exécutif, a mandaté un groupe de travail pour établir les paramètres de gestion de crise au cas où ce genre d'incendie se reproduirait.

34. Le ministre Claude Ryan, tout en étant solidaire de la décision du gouvernement, m'avait confié à deux reprises ses préoccupations à l'effet que le Québec soit le premier à le ratifier. Qu'allons-nous faire si une autre province la rejette? m'avait-il demandé.

35. Ancien ministre, Jean Charest avait dû démissionner après avoir téléphoné à un juge chargé de trancher un litige entre un entraîneur et l'équipe canadienne d'athlétisme. Il siégeait comme député quand Mulroney lui a confié cette tâche.

36. Louis Bernard, ancien secrétaire général sous René Lévesque, et Robert Bourassa, furent aussi invités à participer aux discussions avec le fédéral sur le dossier de l'immigration.

37. Pour la petite histoire, ces deux élus souhaitaient ardemment que le Canadien de Montréal installe son club-école à Fredericton plutôt que dans l'État de New York. J'en ai fait part au directeur général du Canadien, Serge Savard. Le lendemain, Bourassa téléphona à son tour à Savard. Grand diplomate, il lui dit que si jamais la direction du Canadien décidait d'aller de l'avant avec le choix de Fredericton, il aimerait lui-même en informer son homologue Frank McKenna. Contre toute attente, Savard lui confirma sur-le-champ le choix de Fredericton et lui dit qu'il pouvait l'annoncer tout de suite au premier ministre du Nouveau-Brunswick!

38. Il faut souligner que le gouvernement Mulroney subissait déjà une chute importante de popularité en raison de l'introduction de la controversée taxe sur les produits et services (TPS), en 1989.

39. Je tiens à souligner l'estime que le premier ministre avait pour Jeanne Sauvé. C'était de loin son premier choix.

40. Même s'il en était membre en bonne et due forme, Claude Ryan n'a jamais participé activement aux travaux de la commission Bélanger-Campeau et à ses délibérations. Il n'a pas signé son rapport, se contentant d'y produire un addendum, jugeant que son silence pourrait être interprété comme une dissension à l'égard du premier ministre Bourassa.

41. Au premier jour du conflit, le 11 juillet, le premier ministre Bourassa a aussi discuté avec son homologue fédéral Brian Mulroney de la possibilité de recourir à l'armée. Les deux hommes ont cependant jugé qu'une telle décision était prématurée.

42. Une entente conclue entre les Mohawks de Kanesatake et le ministre des Affaires indiennes et du Nord canadien fut finalement signée le 21 décembre 2000. Ses grandes lignes ont été reprises dans la loi S-24 sanctionnée le 14 juin 2001. Elle attribue certaines terres (identifiées comme des terres fédérales) aux Indiens (au sens de l'article 24 de l'article 91 de la Loi constitutionnelle de 1867), et non pas comme une réserve au sens de la Loi sur les Indiens. Elle encadre l'exercice de la compétence des Mohawks de Kanesatake en matière d'utilisation et de mise en valeur de leur territoire provisoire et établit des principes qui doivent guider l'harmonisation de la mise en valeur des terres mohawks et des terres de la municipalité d'Oka qui sont contiguës.

43. Robert Bourassa a été soigné au National Institutes of Health à Bethesda, dans le Maryland.

44. La TPS fut introduite en 1989 par le gouvernement Mulroney dans le but de redéfinir l'assiette fiscale en accordant plus d'importance à l'imposition de la consommation qu'à celle du revenu. Elle est entrée en vigueur le 1er janvier 1991. Entre-temps, le 30 août 1990, le gouvernement québécois annonça l'instauration de la TVQ. Le premier ministre Bourassa accepta d'harmoniser les deux taxes, à condition que ce soit le Québec qui en gère la perception. C'est donc pour marquer son opposition à cette harmonisation que le ministre québécois du Revenu Yves Séguin avait remis sa démission.

45. Marie-Josée Nadeau est devenue membre de la haute direction d'Hydro-Québec en 1993. Elle a occupé par la suite le poste de secrétaire générale d'Hydro-Québec jusqu'à son départ, en 2015.

46. Je tiens à souligner la collaboration constructive du chef de cabinet du chef de l'opposition, Hubert Thibault, et le conseiller spécial Jean Royer. On peut se demander si une telle coopération entre adversaires politiques serait possible aujourd'hui.

47. Keith Spicer, le premier commissaire aux langues officielles (1970-1977) au Canada, a pris un congé sans solde de son poste de président du CRTC en novembre 1990 pour présider ce forum sur l'avenir du Canada. Gérald Beaudoin était un sénateur progressiste-conservateur (1988-2004) au moment d'être nommé coprésident de la commission Beaudoin-Dobbie (1991-1992) tandis que Dorothy Dobbie était députée progressiste-conservateur dans Winnipeg-Sud. Joe Clark, ancien premier ministre progressiste-conservateur (1979-1980), fut ministre des Affaires étrangères du Canada de 1984 à 1991.

48. Bourassa assistait chaque année au Forum économique mondial de Davos. En raison de son état de santé, il avait dû manquer à l'appel en 1991. Pour lui, c'était sa façon de faire valoir les atouts économiques du Québec. Depuis, tous les premiers ministres estiment qu'il est important d'être présent à ce forum. Très souvent, ce voyage permet des rencontres avec des dirigeants d'autres pays. Le Québec, à titre d'État fédéré, en profite amplement. Généralement, quand Bourassa voyageait, son entourage était assez restreint – un attaché de presse, un attaché chargé de la liaison avec Québec, un fonctionnaire et un garde du corps. Comme chef de cabinet, je restais à Québec et je lui parlais au moins deux fois par jour pour faire le point sur nos dossiers. Les seuls voyages où j'accompagnais le premier ministre étaient ceux au Canada et aux États-Unis, et cela, uniquement en dehors des sessions. Quand l'Assemblée nationale siégeait, Bourassa voulait que son chef de cabinet et son secrétaire général restent dans la capitale pour gérer les affaires de l'État avec le Conseil des ministres.

49. Cette déclaration de Robert Bourassa visait en partie à répondre à un éditorial percutant de la directrice du *Devoir*, Lise Bissonnette, qui, le jour même, avait utilisé tout son espace dans le journal pour écrire un seul mot – NON – en réaction à la proposition du consensus Clark.

50. La première fois, Bourassa avait dirigé les discussions à la suite de la décision du gouvernement d'appliquer la clause dérogatoire pour surseoir au jugement de la Cour suprême.

51. Les conférences de la revue *Cité libre* se tenaient dans ce restaurant du quartier Saint-Henri, à Montréal, au début des années 1990.

52. Cette conversation entre Diane Wilhelmy et André Tremblay, qui a donné lieu à « l'affaire Wilhelmy-Tremblay », s'est tenue le 28 août, quelques heures après la clôture de la conférence de Charlottetown qui a abouti à une entente. À la suite d'une bataille juridique entre les médias et les avocats de Diane Wilhelmy, des

extraits de l'entretien furent rendus publics. Du coup, le camp du OUI au Québec se retrouvait dans de mauvais draps.

53. À noter que le départ de Mario Dumont n'a pas provoqué un exode des jeunes du PLQ. La relève était déjà en place. Claude-Éric Gagné et Jonathan Sauvé ont tour à tour succédé à Dumont et ont contribué à maintenir une Commission-Jeunesse forte au sein du PLQ.

54. Ces classes clandestines furent établies à l'élémentaire à l'intérieur du réseau anglo-catholique dans les quartiers italophones du nord-est de Montréal. Les étudiants y suivaient le curriculum du ministère de l'Éducation.

55. Le phénomène des élèves illégaux a commencé à se faire sentir à la Commission des écoles catholiques (CECM) de Montréal, en particulier dans la communauté italienne, dès l'application de la loi 22, en 1974. Il a pris de l'ampleur avec l'entrée en vigueur de la loi 101 en 1977. Dès son arrivée comme ministre, Claude Ryan a formé un comité pour analyser la situation et soumettre des recommandations. Le rapport de ce groupe de travail a proposé l'amnistie en contrepartie de l'engagement des parties concernées à mettre fin au système. Une loi fut finalement adoptée en juin 1986 pour normaliser la situation des élèves illégaux.

56. Des personnalités de l'extérieur du PLQ ont aussi fait l'objet de spéculations. Ce fut les cas de Yves Fortier, ancien ambassadeur du Canada à l'ONU, et de Roger D. Landry, à l'époque éditeur de *La Presse*.

57. Il s'agit des circonscriptions de D'Arcy-McGee remporté par Lawrence Bergman; de Notre-Dame-de-Grâce remporté par Russel Copeman; de Jacques-Cartier remporté par Geoffrey Kelly et de Saint-Louis-Westmount remporté par Jacques Chagnon.

58. BCP fait aujourd'hui partie du groupe PUBLICIS Mondial.

59. http://archives.radio-canada.ca/sports/provincial_territorial/clips/12211/

60. L'ambassadeur des États-Unis au Canada, James Blanchard, a incité la Maison-Blanche à rendre publique sa préférence pour le NON.

61. Les autres commentateurs étaient le politologue Alain Gagnon, Josée Legault, la conseillère de Jacques Parizeau, et l'ancien ambassadeur du Canada à l'ONU, Yves Fortier.

62. Je fus, entre autres, commentateur régulier au réseau CBC Newsworld de 1996 à 2000.

63. J'ai aussi participé à la rédaction de deux livres avec mon ami, collègue et professeur Donald Cuccioletta, *Élections : Made in USA* (édition 2004 et édition 2008) qui expliquent le système électoral de ce pays (Éditions Voix Parallèles).

64. Mon travail chez BCP me donnait la possibilité de faire du bénévolat, tout comme celle d'accepter des rôles au sein de divers conseils d'administration. Les secteurs du monde des affaires (la Chambre de commerce du Montréal métropolitain), de

l'éducation (l'Université Concordia), de la culture (le Théâtre du Rideau Vert et le Musée d'archéologie et d'histoire de Pointe-à-Callière), des communications (conseil d'administration du journal *Le Devoir*) et d'autres (notamment la lutte contre le racisme et l'intolérance) m'ont invité à participer activement à leurs activités. Ces engagements m'ont permis de mieux comprendre leurs enjeux, leurs problèmes de financement, leurs relations avec les gouvernements, leurs besoins philanthropiques et leurs projets d'avenir. Ce fut emballant de travailler avec des recteurs, des dirigeants d'entreprise et des créateurs. J'avais trouvé une autre forme d'engagement. Depuis 1994, j'enseigne aussi les sciences politiques et les communications stratégiques à l'Université Concordia et à l'Université de Montréal. Je suis aussi « fellow » au Centre d'études et de recherches internationales de cette dernière université et associé à l'Observatoire des États-Unis de la chaire Raoul-Dandurand (UQAM). En 2008-2009, j'ai également enseigné les communications politiques, conjointement avec l'ancien chef du PQ André Boisclair.

65. Grâce à mon expertise en la matière, j'ai eu l'honneur d'interviewer l'ancien président des États-Unis George W. Bush, en visite au Québec en octobre 2009, à l'invitation de la Chambre de commerce du Montréal métropolitain.

66. En tant que membre du comité Sirois (présidé par l'homme d'affaires Charles Sirois), j'avais le mandat de proposer des candidatures de marque en vue de l'élection prévue en 1998. J'ai eu le flair de recruter deux personnalités qui devinrent des poids lourds du futur gouvernement Charest, Monique Jérôme-Forget et Benoît Pelletier.

67. Ce plan stratégique tenait en cinq points : 1) favoriser les échanges économiques ; 2) assurer le leadership du Québec sur les plans énergétique et environnemental ; 3) contribuer à la sécurité du continent nord-américain ; 4) encourager le partage et la diffusion de la culture et de l'identité québécoise ; 5) accroître la capacité d'action du Québec et appuyer le développement des expertises.

68. Raymond Chrétien était un choix logique puisqu'il avait occupé les fonctions d'ambassadeur du Canada aux États-Unis de 1994 à 2000. Au moment de se voir donner ce mandat par le gouvernement Charest, il était avocat-conseil au sein du cabinet montréalais Fasken-Martineau.

69. En septembre 2011, nous avons établi avec les bourses Fullbright une chaire pour promouvoir les études québécoises aux État-Unis.

70. Mathieu et Simon sont les fils de l'aîné des enfants de Robert Bourassa, François.

71. Petite anecdote : l'avocat Michel Corbeil, un fidèle de Claude Ryan, s'était publiquement opposé au retour de Robert Bourassa en 1983, en publiant dans *L'actualité* et *Le Devoir* deux textes renfermant des phrases particulièrement assassines envers Bourassa : « Deux fois la Baie James, peut-être. Deux fois Bourassa, jamais ! » et « Bourassa doit faire la différence entre l'exhumation et la résurrection. » Moins de deux ans plus tard, Bourassa embauchait Corbeil pour être son proche collaborateur. Il est par la suite devenu un grand ami.

72. «Les statistiques de transferts linguistiques témoignent aussi de l'attrait pour la langue française. En 1971, sur le tiers des allophones québécois qui choisissaient de parler une autre langue à la maison, sept sur dix choisissaient l'anglais. En 2006, quand un tiers effectuait également un transfert linguistique, la moitié optait cette fois-ci pour le français.» Source : Marmen, Louise et Jean-Pierre Corbeil. *Nouvelles perspectives canadiennes. Les langues au Canada. Recensement de 2001.* Ministère des Travaux publics et Services gouvernementaux, 2004, Statistique Canada, Recensement 2006 : 97-555-X1F au Catalogue.

73. Statistique Canada. *Le français et la francophonie au Canada, recensement de la population, 2011.* Les chiffres relatifs aux anglophones se trouvent dans la publication intitulée *La dynamique des langues en quelques chiffres (2006)* du Secrétariat à la politique linguistique du Québec.

74. Le fédéralisme asymétrique est un fédéralisme flexible permettant des ententes et des arrangements adaptés à la spécificité du Québec.

75. Selon un sondage Léger Marketing effectué pour l'Institut du Nouveau Monde au printemps 2015, les jeunes de 18 à 24 ans sont moins souverainistes que ceux qui avaient le même âge en 1995. En effet, la proportion des 18-24 ans favorables à l'indépendance est passée de 63 % en 1995 à 41 % vingt ans plus tard.

76. De 18 % qu'elles étaient en 1989, les femmes représentaient 33 % de la députation à l'Assemblée nationale en 2012. Leur nombre a régressé en 2014, passant à 28 %. Selon l'Inter-Parliamentary Union (l'Union interparlementaire est l'organisation internationale des Parlements), le Canada se classe au 46e rang sur 140 pays au chapitre de la représentation des femmes au Parlement. En la matière, il nous reste donc du chemin à faire.

77. Claude Béchard fut entre autres ministre de l'Emploi, de la Solidarité sociale et de la Famille de même que ministre responsable des Affaires intergouvernementales canadiennes dans le cabinet de Jean Charest. Nathalie Normandeau a occupé notamment les postes de ministre des Affaires municipales et des Régions et de vice-première ministre du Québec, également dans le cabinet de Jean Charest.

78. You see things; and you say "*Why?*" But I dream things that never were; and I say "*Why not?*" GEORGE BERNARD SHAW, *Back to Methuselah, act I, Selected Plays with Prefaces*, vol. 2, p. 7 (1949). *The serpent says these words to Eve.* John. F. Kennedy aurait prononcé cette citation intégralement devant le Parlement de Dublin en juin 1963. Robert F. Kennedy aurait utilisé des propos similaires lors de sa campagne en 1968: *Some men see things as they are and say "why"? I dream things that never were and say "why not"?* http://www.bartleby.com/73/465.html

Index des noms

A

Allaire, Jean 210, 231, 233, 242, 246-247, 255, 280

Allaire, Yvan 99, 373

Allard, Lina G. 373

Anctil, Pierre 133, 136-137, 155, 165, 232, 234, 279, 282, 285, 297

Arcand, Pierre 318, 371

B

Back, Frédéric 157

Bacon, Lise 190, 214, 222, 227-228, 232, 257-258, 261, 270, 277, 352, 374

Bakopanos, Eleni 374

Beale, Robert 41

Beaudoin, Gérald 377

Béchard, Claude 355, 380

Bédard, Michel 22

Bégin, Esther 318, 389

Bélanger, Michel 209, 296, 349

Béliveau, Jean 23

Benoit, Robert 151, 153, 155, 158, 165, 310

Bériault, Yves 373

Bergman, Lawrence 283, 378

Bernard, Louis 55, 230, 317, 318, 375

Bertrand, Françoise 352

Bertrand, Jean-Jacques 42

Bertrand, Mario 159, 162, 164-167, 176, 184-186, 275

Bertrand, Stéphane 137, 157, 309, 374

Bibeau, Gérard 188

Bibeau, Pierre 79, 92-93, 98, 105, 110, 132, 146, 150-153, 162, 165, 184

Biron, Rodrigue 57, 103

Bissonnette, Lise 377

Bissonnette, Michel 210, 231, 234, 308, 312-313, 316

Blackburn, Karl 313

Blackburn, Gaston 278

Blanchard, James 378

Blank, Harry 96

Boisclair, André 56, 310, 379

Bouchard, Jacques 364

Bouchard, Lucien 122, 200, 208, 210, 247, 292-295, 297, 299, 302-304

Boucher, Gilles 63, 75

Bourassa, Robert 38, 45, 48, 52-54, 56-59, 61-64, 71-73, 75, 78, 91, 96, 102, 112, 127-141, 145-150, 152-154, 156, 158-159, 161, 163-169, 171-178, 180-189, 191, 193-194, 198-202, 204-211, 214-215, 217-218, 220-236, 238-257, 259-265, 267-277, 279-280, 284, 292, 296, 300-301, 304-307, 309-311, 314-315, 317, 324-341, 344, 347-349, 352, 354, 361-362, 365, 369-370, 374-377, 379

Bourassa, Andrée (épouse) 259, 329

Bourassa, François (fils), Mathieu et Simon (petits-fils) 259, 329

Bourassa, Michelle (fille) 193, 259, 329

Bourassa, Marcelle (sœur) 149

Bourbeau, André 190, 215, 274, 278

Bourgault, Pierre 34, 129

Boyle, John 26

Bradley, Bill 307

Bush, George (père) 262

Bush, George W. 232, 379

C

Caddell, Andrew 86

Campbell, Kim 310

Campeau, Jean 209

Capozzi, Sam 373

Carstairs, Sharon 198

Casgrain, Thérèse 83

Castonguay, Claude 64, 125, 209

Chagnon, Jacques 116, 146, 274, 278, 374, 378

Chambers, Geoffrey 117, 120

Chapdelaine, Robert 162, 188

Chaput-Rolland, Solange 352

Charbonneau, Yvon 51, 283

Charest, Jean 188, 199, 200, 271, 292, 294, 296, 304, 308-316, 318, 322, 338-339, 347, 349, 353, 365, 370-371, 375, 379-380

Charron, Claude 80, 141

Cheney, Dick 323

Cherry, Norm 179, 190, 226

Choquette, Jérôme 102

Chrétien, Raymond 322, 379

Christie, Ron 323

Churchill, Winston 24

Ciaccia, John 109, 171, 173, 190, 212, 216, 375

Cheney, Dick 323

Christie, Ron 323

Clark, Joe 81, 239, 242, 377

Cléroux, Cécile 196

Cliche, Robert 375

Clinton, Bill 262, 280-281, 299

Clinton, Hillary 308

Corbeil, Jean 144

Corbeil, Michel 162, 188, 379

Cornellier, Raymond 21

Cornellier, Johanne 21

Cornellier, Bobby 21

Cosgrove, Bill 179

Côté, Albert 190, 277

Côté, Marc-Yvan 86, 92, 128, 130, 133, 153, 190, 214, 261, 277

Côté, Pierre F. 156

Couillard, Philippe 179

Courchesne, Michelle 352

Cross, James 48-49

Cuccioletta, Donald 378

Cuerrier, Louise 107

D

D'Amours, Hugo 313

Dean, Howard 232

De Chastelain, John 218

De Gaulle, Charles 36

De Santis, Rita 373

Diciocco, Tony 144

Diefenbaker, John 24

Dion, Léon 171

Dion, Stéphane 302

Dionne, Michelle 316

Delisle, Michael (Mike) 316

Desmarais, Renée 373

Dobbie, Dorothy 377

Doer, Gary 320

Doran, Charles F. 324

Dorion, Jean 187

Dougherty, Joan 172

Douglas, Garry 323, 371

Drapeau, Jean 27, 33

Dubeau, Angèle 320

Dubois, Micheline 45-46, 141, 150

Dufresne, Jean-Louis 179, 188, 191, 227, 261, 279, 291

Dumas, Jocelyn 279

Dumont, Mario 241, 245-247, 250, 252, 254-255, 280, 285, 293-294, 297, 310, 315, 378

Dunton, Davidson 35

Duplessis, Maurice 36, 74, 78

E

Eisenhower, Dwight D. 27

Elkas, Sam 179, 189, 193, 216

F

Filion, Guy 142-144

Fillion, Martial 265, 333

Filmon, Gary 173, 180, 198, 203

Forget, Claude 74, 125, 373

Fortier, André 333

Fortier, Diane 373

Fortier, Pierre 102,103

Fortier, Yves 378

Fortin, Ghislain 373

Fortugno, Paul 76

French, Richard 133, 137, 170

Frulla, Liza 179, 190, 226, 278, 352

G

Gagliano, Alfonso 144

Galaise, François 22

Gagné, Claude-Éric 378

Gagnier, Daniel 313, 316, 318

Gagnon, Alain 378

Gagnon-Tremblay, Monique 177, 190, 229-230, 278, 352

Gandhi, Mohandas (Mahatma) 30

Garcia, Claude 296

Garneau, Raymond 63, 66, 72, 76, 88, 128, 130-131

Gautrin, Henri-François 156

Gendron, Marie 188, 191

Geoffrey, Martin 279

Gérin-Lajoie, Paul 23, 78, 322, 339

Getty, Don 280

Ghiz, Joe 201

Gill Hearn, Rose 321-322

Gobeil, Paul 145, 179

Godbout, Adélard 78

Godin, Gérald 121, 146-148, 150, 161

Godin, Sylvie 187, 191, 204, 222, 261, 306
Gold, Allan 217
Goldbloom, Michael 120
Goldbloom, Victor 76, 194
Goldenberg, Eddy 281
Gollin, Grégoire 183, 300
Gordon, Donald 169
Gougoux, Yves 290
Gouin, Paul 78
Gratton, Michel 373
Grenier, Louis 98
Grey, Julius 120
Guérard, Yoland 22

H

Hamilton, Alvin 107
Harel, Louise 177, 374
Harney, Jean-Paul 143
Harper, Elijah 203
Harper, Stephen 315-316, 375
Hatfield, Richard 198, 375
Hébert, Gilles 130
Hitler, Adolf 55
Holland, George 373
Houda-Pépin, Fatima 283
Howe, Gordie 23
Hull, Bobby 23

I

Iadeluca, Saturnio G. 231

J

Jackson, Jesse 216
Jérôme-Forget, Monique 352, 379
Johnson, Daniel (père) 23, 34, 36, 42, 250, 340

Johnson, Daniel (fils) 131-133, 136-137, 141, 147, 148, 190, 214, 218, 235, 261, 268, 270-282, 284-286, 292-293, 295-298, 300, 303, 304, 347, 365, 370, 374
Johnson, Pierre Marc 61, 131, 142-143, 145, 147, 161, 314, 349
Johnson, Lyndon Baines 30
Joron, Guy 23
Julien, Pauline 148

K

Karakas, Rita 120
Kelly, Geoffrey 120, 283, 317, 378
Kennedy, John F. 26, 29, 158-159, 362, 380
Kennedy, Robert F. 29-32, 308, 366, 380
Kerry, John 307
Kierans, Eric 38
King, Martin Luther 24, 30-32
Kinsella, Warren 281
Klein, Ralph 280

L

Laberge, Louis 51, 218
Lacasse, François 373
Lafortune, Adrienne 162, 188
Lafrenière. Robert 321-322
Lalonde, Fernand 231, 250
Landry, Aldéa 201-202
Landry, Bernard 80, 295
Landry, Roger-D. 378
Langlois, Raynold 77, 81
Lamontagne, Robert 93
Lamoureux, Jacques 73, 133
Lapalme, Georges-Émile 71, 372
Laporte, Pierre 48-49

Larose, Gérald 219

Lateef, Noel 323

Latulippe, Gérard 168

Laurendeau, André 35

Lavigne, Robert 211

Lavoie, Mario 313

Lavoie-Roux, Thérèse 147, 231, 352

Laurin, Camille 60, 126, 139

Lazure, Denis 374

Lebel, Louis 373

Lebel, Roland 251

Leblanc-Bantey, Denise 374

Leclerc, Félix 22

Leduc, Germain 375

Lefèvre, Alain 320

Lefebvre, Roger 278

Legault, Josée 378

Léger, Jean-Marc 308

Léger, Marcel 194

Lemay, Marcel 211

Lemieux, Claude 188, 251, 279

Lemieux, John 317

Lemieux, Raymond 40

Léonard, Jacques 374

Lepage, Robert 320

Lesage, Jean 23-24, 27, 33-34, 36, 71-72, 78, 147, 338-340, 344

Léveillée, Claude 22

Levesque, Gérard-D. 115, 126-127, 136, 190, 214, 222, 261, 263, 268, 276-277

Lévesque, René 23-24, 27, 37-39, 42-44, 49-50, 53-56, 58-61, 65, 74, 78, 80, 82, 85, 88, 91, 99-101, 104, 108, 110, 113-115, 120-121, 139, 141-142, 145, 148, 161, 194, 197, 207, 252, 317, 341, 362, 372, 374-375

Libman, Robert 176

Lincoln, Clifford 98, 133, 137, 170

Lisée, Jean-François 297

London, Jack 24

Love, Rod 280

M

Maciocia, Cosmo 144

MacDonald, Ian 313

MacDonald, Pierre 145, 179

MacLennan, Hugh 120

Macpherson, Don 220

Maheu, Robert 372

Maldoff, Eric 86, 120-121

Mallette, Claude 54

Marandola, Louis 97

Marchand, Jean 36

Marcil, Serge 278, 282

Marcil, Suzanne 274

Marcotte, Yvon 75

Marois, Pauline 353

Marx, Herbert 80, 133, 137, 147, 170

Masson, Jean 138, 249, 374

McCann, Jacques (« Jim ») 373

McDougall, Barbara 230

McKenna, Frank 180, 198, 201, 244, 375-376

Mercier, Honoré 71

Michel, Dominique 273

Middlemiss, Robert 172, 278

Morin, Benoit 201, 375

Morin, Claude 58

Morin, Gilles 134

Morin, Sylvia 279

Mulcair, Thomas (Tom) 120, 266, 283

Mulroney, Brian 139, 173, 199, 200-203, 217, 228-230, 239, 242-243, 245, 248, 252, 262, 271, 292, 311, 375-376

Mulroney, Mila 229

N

Nézet-Séguin, Yannick 320

Nadeau, Marie-Josée 228, 377

Nixon, Richard 27

Noel, Walter 203

Normandeau, Nathalie 355, 380

Norton, Joe 220

O

Obama, Barack 307-308, 322

O'Brien, Phil 299

Oliver, Michael 39

Olsen, Gordon 280

Ouellet, Christian 92

Ouellette, Jean 212

Ouimet, François 283

P

Pagé, Michel 226

Pantazis, Paul 373

Paquette, Gilbert 374

Paradis, Jean-Jacques 195

Paradis, Pierre 101, 133, 136, 190, 270, 275

Parent, Jean-Guy 149

Parisella, Bianca (tante) 19

Parisella, Camille (père) 7, 12, 19, 368

Parisella, Linda (sœur) 20-21

Parisella, Lyssa (fille) 7, 46, 141, 150

Parisella, Muriel (soeur) 20-21

Parisella, Tania (fille) 7, 46, 141

Parisella, Théo (oncle) 148

Parizeau, Jacques 63, 80, 129, 139, 162, 181, 183, 208-209, 211, 218, 247, 250-252, 270, 282, 284, 286, 292-295, 297-298, 300-301, 303, 317, 337, 353, 361-362, 378

Patenaude, Clément 187, 191

Pawley, Howard 198

Payette, Lise 80, 83

Pearson, Lester Bowles 24, 35, 244

Peckford, Brian 199

Pellerin, Ginette 79, 188, 191

Pelletier, Benoit 379

Pelletier, Gérard 36

Pelletier, Jean 276, 306

Pepin, Marcel 51

Perrino, Pietro 137, 279, 284, 301

Peterson, David 201, 228, 239, 314

Picotte, Yvon 214-215, 226, 275

Pilote, Pierre 316

Pinard, Maurice 107

Poupart, Ronald 129, 162, 184, 191

Prato, John 320

Presley, Elvis 22

Proulx, Marcel 128-129

Proulx, Pierre-Paul 373

R

Rae, Bob 239-240, 259

Raynauld, André 129

Rémillard, Gil 171, 190, 197, 201, 208, 214, 233-235, 242, 244, 251, 253, 261, 263, 270, 277

Rémillard, Serge 87, 92

Richard, Gilles 374

Richard, Maurice 23

Rivard, Guy 178

Rivest, Jean-Claude 162, 184, 188, 191, 197, 201, 207-208, 231, 233-234, 242, 251

Robic, Louise 79, 83, 138, 145-147, 153, 351, 373

Robillard, Lucienne 190, 226, 275, 278, 296, 352

Roosevelt, Franklin D. 24

Royer, Jean 209, 211, 297, 300, 377

Ryan, Claude 50, 58, 61-62, 64-66, 72-78, 80-85, 87-89, 91-93, 95-105, 107-108, 110, 112-115, 118, 124-133, 136-141, 146-147, 157, 178, 190, 209, 214-215, 226, 233-236, 248, 257, 261, 263-267, 274, 276-278, 295-296, 301, 309, 325, 327, 331-333, 349, 362, 365, 370, 375-376, 378-379

Ryan, Madeleine 83

S

Saindon, Zoël 82

Saint-Pierre, Guy 73-74

Savard, Serge 376

Sauvé, Jeanne 209, 376

Sauvé, Jonathan 378

Scowen, Reed 133, 137

Segal, Hugh 242, 248

Séguin, Claude 362

Séguin, Yves 222, 225, 376

Shakespeare, William 24

Shaw, George Bernard 366, 380

Shaw, William 98

Simard, Sylvain 187

Sinatra, Frank 22

Sirois, Charles 379

Sirros, Christos 97, 190, 226

Spearman, Irene (mère) 12, 19, 368

Spicer, Keith 377

Springate, George 58

Stein, Michael 39

Strong, Maurice 157

T

Tétrault, Paul-André 374

Thibault, Hubert 209, 211, 377

Thuringer, Harold 172

Tobin, Brian 299

Tremblay, André 201, 242, 249, 373, 377

Tremblay, Gérald 179, 190, 263, 270, 275, 278

Tremblay, Marcel 374

Trent, John 373

Trudeau, Pierre Elliott 373

Two Rivers, Billy 317

V

Vallerand, André 145,190, 278

Vallières, Pierre 35

Vandal, Thierry 157

Vastel, Michel 220

Vigneault, Richard 280-283

Villeneuve, Denis 145, 190, 278

W

Weil, Kathleen 120

Wells, Clyde 180, 199, 252

Wilhelmy, Diane 201, 242, 249, 352, 377

Wilkins, Jacques 330

Williams, Russ 120, 179, 190

Wilson, Larry 79

Wilson Smith, Anthony 149

Wordsworth, William 24

Y

Yalden, Max 123

REMERCIEMENTS

Ce livre n'aurait jamais vu le jour sans l'initiative de Caroline Jamet, présidente des Éditions La Presse, qui a vu en mon parcours un bel exemple de la diversité québécoise et d'intégration sociale. Je tiens à la remercier chaleureusement pour sa confiance et son appui.

Un immense merci à Yves Bellefleur, éditeur délégué, qui m'a accompagné du début à la fin de cette aventure. Ses conseils, son professionnalisme et son minutieux travail ont grandement contribué à la cohérence et à la fluidité de ce récit.

Je veux également exprimer toute ma gratitude envers de nombreux collègues que je n'ai pas nommés dans ces pages, mais sans qui, peu importe leur rôle, mon parcours n'aurait pas été possible. Vous vous reconnaîtrez !

Merci à mon adjointe et amie, Josée Deschamps, d'avoir patiemment retranscrit mes notes manuscrites, ainsi qu'à Thibaut Temmerman, étudiant à la maîtrise et chercheur au Centre d'études et de recherches internationales de l'Université de Montréal, qui s'est assuré de l'exactitude des nombreuses dates que ce bouquin renferme.

Enfin, servir dans les hautes sphères du pouvoir politique requiert la plus grande des réserves et énormément de discrétion. Ainsi, je remercie tout particulièrement ma complice de vie, Esther Bégin, qui a mis ses talents de journaliste à contribution pour apporter à mon témoignage les précisions et mises en contexte nécessaires. Avec beaucoup de doigté (et parfois avec beaucoup de patience!), Esther a su également raviver des émotions et sentiments profondément enfouis dans ma mémoire. Sans elle, *La politique dans la peau* n'aurait pu être le récit de mon histoire personnelle.

Une partie des recettes de la vente de ce livre seront versées à Campus Montréal dans le cadre de son programme de bourses aux étudiants.